Ivan Sergeevich Turgenev

Ausgewählte Werke

4. Band

Ivan Sergeevich Turgenev

Ausgewählte Werke
4. Band

ISBN/EAN: 9783743384750

Hergestellt in Europa, USA, Kanada, Australien, Japan

Cover: Foto ©ninafisch / pixelio.de

Manufactured and distributed by brebook publishing software (www.brebook.com)

Ivan Sergeevich Turgenev

Ausgewählte Werke

Iwan Turgénjew's Ausgewählte Werke.

Autorisirte Ausgabe.

Vierter Band.

Das adelige Nest.

Drei Portraits.

Zweite Auflage.

Hamburg.   Mitau.

Gebr. Behre's Verlag.   E. Behre's Verlag.

1884.

Das adelige Nest.
Drei Portraits.

Zwei Novellen

von

Iwan Turgénjew.

Autorisirte Ausgabe.

Zweite Auflage.

Hamburg.   Mitau.
Gebr. Behre's Verlag.   E. Behre's Verlag.
1884.

Das adelige Nest.

(1858.)

I.

Ein freundlicher Frühlingstag neigte sich zu Ende, kleine rosenfarbene Wölkchen standen hoch am klaren Himmel und schienen nicht sowohl dahinzuziehen als vielmehr in dem tiefen Blau zu versinken.

Am offenen Fenster eines hübschen Hauses, in einer der entlegensten Gassen der Gouvernementsstadt O . . . (es war im Jahre 1842), saßen zwei Frauen: die eine mochte fünfzig, die andere, ältere, etwa siebzig Jahre zählen.

Die erste der Beiden hieß Marja Dmitriewna Kalitin. Ihr Gemahl, vormals Gouvernementsprocureur und zu seiner Zeit als Meister in seinem Fache und als Mann von entschlossenem, jähzornigem und halsstarrigem Charakter bekannt, war vor zehn Jahren gestorben. Er hatte eine leidliche Erziehung genossen und die Universität besucht, doch da er aus armer Familie stammte, hatte er frühzeitig die Nothwendigkeit eingesehen, sich selbst Bahn zu brechen und Geld zu erwerben. Marja Dmitriewna hatte ihn aus Liebe geheirathet; er war nicht übel von Gestalt, klug und, wenn er es sein wollte, sehr liebenswürdig. Marja Dmitriewna (vor ihrer Verheirathung hatte sie Pestow geheißen) verlor ihre Eltern schon als Kind, brachte dann einige Jahre in Moskau in einem Fräuleinstifte zu, und als sie dasselbe verließ, lebte sie auf ihrem elterlichen Stammgute Pokrowskoje, fünfzig Werst von O..., mit einer Tante und einem älteren Bruder. Dieser Bruder zog bald nach Petersburg, um eine Anstellung zu suchen, und ließ Schwester und Tante darben, bis ein jäher Tod seiner Laufbahn ein Ziel setzte. Marja Dmitriewna fiel nun Pokrowskoje als Erbgut zu, sie blieb jedoch nicht lange dort. Ein Jahr nach ihrer Verheirathung mit Kalitin, der nur wenige Tage gebraucht hatte, um ihr Herz zu erobern, ward Pokrowskoje gegen ein anderes Gut vertauscht, das bedeutend mehr Einkünfte gab, aber nicht hübsch war und keine herrschaftlichen Wohngebäude aufzuweisen hatte; zu eben derselben Zeit hatte Kalitin auch ein Haus in O... gekauft, wo er fortan mit seiner Gattin seinen bleibenden Wohnsitz aufschlug. Zu diesem Hause gehörte ein großer Garten, dessen eine Seite an das freie Feld außerhalb der Stadt stieß. Somit wäre es denn ganz überflüssig, im Sommer auf's Land zu ziehen, — entschied Kalitin, dem ländliche Stille keineswegs behagte. Marja Dmitriewna sehnte sich zwar oftmals nach ihrem lieben Pokrowskoje mit seinem lebendigen

Flüßchen, seinen weiten Triften und grünen Wäldern zurück; sie widersprach jedoch ihrem Manne in Nichts und hatte die größte Ehrfurcht vor seinem Geiste und seiner Lebenserfahrung. Als er nun nach fünfzehnjähriger Ehe starb, einen Sohn und zwei Töchter hinterlassend, hatte sich Marja Dmitriewna schon so sehr an das Haus und das Leben in der Stadt gewöhnt, daß sie selbst kein Verlangen mehr trug, O . . . zu verlassen.

Marja Dmitriewna hatte in ihrer Jugend für eine hübsche Blondine gegolten und noch im Alter von fünfzig Jahren war ihr Gesicht, wenn auch etwas fleischig und verschwommen, doch nicht ohne Anmuth. Sie war eher empfindsam als gutherzig und bis in's reifere Alter hatte sie noch manche Eigenheiten des Stiftslebens beibehalten; sie hatte sich selbst verwöhnt, konnte leicht aufgeregt und sogar zu Thränen gebracht werden, wenn sie in ihren Gewohnheiten gestört wurde: dagegen war sie sehr zuvorkommend und freundlich, wenn alle ihre Wünsche erfüllt wurden und Niemand ihr widersprach. Ihr Haus galt für eines der angenehmsten in der Stadt. Ihr nicht unbedeutendes Vermögen bestand nicht sowohl in altererbtem, als vielmehr erst von ihrem Manne erworbenem Besitzthum. Beide Töchter wohnten bei ihr; der Sohn dagegen befand sich in einer der besten Staatserziehungsanstalten Petersburgs.

Die Alte, mit welcher Marja Dmietriewna am Fenster saß, war dieselbe Tante, die Schwester ihres Vaters, mit welcher zusammen sie früher einige einsame Jahre in Pokrowskoje verlebt hatte. Sie hieß Marfa Timofejewna Pestow, galt für eine wunderliche Alte, hatte einen unabhängigen Charakter, sagte Jedem die Wahrheit gerade in's Gesicht und trug sich bei ihren äußerst beschränkten Mitteln, als wenn sie über Tausende zu verfügen gehabt hätte. Der verstorbene Kalitin war ihr zuwider gewesen, und kaum hatte ihre Nichte ihn geheirathet, so zog sie sich auf ihr Gütchen zurück und verlebte daselbst bei einem Bauer in einer räucherigen Kammer zehn volle Jahre. Marja Dmitriewna hatte etwas Furcht vor ihr. Klein, mit spitzer Nase, schwarzem Haar und lebhaften Augen, deren Glanz sich bis in's späte Alter erhielt, hatte Marfa Timofejewna einen raschen Gang, hielt sich gerade und sprach laut und verständlich mit feiner klangvoller Stimme. Sie trug beständig eine weiße Haube und ein weißes Jäckchen.

— Wem gelten denn, richtete sie plötzlich an Marja Dmitriewna das Wort, — wem gelten denn deine Seufzer, meine Liebe?

— Niemandem; erwiederte die Andere. — Was für wundervolle Wolken!

— Also ihnen sendest du die Seufzer nach?

Marja Dmitriewna entgegnete Nichts.

— Warum kommt denn aber Gedeonowsky nicht? warf Marfa Timofejewna hin und bewegte dabei heftig die Stricknadeln. (Sie strickte eine lange wollene Hals=

binde.) — Er könnte Dir seufzen helfen, — oder uns von seinen Geschichten auftischen.

— Wie Sie aber auch immer strenge über ihn urtheilen! Sergei Petrowitsch — ist ein achtungswerther Mann.

— Achtungswerth! wiederholte die Alte mit verweisendem Tone.

— Und wie er meinem seligen Manne zugethan war! sagte Marja Dmitriewna; — noch jetzt kann er nicht ohne Rührung an ihn denken.

— Das fehlte noch! hat jener ihn nicht bei den Ohren aus dem Schmutze hervorgezogen? brummte Marfa Timofejewna, und rascher bewegten sich die Stricknadeln in ihren Händen.

— Sieht so fromm aus, fuhr sie fort, — mit seinem grauen Kopfe, und thut er den Mund auf, so kommt eine Lüge oder eine Klatscherei zum Vorschein. Und dabei ist er Staatsrath! Nun freilich muß man auch das nicht vergessen, daß er nur der Sohn eines Popen ist.

— Wer ist denn ohne Fehler, liebe Tante? Dies nun ist einmal seine schwache Seite. Sergei Petrowitsch hat allerdings keine besondere Erziehung genossen, französisch spricht er nicht; Sie mögen aber sagen, was Sie wollen, ein angenehmer Mann ist er doch.

— Freilich, leckt er dir ja doch immer die Händchen. Er spricht nicht französisch — das große Unglück! Ich selbst bin nicht stark im französisch Parliren. Besser, er spräche gar keine Sprache: dann könnte er auch keine Lügen vorbringen. Da kommt er auch schon, wie gerufen, setzte Marfa Timofejewna mit einem Blicke auf die Gasse hinzu.

— Da kommt er heranmarschirt, dein Angenehmer. Ist der aber lang, ein wahrer Storch!

Marja Dmitriewna brachte ihre Locken in Ordnung. Marfa Timofejewna blickte sie spöttisch an.

— Ich glaube gar, Du hast da ein graues Haar, meine Gute? Du mußt Deiner Palaschka den Text lesen. Wo hat sie denn ihre Augen?

— Nun, liebe Tante, sie haben auch immer Etwas... murmelte Marja Dmitriewna gereizt und trommelte mit den Fingern auf die Lehne des Sessels.

— Sergei Petrowitsch Gedeonowsky! meldete, hinter der Thür hervorspringend, ein kleiner, rothwangiger Dienstbursche mit Fistelstimme.

II.

Ein hochgewachsener Mann in sauberem Ueberrock, kurzen Beinkleidern und grauen Lederhandschuhen, mit zwei Halstüchern, von denen er das eine, schwarze, über ein anderes, weißes, gebunden hatte, trat in das Zimmer. Alles an ihm bekundete Anstand und Lebensart; vom wohlgeformten Gesichte und den glattgestrichenen Haaren an bis hinab auf die weichen Stiefel ohne Absätze. Er begrüßte zuerst die Frau vom Hause, dann Marfa Timofejewna, und nachdem er bedächtig die Handschuhe ausgezogen hatte, faßte er Marja Dmitriewna's Hand und führte dieselbe ehrerbietig zweimal nach einander an seine Lippen, darauf ließ er sich gelassen in einen Lehnstuhl nieder und fragte, indem er lächelnd die Spitzen seiner Finger streichelte:

— Befindet sich Elisaweta Michailowna wohl?

— Ja, erwiederte Marja Dmitriewna, — sie ist im Garten.

— Und Helena Michailowna?

— Lenotschka ist auch dort. — Giebt es etwas Neues?

— Wie denn nicht, wie denn nicht, erwiederte der Gast und streckte dabei mit langsamem Blinzeln die Lippen vor. Hm! . . . da giebt es z. B. eine Neuigkeit, eine erstaunliche Neuigkeit: Lawretzky, Fedor Iwanitsch ist angekommen.

— Fedja! rief Marfa Timofejewna. — Erzählst Du uns da nicht wieder eine Geschichte, mein Bester?

— Nicht im Geringsten, ich habe ihn mit meinen eigenen Augen gesehen.

— Nun, das beweiset noch nichts.

— Er hat sehr zugenommen, fuhr Gedeonowsky fort, indem er sich stellte, als habe er die Bemerkung Marfa Timofejewna's überhört: — er ist auch breitschultriger geworden und seine Wangen blühen wie die Rosen.

— Zugenommen hätte er, wiederholte Marja Dmitriewna gedehnt: — was hat es denn so Gedeihliches für ihn gegeben?

— Das ist es, entgegnete Gedeonowsky: — ein Anderer an seiner Stelle würde sich geniren, sich in der Welt blicken zu lassen.

— So? Und warum? unterbrach ihn Marfa Timofejewna; — dummes Zeug! Es kehrt ein Mensch in die Heimath zurück — und da denken Sie, soll er sich verkriechen? Und wenn er noch eine Schuld auf dem Gewissen hätte!

— Der Mann, Madame, wenn Sie erlauben, trägt immer die Schuld, wenn die Frau sich nicht gut aufführt.

— Du sprichst so, mein Lieber, weil Du selbst nie verheirathet gewesen bist.

Gedeonowsky lächelte gezwungen.

— Dürfte ich wohl so frei sein, sagte er nach einer kleinen Pause: — zu fragen, für wen diese hübsche Halsbinde bestimmt ist?

Marfa Timofejewna warf einen raschen Blick auf ihn.

— Sie ist für Jemand, erwiderte sie: — der niemals Klatschereien macht, sich nicht schlau anstellt und nicht Geschichten erfindet, wenn es überhaupt einen solchen Mann auf der Welt giebt. Ich kenne Fedja gut; seine einzige Schuld ist, daß er seine Frau verhätschelt hat. Und dann war es auch eine Ehe aus Liebe, und bei diesen Liebes=

eben kommt nie etwas Rechtes heraus, setzte die Alte mit einem Seitenblick auf Marja Dmitriewna hinzu und erhob sich von ihrem Stuhle. Du aber, mein Bester, magst jetzt, an wem du willst, dein Müthchen kühlen, wäre es auch an mir; ich ziehe mich zurück und will nicht stören. Und Marfa Timofejewna verließ das Zimmer.

— So ist sie immer, sagte Marja Dmitriewna, ihrer Tante mit dem Blicke folgend: — immer so!

— Das macht ihr Alter! Was ist dabei zu thun! bemerkte Gedeonowsky. — Sie sprach soeben von sich anstellen. Wer thut es denn aber heut zu Tage nicht? Der Zeitgeist bringt es eben mit sich. Ein Freund von mir, ein sehr achtungswerther Mann und, ich muß bemerken, keineswegs ein Mann von geringem Range, pflegte zu sagen, daß heut zu Tage selbst ein Huhn — nicht ohne Verstellung sich seinem Futterkasten nähern dürfe — und nur darauf bedacht sein müsse, wie es demselben von der Seite beikommen könne. Wenn ich Sie aber betrachte, meine Gnädige, Sie haben wirklich einen engelgleichen Charakter; erlauben Sie mir Ihr schneeweißes Händchen.

Matt lächelnd hielt Marja Dmitriewna Gedeonowsky ihre weiße Hand hin, den kleinen Finger zurückbiegend. Er berührte dieselbe mit den Lippen und sie rückte ihren Sessel näher zu ihm und fragte, etwas übergebeugt, halblaut:

— Sie haben ihn also wirklich gesehen? Es fehlt ihm in der That nichts, er ist gesund, heiter?

— Es fehlt ihm nichts, er ist heiter, erwiederte Gedeonowsky mit gedämpfter Stimme.

— Und haben Sie nicht gehört, wo seine Frau jetzt ist?

— In der letzten Zeit war sie in Paris; jetzt soll sie, wie verlautet, nach Wälschland übergesiedelt sein.

— Wirklich, schrecklich — ist Fedja's Lage: ich begreife nicht, wie er das erträgt. Es kann wohl Jedem Unglück zustoßen: ihn aber hat man, so zu sagen, zum Gespräch für ganz Europa gemacht.

Gedeonowsky stieß einen Seufzer aus.

— Ja wohl, ja wohl! Hat sie doch, wie man sagt, mit Artisten und Pianisten oder, wie sie es da in ihrer Sprache nennen, mit Löwen und allerlei Thieren Bekanntschaft gehabt. Jegliches Schamgefühl hat sie verloren.

— Sehr, sehr leid thut es mir, sagte Marja Dmitriewna. Sie wissen ja, Sergei Petrowitsch, er ist ein Verwandter von mir, ein weitläufiger Neffe.

— Ja wohl, ja wohl. Wie sollte mir Etwas, was Ihre Familie angeht, unbekannt sein?

— Ob er uns wohl besuchen wird, was meinen Sie?

— Ich denke doch; übrigens, sagt man, will er nach Hause, auf sein Landgut.

Marja Dmitriewna richtete den Blick gen Himmel.

— Ach, Sergei Petrowitsch, Sergei Petrowitsch, wenn ich bedenke... wie vorsichtig müssen wir Frauen doch sein!

— Nicht alle Frauen sind gleich, Marja Dmitriewna. Es giebt leider wetterwendische... und auf das Alter muß auch Rücksicht genommen werden; dann sind auch nicht Allen von Kindheit an gute Grundsätze eingeflößt worden. Sergei Petrowitsch langte aus seiner Tasche ein blaues quadrirtes Tuch hervor und begann es auseinanderzufalten. — Solche Frauen giebt es nun freilich! — Sergei Petrowitsch führte den Zipfel seines Tuches bald an das eine, bald an das andere Auge. — Im Ganzen genommen aber, wenn man bedenkt, ich will sagen... Der Staub in den Straßen ist doch ganz unerhört, brach er ab.

— Maman, maman, rief in das Zimmer stürzend, ein hübsches elfjähriges Mädchen: — Wladimir Nikolaitsch kommt zu Pferde hierher.

Marja Dmitriewna erhob sich; Sergei Petrowitsch stand gleichfalls auf und verbeugte sich. — Helena Michailowna meinen unterthänigsten Gruß, sagte er, zog sich sodann, Schicklichkeits halber, in eine Ecke zurück und begann seine lange, regelmäßig geformte Nase zu säubern.

— Was für ein wunderschönes Pferd er hat! fuhr das Mädchen fort. — Er war soeben am Pförtchen und sagte zu Lisa und mir, er werde bei der Hausthür vorreiten.

Hufschlag wurde vernommen, ein schmucker Reiter, auf schönem, braunem Rosse, zeigte sich auf der Gasse und hielt vor dem offenen Fenster an.

III.

— Guten Tag, Marja Dmitriewna! rief der Reiter mit volltönender und angenehmer Stimme. — Wie gefällt Ihnen mein neuer Einkauf?

Marja Dmitriewna trat an das Fenster.

— Guten Tag, Woldemar! Ach, was für ein schönes Thier! Wo haben Sie es gekauft?

— Vom Remonteur . . . Er hat es sich theuer bezahlen lassen, der Schurke.

— Wie heißt es?

— Orlando . . . Das ist aber ein dummer Name; ich will ihm einen andern geben . . . Eh bien, eh bien, mon garçon . . . Ist das Thier aber unbändig!

Das Pferd schnaubte, stampfte mit den Füßen und bewegte ungestüm die schaumbedeckte Schnauze.

— Lenotschka, streicheln Sie es doch, fürchten Sie sich nicht . . .

Die Kleine streckte den Arm zum Fenster hinaus, Orlando bäumte sich plötzlich und schwenkte auf die Seite. Der Reiter verlor jedoch nicht die Fassung, er drückte die Schenkel an, schlug das Pferd mit der Reitgerte auf den Hals und brachte es, trotz seines Sträubens, wieder vor das Fenster zurück.

— Prenez garde, prenez garde! wiederholte Marja Dmitriewna.

— Lenotschka, streicheln Sie ihn doch, sagte der Reiter; ich muß ihm die Mucken vertreiben.

Das junge Mädchen streckte abermals den Arm vor und berührte ängstlich die zuckenden Nüstern Orlando's, der beständig zusammenfuhr und in den Zaum biß.

— Bravo! rief Marja Dmitriewna; jetzt aber steigen Sie ab und kommen Sie herein.

Gewandt warf der Reiter sein Roß um, gab ihm die Sporen und ritt dann nach einer kurzen Tour in Galopp in den Hof hinein. Einige Minuten darauf trat er, die Reitgerte schwingend, durch die Thür des Vorzimmers in den Salon; zu gleicher Zeit erschien auf der Schwelle einer andern Thür ein schlankes, hochgewachsenes, schwarzhaariges Mädchen von etwa neunzehn Jahren; es war Lisa, Marja Dmitriewna's ältere Tochter.

IV.

Der junge Mann, den wir soeben dem Leser vorgestellt haben, hieß Wladimir Nikolaitsch Panschin. Er war in Petersburg, im Ministerium des Innern, als Beamter zu besonderen Aufträgen angestellt. Gegenwärtig war er in einem Amtsauftrage nach O . . . geschickt und zur Verfügung des Gouverneurs, eines Generals Sonnenberg, gestellt worden, dessen entfernter Verwandter er war. Panschin's Vater, ein Stabsrittmeister außer Diensten, ein Herr mit süßlichen Augen, welkem Gesichte und nervösem Zucken der Lippen, hatte sich sein ganzes Leben hindurch in den adeligen Kreisen, insbesondere den englischen Clubs beider Hauptstädte bewegt, und stand im Rufe eines Spielers und eines gewandten, nicht ganz zuverlässigen, jedoch liebenswürdigen und gemüthlichen Gesellschafters. Wie gewandt er aber auch war, so befand er sich doch fast beständig am Rande der Armuth und hinterließ seinem einzigen Sohne nur ein unbedeutendes und zerrüttetes Vermögen. Dagegen hatte er für die Erziehung desselben in seiner Weise Sorge getragen. Wladimir Nikolaitsch sprach französisch vortrefflich, englisch — gut, deutsch — schlecht. So muß es auch sein: für anständige Leute ist es eine Schande, das Deutsche gut zu reden; doch bei gewissen, vornehmlich ergötzlichen Anlässen ein deutsches Wort einzuflicken, ist erlaubt: c'est même très chic, nach dem Ausdrucke der Petersburger Pariser. Wladimir Nikolaitsch verstand schon seit seinem fünfzehnten Jahre ohne Schüchternheit jeden Salon zu betreten, sich in demselben gefällig zu benehmen und zur rechten Zeit sich zu entfernen. Panschin's Vater hatte seinem Sohne viele Verbindungen verschafft; beim Mischen

der Karten, zwischen zwei Robber, oder nach einem glück=
lichen „großen Schlemm", ließ er die Gelegenheit nicht
vorüber, ein Wörtchen zu Gunsten seines „Wolodka's,"
bei einem oder dem andern hochgestellten Liebhaber von
Commerzspielen fallen zu lassen. Wladimir Nikolaitsch
seinerseits machte auf der Universität, die er mit dem
Grade eines „wirklichen Studenten" verließ, die Bekannt=
schaft einiger junger Leute von vornehmer Familie und
hatte in den besten Häusern Zutritt. Man sah ihn über=
all gern, denn er war ziemlich hübsch von Gesicht, be=
wegte sich frei, war heiter, immer gesund und zu Allem
aufgelegt; wo es nöthig, — war er ehrerbietig, wo es
anging — frech, ein vortrefflicher Kamerad, ein charmant
garçon. Anderen unnahbare Regionen hatten sich vor ihm
aufgethan. Panschin hatte früh schon das Geheimniß der
Weltkenntniß ergründet: er wurde von wahrhafter Achtung
von ihren Gesetzen durchdrungen, lernte mit halbspöttischer
Wichtigkeit sich für ein Nichts zu interessiren und sich
den Schein zu geben, daß er alles Wichtige für Nichts
halte, — er tanzte vortrefflich und kleidete sich nach eng=
lischer Mode. In kurzer Zeit hatte er sich den Ruf eines
der liebenswürdigsten und gewandtesten jungen Männer
Petersburgs erworben. Panschin war in der That sehr
gewandt, — er gab darin seinem Vater nichts nach; da=
bei war er aber auch sehr talentvoll. Es fiel ihm Alles
leicht: er sang ganz hübsch, zeichnete mit Geschick, machte

Verse und spielte nicht übel auf Familienbühnen. Erst acht und zwanzig Jahre alt, war er bereits Kammerjunker und hatte einen ziemlich hohen Rang. Panschin besaß viel Selbstvertrauen und hielt viel auf seinen Verstand, seine Einsicht; kühn und heiter und mit geschwellten Segeln rollte sein Leben auf glatter Bahn der Zukunft entgegen. Er war gewohnt, Jedem zu gefallen, den Alten wie den Jungen, und bildete sich ein, daß er die Menschen kenne, besonders die Weiber: die gewöhnlichen Schwächen derselben kannte er allerdings gut. Als Mensch, dem es an Sinn für Kunst nicht fehlte, war auch in gewissem Grade Wärme, Hingebung und einige Begeisterung ihm nicht fremd, und in Folge dessen erlaubte er sich zuweilen Abweichungen von seiner Lebensregel: er zechte, machte Bekanntschaft mit Leuten, die nicht zu der großen Welt gehörten und hielt sich überhaupt ungezwungen und einfach, im Innern war er jedoch kalt und schlau, und mitten im ausgelassensten Gelage wachte und lauerte beständig sein kluges, braunes Auge; dieser kühne, dieser freie Jüngling würde sich niemals ganz vergessen, sich ganz hingegeben haben. Es muß zu seiner Ehre gesagt werden, daß er nie mit seinen Erfolgen prahlte. In Marja Dmitriewna's Hause wurde er gleich nach seiner Ankunft in O . . . bekannt und fühlte sich dort bald heimisch. Marja Dmitriewna war ganz entzückt von ihm.

Panschin begrüßte freundlich alle Anwesenden, er drückte

Marja Dmitriewna und Liseweta Michailowna die Hand, klopfte Gedeonowsky leicht auf die Schulter, und, sich auf dem Absätzen herumdrehend, erfaßte er Lenotschka's Kopf und küßte sie auf die Stirn.

— Und Sie fürchten sich nicht, ein so wildes Pferd zu reiten? fragte ihn Marja Dmitriewna.

— Sie scherzen wohl, es ist ja ein überaus frommes Thier; was ich jedoch in der That fürchte, will ich Ihnen sagen: ich fürchte mit Sergei Petrowitsch Preference zu spielen; gestern, bei Belenitzins, hat er mir Alles abgenommen.

Gedeonowsky ließ ein feines, unterwürfiges Kichern hören: er suchte sich den glänzenden jungen Beamten aus Petersburg, den Liebling des Gouverneurs, geneigt zu machen. In seinen Gesprächen mit Marja Dmitriewna ließ er sich häufig über die bemerkenswerthen Fähigkeiten Panschin's aus. Denn, pflegte er zu sagen, wie sollte man ihn nicht loben? Den jungen Mann, der in der höheren Sphäre des Lebens sich seinen Weg bahnt, als Muster eines Beamten dasteht und dabei nicht im Geringsten stolz ist! — Panschin galt übrigens auch in Petersburg für einen tüchtigen Beamten: die Arbeit ging ihm rasch von der Hand; er sprach von derselben nur in scherzhaftem Tone, wie sich's auch für einen Mann von Welt, der auf sein Thun kein besonderes Gewicht legt, geziemt, war dabei aber doch pünktlich im Dienste. Die Oberen haben Unter-

2*

gebene dieses Schlages gern; er selbst zweifelte nicht, daß es nur von seinem Wollen abhänge, mit der Zeit Minister zu werden.

— Es beliebte Ihnen zu sagen, ich hätte Ihnen Geld abgenommen? äußerte Gedeonowsky: — wer war es aber, der mir in voriger Woche zwölf Rubel abgenommen? und noch dabei . . .

— O Sie Schalk, unterbrach ihn Panschin mit freundlicher, etwas verächtlicher Herablassung, und trat darauf, ohne weiter auf ihn zu achten, zu Lisa.

— Es ist mir nicht gelungen, die Ouverture zum Oberon hier aufzutreiben, begann er. — Es war bloß Prahlerei von der Belenitzin, daß sie die ganze classische Musik besitze, — in der That hat sie außer Polkas und Walzer gar nichts; ich habe indessen schon nach Moskau geschrieben und in einer Woche werden Sie diese Ouverture haben. Apropos, fuhr er fort, ich habe gestern eine neue Romanze aufgesetzt; die Worte sind auch von mir. Soll ich sie Ihnen vorsingen? Ich weiß nicht, was daran ist, die Belenitzin hat sie allerliebst gefunden, ihre Meinung hat aber wenig Werth — ich wünschte, die Ihrige zu hören. Wir können das, denke ich, auch später vornehmen.

— Warum später? warf Marja Dmitriewna ein: — warum denn nicht sogleich, jetzt?

Das adelige Nest.

— Wie Ihnen beliebt, sagte Panschin mit einem heiteren, behaglichen Lächeln, das bei ihm ebenso plötzlich sich zu zeigen, wie zu verschwinden pflegte. Er rückte mit dem Kniee den Stuhl näher heran, setzte sich an's Clavier, griff einige Accorde, und stimmte darauf, die Worte deutlich aussprechend, folgende Romanze an:

Hoch nimmt der Mond am Himmelsbogen
    Durch Wolken seinen Lauf;
Doch regt mit Zauberkraft die Meereswogen
    Er in der Tiefe auf.

Dich hat die Fluth in meinem Herzen
    Als ihren Mond erwählt,
Sie wird durch dich, — in Freud' und Schmerzen, —
    Durch dich allein beseelt.

Von Liebespein und stillem Schmachten
    Bin ich so tief erregt;
Du aber wirst von Leidenschaften
    Wie Luna nie bewegt.

Die zweite Strophe hatte Panschin mit besonderem Ausdrucke und besonderer Kraft vorgetragen; in der stürmischen Begleitung glaubte man den Wellenschlag zu vernehmen. Nach den Worten: so tief erregt, — stieß er einen schwachen Seufzer aus und ließ die Stimme morendo sinken. Als er geendet hatte, gab Lisa ihren Beifall über das Motiv zu erkennen; Marja Dmitriewna sagte: herrlich, — Gedeonowsky aber rief: bezaubernd! Poesie und Harmonie, Beides gleich bezaubernd! . . . Lenotschka blickte mit kindlicher, ehrerbietiger Scheu den Sänger an. Mit einem Worte, allen Anwesenden hatte das Erzeugniß des jungen Dilettanten sehr gefallen: hinter der Thür des Gastzimmers jedoch, im Vorzimmer, stand ein eben hinzugekommener, bereits ältlicher Mann, dem, nach der gesenkten Haltung des Kopfes und der Bewegung der Schultern zu schließen, Panschin's Romanze, trotz ihrer „Lieblichkeit," kein Vergnügen verschafft hatte. Nachdem er einige Zeit gewartet, und mit einem dicken Taschentuche den Staub von seinen Stiefeln geklopft hatte, kniff er plötzlich die Augen zusammen, preßte mürrisch die Lippen aufeinander, krümmte seinen ohnehin gewölbten Rücken und trat langsam in den Salon.

— Ah! Christophor Feddoritsch, guten Tag! rief bei seinem Erscheinen Panschin sogleich und sprang rasch von seinem Stuhle auf. — Ich hatte keine Ahnung, daß Sie hier seien, — ich würde mich in Ihrer Gegenwart nimmermehr entschlossen haben, meine Romanze vorzutragen. Ich weiß, Sie sind kein Freund leichter Musik.

— Ich habe nichts gehört, sagte in gebrochenem Russisch der eben Eingetretene, und nachdem er sich gegen Alle verbeugt hatte, blieb er unbeholfen in der Mitte des Zimmers stehen.

— Sie sind wohl gekommen, Monsieur Lemm, um Lisa die Musikstunde zu geben? fragte Marja Dmitriewna.

— Nein, nicht Lisaweta Michailowna, sondern Helena Michailowna.

— Ah! ganz gut. Geh mit Herrn Lemm hinauf, Lenotschka.

Der Alte war schon im Begriff, der Kleinen zu folgen, als Panschin ihn aufhielt.

— Gehen Sie nach der Stunde nicht fort, Christophor Feodoritsch, sagte er: — Lisaweta Michailowna will mit mir eine Sonate von Beethoven vierhändig spielen.

Der Alte brummte etwas vor sich hin, während Panschin in gebrochenem Deutsch fortfuhr:

— Lisaweta Michailowna hat mir die Cantate gezeigt, die Sie ihr gewidmet haben, — ein herrliches Stück! Ich bitte Sie, glauben Sie nicht, daß ich ernste Musik nicht zu schätzen weiß, im Gegentheil: sie ist wohl zuweilen langweilig, aber dabei doch sehr nützlich.

Der Alte wurde roth bis über die Ohren, warf einen Seitenblick auf Lisa und verließ schnell das Zimmer.

Marja Dmitriewna bat Panschin, die Romanze zu wiederholen; er erklärte jedoch, er wünsche nicht die Ohren des gelehrten Deutschen zu beleidigen und schlug Lisa vor, die Beethovensche Sonate vorzunehmen.

Da stieß Marja Dmitriewna einen leichten Resignationsseufzer aus und machte ihrerseits Gedeonowsky den Vorschlag, mit ihr in den Garten zu gehen. Ich möchte noch, sagte sie, mit Ihnen von unserem armen Fedja plaudern und

Sie um Ihren Rath befragen. Gedeonowsky schmunzelte wohlgefällig, verbeugte sich, faßte mit zwei Fingern seinen Hut nebst den zierlich auf den Rand desselben gelegten Handschuhen und entfernte sich mit Marja Dmitriewna. Im Zimmer blieben Panschin und Lisa zurück: sie holte die Sonate hervor und schlug sie auf; Beide setzten sich schweigend an das Klavier. — Aus dem oberen Zimmer vernahm man die schwachen Töne der Tonleiter, an der sich die ungeübten Fingerchen Lenotschka's versuchten.

V.

Christoph Theodor Gottlieb Lemm wurde im Jahre 1786 im Königreiche Sachsen, in der Stadt Chemnitz, von armen Musikanten geboren. Der Vater blies das Waldhorn, die Mutter spielte die Harfe; er selbst spielte schon seit seinem fünften Jahre drei verschiedene Instrumente. Acht Jahre alt, verlor er seine Eltern, und mit dem zehnten Jahre fing er an, sich durch seine Kunst sein Brod zu erwerben. Lange Zeit führte er ein Wanderleben und spielte überall auf, — in Speisehäusern, auf Jahrmärkten, Bauernhochzeiten oder Tanzböden; endlich bekam er eine Anstellung im Orchester und von Stufe zu Stufe steigend, erlangte er die Stelle eines Kapellmeisters. Als ausübender Künstler war er ziemlich schwach; er hatte indessen gründliche Kenntnisse in der Musik. Acht und zwanzig Jahre alt, kam er nach Rußland. Ein großer

Herr, der persönlich die Musik nicht ausstehen konnte jedoch aus Prahlerei ein Orchester hielt, hatte ihn hin' berufen. Lemm verlebte bei ihm sieben Jahre als Kapell meister und verließ ihn mit leeren Taschen: der Herr hatte sich ruinirt, ihm jedoch eine Schuldverschreibung ausstellen wollen, dieselbe aber späterhin verweigert; — mit einem Worte, er bezahlte ihm keinen Kopeken. Man gab ihm den Rath zurückzureisen; er wollte jedoch aus Rußland nicht als Bettler in seine Heimath zurückkehren, aus dem großen Rußland, dieser Goldgrube für Künstler; er beschloß zu bleiben und sein Glück zu versuchen. Zwanzig Jahre hintereinander versuchte der arme Deutsche sein Glück: er hatte bei verschiedenen Herren in Diensten gestanden, hatte in Moskau und in den Gouvernementsstädten gelebt, vielerlei erfahren und ertragen, hatte Noth kennen gelernt, wie ein Vogel im Käfig sich den Kopf zerstoßen und nur der Gedanke an eine Rückkehr in die Heimath, der ihn mitten in den Trübsalen, die er erduldete, niemals verließ, hielt ihn allein noch aufrecht. Es gefiel dem Schicksale jedoch nicht, ihm dieses letzte und höchste Glück zu gönnen: 50 Jahre alt, kränkelnd, vor der Zeit erschlafft, war er in der Stadt O... sitzen geblieben und blieb für immer dort, denn er hatte bereits jegliche Hoffnung verloren, das ihm verhaßte Rußland zu verlassen, und fand hier durch Unterrichtgeben seinen nur kärglichen Unterhalt. Lemm's Aeußere sprach nicht zu seinem Vortheil. Er war nicht hoch von Wuchse, gebückt, mit schrägen Schultern und eingefallenem Oberleib, großen, breiten Füßen und bläulichen Nägeln an den harten, steifen Fingern der aderscheinigen rothen Hände; sein Gesicht war runzelig, die Wangen hohl, die Lippen zusammengepreßt und beständig in kauender Bewegung, was bei seiner gewohnten Schweigsamkeit einen fast unheimlichen Eindruck hervorbrachte; sein graues Haar hing in Büscheln über die niedrige Stirn herab; seine kleinen, starren Augen schimmerten matt, gleich kleinen Kohlen, die soeben verlöschen wollen; sein Gang war schwerfällig und bei jedem Schritte schob er ruckweise den ungelenken Körper vorwärts. Einige seiner Bewegungen hatten Etwas von dem unbeholfenen Sichzurechtputzen einer Eule im Käfig, wenn dieselbe gewahrt, daß man sie betrachtet, dabei aber selbst mit ihren großen, gelben, lichtscheuen und schläfrig blinzelnden Augen kaum etwas zu unterscheiden vermag. Vieljähriges, unerbittliches Leid hatte dem armen Musiker seinen unauslöschlichen Stempel aufgedrückt, hatte seine ohnehin unschöne Figur niedergebeugt und verunstaltet; wer aber nicht beim ersten Eindruck stehen zu bleiben gewohnt war, konnte in diesem halbverfallenen Wesen eine gewisse Gutmüthigkeit, Treuherzigkeit, Etwas nicht Alltägliches erkennen. Ein Verehrer Bach's und Händel's, in seiner Kunst erfahren und mit jenem Feuer und jener Kühnheit des Gedankens

begabt, die nur der germanischen Race eigen sind, würde
Lemm — vielleicht — mit der Zeit, neben den großen
Tondichtern seines Vaterlandes Platz genommen haben,
wenn das Leben andere Pfade vor ihm aufgethan hätte;
er war aber nicht unter einem glücklichen Gestirn geboren!
Er hatte in seinem Leben Manches geschrieben — doch
ward ihm nicht vergönnt auch nur eines seiner Werke ver=
öffentlicht zu sehen: er verstand nicht, die Sache von der
rechten Seite anzugreifen, nicht, wo es nöthig war, den
Rücken zu krümmen, nicht den geeigneten Augenblick zu
erhaschen. Vor langer, langer Zeit hatte ein Freund und
Verehrer von ihm, gleichfalls ein Deutscher und armer
Teufel, auf eigene Kosten zwei seiner Sonaten heraus=
gegeben, aber auch diese blieben in ganzen Stößen in
den Gewölben der Musikalienhändler liegen; laut= und
spurlos gingen sie unter, als hätte sie Jemand heimlich
in's Wasser versenkt. Lemm war zuletzt gleichgiltig gegen
Alles geworden; übrigens trat auch das Alter in seine
Rechte: er fing an einzutrocknen, steif zu werden, wie es
seine Finger geworden waren. Einsam, mit einer alten
Köchin, die er aus einem Armenhause zu sich genommen
hatte (er war nie verheirathet gewesen), lebte er in O.,
in einem kleinen Häuschen nicht weit vom Kalitinschen
Hause; er machte sich viel Bewegung, las in der Bibel
und in einer Sammlung protestantischer Kirchenlieder,
auch wohl Shakespeare in Schlegels Uebersetzung. Schon

seit langer Zeit hatte er nichts mehr componirt; Lisa, seine beste Schülerin, muß ihn demnach doch aufzurütteln verstanden haben: für sie hatte er eine Cantate geschrieben, dieselbe, deren Panschin erwähnte. Die Worte zu dieser Cantate hatte er aus Kirchenliedern genommen; einige Strophen aber selbst hinzugedichtet. Sie war für ein Doppelchor geschrieben, das Chor der Glücklichen und das Chor der Unglücklichen: zum Schlusse versöhnten sich Beide und sangen zusammen: „Gnädiger Gott, erbarme Dich über uns Sünder und behüte uns vor jeglichem bösen Sinnen und irdischen Trachten." — Auf dem säuberlich geschriebenen und sogar ausgemalten Titelblatte stand: „Nur die Gerechten werden bestehen. Geistliche Cantate. Componirt und dem Fräulein Elisaweta Kalitin, seiner lieben Schülerin, gewidmet, von ihrem Lehrer, Chr. Th. G. Lemm." Die Worte: „Nur die Gerechten werden bestehen" und „Elisaweta Kalitin" waren von Strahlen umgeben. Unten war hinzugesetzt worden: „Für Sie allein." — Daher war denn auch Lemm roth geworden und hatte Lisa einen Seitenblick zugeworfen; es hatte ihn schmerzlich berührt, als Panschin der Cantate erwähnte.

VI.

Panschin schlug stark und sicher die ersten Accorde der Beethoven'schen Sonate an (er spielte den Baß),

Lisa aber spielte ihre Partie nicht. Er hielt inne und blickte sie an. Lisa's Augen waren fest auf ihn gerichtet, und Unwillen sprach aus denselben, ihre Lippen lächelten nicht, das ganze Gesicht war streng, fast traurig.

— Was fehlt Ihnen? fragte er.

— Warum haben Sie Ihr Wort nicht gehalten? sagte sie. — Ich hatte Ihnen Christophòr Feddoritsch's Cantate unter der Bedingung gezeigt, daß Sie ihm nichts davon sagen sollten.

— Verzeihen Sie mir, Lisaweta Michailowna, — es kam mir gerade auf die Lippen.

— Sie haben ihm weh gethan — und auch mir. Jetzt wird er kein Vertrauen mehr zu mir haben.

— Was wollen Sie, Lisaweta Michailowna! Von Kindheit an ist mir's unmöglich gewesen, einen Deutschen gleichgültig anzusehen: mich juckt's ihn aufzuziehen.

— Was reden Sie da, Wladimir Nikolaitsch! Dieser Deutsche ist ein armer, vereinsamter, unglücklicher Mensch — und er thäte Ihnen nicht leid? Sie möchten sich über ihn lustig machen?

Panschin wurde verlegen.

— Sie haben Recht, Lisaweta Michailowna, sagte er. — An Allem ist meine große Unbesonnenheit schuld. Nein, widersprechen Sie mir nicht; ich kenne mich gut. Viel Unheil hat mir meine Unbesonnenheit schon verursacht. Durch sie bin ich in den Ruf eines Egoisten gekommen.

Panschin schwieg. Womit er auch seine Reden beginnen mochte, er endete gewöhnlich damit, daß er auf sich selbst zu sprechen kam, und das machte sich in seinem Munde so nett, anspruchslos und gemüthlich, daß es ganz wie natürlich klang.

— So z. B. in Ihrem Hause, fuhr er fort: — Ihre Mama ist mir gewiß gewogen — sie ist ja so gut; Sie .. nun, Ihre Meinung von mir kenne ich nicht; Ihre Tante aber kann mich nun gar nicht leiden. Ich muß sie bestimmt durch irgend eine unüberlegte, dumme Aeußerung beleidigt haben. Sie liebt mich nicht, ist es nicht so?

— Ja, sagte Lisa mit einigem Zögern: — Sie gefallen ihr nicht.

Panschin fuhr rasch mit den Fingern über die Tasten hin: ein kaum bemerkbares Lächeln spielte um seine Lippen.

— Nun, und Sie? fragte er: — bin ich in Ihren Augen auch ein Egoist?

— Ich kenne Sie noch wenig, erwiederte Lisa: — halte Sie jedoch nicht für einen Egoisten; im Gegentheil, ich bin Ihnen sogar sehr erkenntlich . . .

— Ich weiß, weiß schon, was Sie sagen wollen, unterbrach sie Panschin, und ließ wieder die Finger über die Tasten gleiten: — für die Noten, Bücher, die ich Ihnen bringe, für die schlechten Zeichnungen, mit denen ich Ihr Album illustrire, und so weiter, und so weiter.

Das kann ich Alles thun — und dabei doch Egoist sein. Ich darf wohl glauben, daß Sie sich mit mir nicht langweilen und mich für keinen schlechten Menschen halten; dennoch aber denken Sie, daß eines witzigen Einfalls wegen, es mir nicht darauf ankommt, wie man zu sagen pflegt, Vater und Bruder zu beleidigen.

— Sie sind zerstreut und unbesonnen wie alle Weltmänner, entgegnete Lisa: — und weiter nichts.

Panschin's Gesicht wurde ein wenig düster.

— Hören Sie, sagte er: — wir wollen nicht weiter von mir reden; nehmen wir die Sonate vor. Um Eines bitte ich Sie aber, setzte er hinzu, indem er mit der Hand die Notenblätter auf dem Pulte glättete: — denken Sie von mir, wie Sie wollen, nennen Sie mich sogar einen Egoisten — ich lasse mir's gefallen! Nur — Weltmann nennen Sie mich nicht: dieses Wort ist mir verhaßt . . . Anch' io sono pittore! Auch ich bin Künstler, wenn auch ein erbärmlicher, und dies, daß ich nämlich ein erbärmlicher Künstler bin, will ich Ihnen sogleich durch die That beweisen. Fangen wir an.

— Wohlan, beginnen wir, sagte Lisa.

Das erste adagio lief ziemlich glücklich ab, obgleich Panschin sich oftmals verspielte. Eigene Compositionen und Einstudirtes trug er sehr hübsch vor, spielte jedoch schlecht vom Blatte. Dagegen mißlang der zweite Theil der Sonate — ein ziemlich rasches allegro — vollkommen:

beim zwanzigsten Tacte war Panschin um zwei Tacte nachgeblieben, er hielt es selbst nicht aus, und schob unter Lachen seinen Stuhl zurück.

— Nein! rief er: — heute kann ich nicht spielen; gut, daß uns Lemm nicht gehört hat: er wäre in Ohnmacht gefallen.

Lisa stand auf, schloß das Klavier und wandte sich zu Panschin.

— Was nehmen wir jetzt vor? fragte sie.

— An dieser Frage erkenne ich Sie! Es ist Ihnen unmöglich, müssig zu bleiben. Nun, wenn's Ihnen recht ist, wollen wir zeichnen, so lange es noch nicht ganz dunkel geworden ist. Vielleicht wird eine andere Muse — die Muse der Malerei — wie hieß sie doch gleich? na, ich hab' es vergessen... vielleicht wird die mir günstiger sein. Wo ist Ihr Album? Dabei fällt mir ein, ich habe darin eine Landschaft angefangen, die noch nicht beendigt ist.

Lisa begab sich in das andere Zimmer, um das Album zu holen, während Panschin allein geblieben, ein battistenes Taschentuch aus seiner Tasche zog, sich die Nägel polirte und seine Hände von der Seite betrachtete. Sie waren sehr schön und weiß; auf dem Daumen der linken Hand trug er einen goldenen spiralförmig gewundenen Ring. Lisa kehrte zurück; Panschin nahm am Fenster Platz und schlug das Album auf.

— Aha! rief er: — ich sehe, Sie haben eine Copie von meiner Landschaft begonnen — vortrefflich. Sehr gut! Nur hier. — geben Sie mir den Bleistift — sind die Schatten nicht stark genug aufgetragen. So.

Und mit kühner Hand brachte Panschin einige breite Striche hinein. Er zeichnete beständig eine und dieselbe Landschaft: im Vordergrunde große, wirrästige Bäume, im Hintergrunde eine Wiese und am Horizonte zackige Berge. Lisa sah ihm über seine Schulter zu.

— In einem Bilde, wie überhaupt im Leben, sagte Panschin, den Kopf bald rechts, bald links neigend: — ist Leichtigkeit und Freiheit die Hauptsache.

In diesem Augenblicke trat Lemm in's Zimmer und wollte nach trockenem Gruße vorüber; Panschin warf aber Album und Bleistift bei Seite und vertrat ihm den Weg.

— Wohin denn, mein lieber Christophor Fedoritsch? bleiben Sie nicht zum Thee?

— Ich muß nach Hause, sagte Lemm mit mürrischem Tone; — ich habe Kopfweh.

— Eh, Unsinn, bleiben Sie. Wir wollen zusammen über Shakespeare disputiren.

— Ich habe Kopfweh, wiederholte der Alte.

— Und wir haben während Ihrer Abwesenheit die Beethoven'sche Sonate vornehmen wollen, fuhr Panschin fort, ihn mit freundlichem Lächeln zutraulich umfassend: —

es ging aber nicht mit dem Dinge. Denken Sie, ich konnte keine zwei Noten hintereinander richtig greifen.

— Besser wäre es, Sie sängen wieder Ihre Romanze, entgegnete Lemm, sich aus Panschin's Umarmung losmachend, und ging hinaus.

Lisa lief ihm nach, sie holte ihn an der Außentreppe ein.

— Hören Sie mich, Christophor Fedoritsch, sagte sie deutsch zu ihm, indem sie ihn über den grünen, kurzen Rasen des Hofes bis an das Thor begleitete: — ich habe mich gegen Sie vergangen — verzeihen Sie mir.

Lemm gab keine Antwort.

— Ich habe Wladimir Nikolaitsch Ihre Cantate gezeigt; ich war überzeugt, er werde sie zu schätzen wissen, und in der That, sie hat ihm sehr gefallen.

Lemm blieb stehen.

— Das thut nichts, sagte er russisch, und setzte dann in seiner Muttersprache hinzu: — er kann aber nichts davon verstehen; wie, sehen Sie das nicht ein? Er ist Dilettant — damit ist Alles gesagt!

— Sie sind ungerecht gegen ihn, entgegnete Lisa: — er versteht Alles, kann fast Alles selbst produciren.

— Alles, ja, in zweiter Sorte; leichte Waare, flüchtiges Machwerk. Das gefällt und er gefällt, und damit ist er zufrieden, nun — bravo dazu. Bös bin ich aber nicht; diese Cantate und ich — wir sind Beide zusammen altes Narrenpack; ich bin zwar etwas beschämt, das thut aber weiter nichts.

— Vergeben Sie mir, Christophor Fedoritsch, bat Lisa von Neuem.

— Hat nichts zu sagen, gar nichts zu sagen, wiederholte er abermals russisch: — Sie sind ein gutes Mädchen . . . da kommt aber Jemand zu Ihnen. Leben Sie wohl. Sie sind ein sehr gutes Mädchen.

Und seine Schritte beschleunigend, schritt Lemm dem Thorwege zu, durch welchen ein ihm unbekannter Herr in grauem Paletot und breitem Strohhute hereintrat. Mit höflichem Gruße ging Lemm vorüber (er pflegte jedes fremde Gesicht in der Stadt O. zu grüßen; von bekannten, die ihm auf der Straße begegneten, wandte er sich ab — das war bei ihm Gewohnheit) und war bald hinter dem Zaune verschwunden. Der Unbekannte blickte ihm erstaunt nach und schritt dann, Lisa in's Auge fassend, gerade auf sie zu.

VII.

— Sie erkennen mich nicht, redete er sie, den Hut abnehmend, an, — ich habe Sie aber erkannt, obgleich schon acht Jahre vergangen sind, seit ich Sie zuletzt sah. Sie waren damals ein Kind. Ich bin Lawretzky. Ist Ihre Mama zu Hause? Kann ich sie sehen?

— Meine Mutter wird sich sehr freuen, entgegnete Lisa: — sie ist von Ihrer Ankunft unterrichtet.

— Ist nicht Ihr Name Elisaweta? fragte Lawretzky, die Stufen der Treppe hinansteigend.

— So heiße ich.

— Ich erinnere mich Ihrer sehr gut; Sie hatten schon damals ein Gesicht, das man nicht wieder vergißt; ich brachte Ihnen immer Confect.

Lisa erröthete und dachte: welch ein sonderbarer Mensch! Im Vorzimmer blieb Lawretzky einen Augenblick stehen. Lisa begab sich in's Gastzimmer, in welchem Panschin's Stimme und Lachen hörbar wurden; er erzählte eben Marja Dmitriewna und Gedeonowsky, die bereits aus dem Garten zurückgekehrt waren, eine Stadtgeschichte und lachte selbst laut dazu. Beim Namen Lawretzky gerieth Marja Dmitriewna in Verwirrung, sie wurde bleich uud ging dem Gaste entgegen.

— Willkommen, willkommen, mein lieber Cousin! rief sie mit gedehnter und beinahe weinerlicher Stimme: — wie bin ich froh, Sie wieder zu sehen!

— Guten Tag, meine liebe Cousine, erwiederte Lawretzky und drückte herzlich die ihm dargebotene Hand: — Wie ist es Ihnen ergangen?

— Setzen Sie sich, setzen Sie sich, mein theurer Fedor Iwanitsch. Ach, wie bin ich froh! Erlauben Sie vor Allem, daß ich Ihnen meine Tochter vorstelle, Lisa . . .

— Ich habe mich Elisaweta Michailowna bereits selbst vorgestellt, unterbrach sie Lawretzky.

— Monsieur Panschin . . . Sergei Petrowitsch Gedeonowsky . . . So nehmen Sie doch Platz! Da sehe ich Sie vor mir und traue wahrhaftig meinen Augen kaum. Wie steht es mit Ihrem Befinden?

— Wie Sie sehen: blühend. Aber auch Sie, Cousine, — Sie glauben doch nicht an jettatura — Sie haben sich in diesen acht Jahren nicht zu Ihrem Nachtheile verändert.

— Ja, denken Sie doch, wie lange wir einander nicht gesehen haben, sagte Marja Dmitriewna in schmachtendem Tone. — Woher kommen Sie jetzt! Wo haben Sie Ihre . . . das heißt, verbesserte sie sich rasch, — ich wollte fragen — Sind Sie auf längere Zeit hergekommen?

— Ich komme jetzt aus Berlin, erwiederte Lawretzky, — und morgen fahre ich auf's Land — vermuthlich auf längere Zeit.

— Sie wollen also in Lawriki bleiben?

— Nein, in Lawriki nicht; ich besitze fünfundzwanzig Werst von hier ein kleines Gut; dorthin will ich nur fahren.

— Das ist das Gütchen, welches Ihnen Glafyra Petrowna vermacht hat?

— Dasselbe.

— Aber Fedor Iwanitsch! Sie haben ja in Lawriki ein so schönes Wohnhaus!

Lawretzky zog die Augenbrauen leicht zusammen.

— Ja . . . es ist aber auf jenem Gütchen auch ein kleines Haus; und mehr brauche ich für's Erste nicht. Der Ort ist jetzt für mich der geeignetste.

Marja Dmitriewna wurde wiederum so sehr verwirrt, daß sie sich hoch aufrichtete und die Arme auseinander breitete. Panschin kam ihr zu Hilfe und ließ sich in ein Gespräch mit Lawretzky ein. Marja Dmitriewna gewann ihre Fassung wieder, stützte sich auf die Rücklehne ihres Sessels und warf nur noch dann und wann ein Wörtchen in die Unterhaltung ein: dabei blickte sie jedoch ihren Gast mit solchem Bedauern an, stieß so bedeutungsvolle Seufzer aus und schüttelte den Kopf so traurig, daß jener zuletzt die Geduld verlor und sie ziemlich barsch fragte: ob ihr auch wohl sei.

— Gott sei Dank! erwiederte Marja Dmitriewna — warum fragen Sie mich?

— Nun, mir däuchte, Sie wären nicht wohl.

Marja Dmitriewna nahm eine würdevolle und etwas beleidigte Miene an. — Nimmst Du es so, dachte sie, soll es mir ganz gleich sein; von Dir, mein Bester, prallt Alles ab; ein Anderer wäre vor Gram verdorrt, Du bist fett dabei geworden. Marja Dmitriewna nahm kein Blatt vor den Mund, wenn sie zu sich selbst redete, im Gespräche mit Anderen war sie wählerischer in ihren Ausdrücken.

Lawretzky glich in der That keinem Opfer des bösen Geschickes. Sein rothwangiges, echt russisches Gesicht mit der offenen, weißen Stirn, der etwas starken Nase und den breiten, regelmäßigen Lippen strotzte von markiger Gesundheit und ausdauernder Kraft. Er war tüchtig gebaut und blondes Lockenhaar umwallte seinen Kopf in jugendlicher Fülle. Nur in den blauen, hervorstehenden und etwas starren Augen lag Etwas wie Schwermuth oder auch Ermattung und der Klang seiner Stimme war gar zu eintönig.

Panschin hielt unterdessen die Unterhaltung im Gange. Er lenkte das Gespräch auf die Vortheile der Zuckersiedereien, worüber er vor Kurzem zwei französische Broschüren gelesen hatte. Er entwickelte deren Inhalt mit ruhiger Bescheidenheit, ohne ihrer selbst jedoch auch nur mit einer Silbe Erwähnung zu thun.

— Das ist ja Fedja! ließ sich plötzlich im Nebenzimmer hinter der halbgeöffneten Thür die Stimme Marfa Timofejewna's hören: — richtig, Fedja! und hurtig trat die Alte in das Gastzimmer. Lawretzky hatte nicht Zeit, sich von seinem Stuhle zu erheben, als die Alte ihn schon umschlungen hatte.

— Laß Dich doch betrachten, laß Dich betrachten, sagte sie, sich vor ihm zurückbeugend. Oh! welch ein stattlicher

Junge. Bist wohl älter geworden, es steht Dir aber, wahrhaftig, nicht schlecht. Was machst Du Dir aber mit meinen Händen zu schaffen — küsse mich doch selbst, wenn Dir meine runzeligen Wangen nicht zuwider sind. Na, hast wohl nicht einmal nach mir gefragt: ob sie wohl noch am Leben ist, die alte Tante? Habe ich Dich doch auf den Armen getragen, Du Wildfang. Nun daran liegt nichts, hast wohl an Anderes, als an mich zu denken gehabt! Schön ist es aber doch von Dir, daß Du hergekommen bist. Hast Du aber auch meine Liebe, fuhr sie, zu Marja Dmitriewna gewendet, fort — ihm Etwas zu essen gegeben?

— Ich wünsche Nichts, erwiederte rasch Lawretzky.

— Nun, Thee mußt Du, mein Alterchen, wenigstens trinken. Ach du lieber Gott! Kommt der aus solchen Fernen angereist und man bietet ihm nicht einmal eine Tasse Thee an. Lisa, geh', tummle Dich, mach' rasch. Ich weiß mich's noch zu entsinnen, als kleiner Junge war er ein gewaltiger Esser und er wird es wohl auch noch jetzt sein.

— Ihr Diener, Marja Timofejewna, brachte Panschin hervor, indem er zu der in Aufregung gerathenen Alten von der Seite herantrat und derselben eine tiefe Verbeugung machte.

— Bitte um Vergebung, mein Herr, erwiederte Marfa Timofejewna, — in meiner Freude hatte ich Sie nicht bemerkt. — Du bist Deiner lieben Mutter ähnlich geworden, fuhr sie wieder zu Lawretzky gewendet fort: nur die Nase hattest Du vom Vater und so ist sie auch geblieben. Nun — Du bleibst doch längere Zeit bei uns!

— Morgen reise ich ab, liebe Tante.

— Wohin?

— Nach Hause, nach Wassiljewskoje.

— Morgen?

— Morgen.

— Nun, wenn es so sein muß, mit Gott! — Das mußt Du besser verstehen. Merke Dir's aber, Du mußt noch vorkommen, um Abschied zu nehmen. — Die Alte klopfte ihn auf die Wange. — Nein, ich hatte nicht gedacht, Dich wieder zu sehen; nicht, daß ich etwa geglaubt hatte, sterben zu müssen, nein — ein paar Jährchen halte ich wohl noch vor; wir Alle vom Pestow'schen Stamme haben zähes Leben; Dein seliger Großvater pflegte uns die Doppellebigen zu nennen; der Himmel weiß aber, wie lange Du Dich noch im Auslande hättest umhertreiben können. Nun, ein kräftiger Junge bist Du aber doch; Du hebst wohl noch wie früher Deine zehn Pud mit einer Hand vom Boden? Dein seliger Vater, nimm mir's nicht übel, wie verdreht er auch sein mochte, hat doch wohl daran gethan, daß er jenen Schweizer für Dich annahm, mit welchem Du Dich, entsinnst Du Dich, zu boxen pflegtest; Gymnastik, glaube ich, nennt man das?

— Na, bin ich aber in's Schwatzen hineingekommen; und habe des Herrn Panschin Unterhaltung gestört; besser, wir trinken unseren Thee; wir wollen ihn, dieses Herztränkchen, dort auf dem Balkon schlürfen; die Sahne ist hier vorzüglich — wie es keine in eurem London oder Paris giebt. Kommt, kommt, und Du, Fedüscha, gieb mir den Arm. O! ist der aber stark! Ja, ein solcher kann schon vor einem Falle behüten.

Alle erhoben sich und begaben sich auf den Balkon, Gedeonowsky ausgenommen, der sich unbemerkt entfernte. Die ganze Zeit über, da Lawretzky mit der Frau vom Hause, mit Panschin und der Alten im Gespräch begriffen gewesen, war er in einer Ecke sitzen geblieben, hatte bedeutungsvoll geblinzelt und mit kindischer Neugier die Lippen vorgestreckt: er eilte jetzt, die Nachricht von dem neuangekommenen Gaste in der Stadt herumzutragen.

———————

An demselben Tage, um eilf Uhr Abends, trug sich im Hause der Frau Kalitin Folgendes zu: Im unteren Stocke, an der Schwelle des Gastzimmers, nahm Wladimir Nikolaitsch, einen günstigen Augenblick benützend, Abschied von Lisa und sagte, sie bei der Hand nehmend, zu ihr: Sie wissen, wer mich hier anzieht; Sie wissen, weßhalb ich beständig Ihr Haus besuche; wozu noch Worte, wenn ohnehin Alles klar ist. Lisa gab ihm keine Antwort, sie lächelte nicht einmal; die Augenbrauen leicht hinaufgezogen und erröthend, blickte sie vor sich zu Boden, zog jedoch ihre Hand nicht zurück; — im oberen Geschosse, in Marfa Timofejewna's Zimmer, beim Scheine des Lämpchens, das vor den schwärzlichen alterthümlichen Heiligenbildern brannte, saß Lawretzky in einem Lehnstuhle, die Arme auf die Kniee gestützt, das Gesicht in die Hände gedrückt; die Alte stand vor ihm und streichelte von Zeit zu Zeit sein Haar. Ueber eine Stunde hatte er bei ihr zugebracht, nachdem er von der Frau vom Hause Abschied genommen; er hatte mit seiner alten, guten Freundin fast nichts gesprochen und sie ihn über Nichts ausgefragt... Und weßhalb hätte er sprechen sollen, worüber hätte sie ihn befragen sollen? Verstand sie ja doch ohnehin Alles; Alles, wovon ihm das Herz überströmte, fand ohnehin einen Wiederhall in dem ihrigen.

VIII.

Feodor Iwanitsch Lawretzky (wir müssen den Leser um die Erlaubniß bitten, auf einige Zeit den Faden unserer Erzählung zu unterbrechen) stammte aus einem alten, adeligen Geschlechte. Der Stammvater der Lawretzky's war während der Regierung des Fürsten Wassili, des Geblendeten, aus Preußen herübergekommen und mit einigen Hunderten Morgen Landes im Bescheßki'schen Bezirke belehnt worden. Von seinem Nachkommen hatten Manche verschiedene Aemter verwaltet, unter Fürsten und Großen entfernten Woiewodschaften vorgestanden, doch war keiner von ihnen zu höherer Würde als der eines Stolnik oder Tischvorstehers gestiegen und auch Keiner hatte sich beträchtliches Vermögen erworben. An Reichthum und Ansehen überragte alle Lawretzky's der leibliche Urgroßvater Fedor Iwanitsch's, Andrei, ein grausamer, frecher, kluger und verschmitzter Mensch. Bis zur Stunde noch erzählt man sich von seinem eigenmächtigen Schalten, seinem wilden Charakter, seiner unmäßigen Verschwendungssucht und seiner Habgier. Er war sehr dick und hoch von Wuchse, hatte ein dunkles, bartloses Gesicht, ein verschlafenes Aussehen und schnarrte beim Sprechen; je weniger er die Stimme erhob, desto größeres Zittern befiel Alle um ihn herum. Die Gattin, die er sich erkoren hatte, war ganz wie für ihn geschaffen. Ein glotzäugiges Wesen mit einer Habichtsnase, rundem, gelbem Gesicht, der Abstammung nach Zigeunerin, heftig und rachsüchtig, gab sie in Nichts ihrem Manne nach, der sie fast zu Tode gequält hatte, und der sie dennoch nicht überlebte, obschon sie einander immer in den Haaren lagen. Peter, des Andreas Sohn und Fedors Großvater, glich seinem Vater nicht: das war ein einfacher, etwas verdrehter Krautjunker, ein Schreihals und Zänker, ungeschliffen, aber nicht boshaft, gastfrei und Jagdliebhaber. Er war über die Dreißig hinaus, als ihm von seinem Vater zweitausend Seelen, in bester Ordnung, als Erbtheil zufielen; bald jedoch hatte er sein Erbgut theils verthan, theils verkauft und das Gesinde heruntergebracht. Gleich Schaben hatten sich von allen Seiten her bekanntes und unbekanntes Pack in seinen geräumigen, bequemen und unordentlichen Gemächern eingenistet. Dieses Gesindel ergab sich dem Fressen und Saufen, wo sich nur die Gelegenheit dazu fand, schleppte, was es schleppen konnte, fort, pries und rühmte den freundlichen Wirth; dieser pries wiederum seine Gäste, wenn er nicht gerade bei Laune war, — indem er sie Schmarotzer und Taugenichtse schalt, und langweilte sich doch ohne dieselben. Peter Andreitsch's Gattin war eine stille Frau; er hatte sie aus einer benachbarten Familie nach seines Vaters Wahl und Bestimmung genommen; ihr Name war Anna Pawlowna. Sie mischte sich in Nichts, war zuvorkommend gegen ihre Gäste, machte gern Besuche, konnte jedoch das Pudern in den Tod nicht leiden. Als sie schon alt geworden war, pflegte sie zu erzählen, wie man ihr einen Filzaufsatz auf dem Kopfe angebracht, das Haar rund herum hinaufgekämmt, mit Schmalz eingerieben, mit Mehl bestreut, dann eiserne Drähtchen hineingesteckt habe — und es nachher eine wahre Tortur gewesen sei, Alles wieder abzuwaschen; aber ohne Puder Besuche zu machen! — auf keinen Fall, — man würde es übel genommen haben, — war das eine Qual gewesen! — Sie fand Vergnügen.

an raschem Fahren, konnte vom Morgen bis zum Abend am Kartentische sitzen und wenn ihr Mann sich dem Spieltische näherte, pflegte sie den ihr angeschriebenen winzigen Verlust mit der Hand zu bedecken: und doch hatte sie ihre ganze Mitgift, ihr ganzes Vermögen dem Manne völlig zur Verfügung überlassen. Zwei Kinder hatte sie von ihm: einen Sohn, Iwan, Fedor's Vater, und eine Tochter, Glafyra. Iwan wurde nicht zu Hause, sondern bei einer reichen Tante, einer alten Jungfer, der Fürstin Kubersky, erzogen: sie bestimmte ihn zu ihrem Erben (sonst hätte ihn der Vater nicht fortgelassen) kleidete ihn wie eine Puppe, umgab ihn mit Lehrern jeder Gattung, gab ihm zum Hofmeister einen Franzosen, einen gewesenen Abbé und Anhänger Jean Jacques Rousseau's, Mr. Courtin de Vaucelles mit Namen, einen gewandten und feinen Intriganten — eine wahre fine fleur von Emigranten, wie sie selbst sich auszudrücken pflegte, — und endete damit, daß sie, fast 70 Jahre alt, diese fine fleur heirathete, ihm ihre ganze Habe verschrieb und bald darauf, von Schminke bedeckt, mit Ambra à la Richelieu parfümirt, umringt von Mohrenknaben, dünnbeinigen Hündchen und kreischenden Papageien, auf einem seidenbezogenen, ausgeschweiften kleinen Sopha, aus der Zeit Ludwig's XV., mit einer emaillirten Tabaksdose von Petitot's Arbeit in der Hand, verlassen von ihrem Gatten — den Geist aufgab: der schlaue Herr Courtin hatte es vorgezogen, mit ihren Capitalien nach Paris durchzugehen. Iwan trat bereits in sein zwanzigstes Jahr, als dieser unerwartete Schlag (wir meinen der Fürstin Heirath, nicht ihren Tod) über ihn hereinbrach; er wollte nicht in dem Hause der Tante bleiben, wo er aus einem reichen Erben plötzlich zu einem Brobdiebe geworden war; der Kreis, in welchem er in Petersburg aufgewachsen war, hatte sich vor ihm verschlossen; ein mühsamer, unbeachteter Dienst, mit der untersten Rangstufe beginnend, schreckte ihn ab (Alles dies fällt in die erste Regierungszeit des Kaisers Alexander); — es blieb ihm nichts weiter übrig, als zu seinem Vater auf das Land zurückzukehren. Schmutzig, armselig, elend erschien ihm sein elterliches Nest; er fühlte sich von der geistlosen Alltäglichkeit des Lebens auf dem Lande auf Schritt und Tritt verletzt; Langeweile zehrte ihn auf; dafür ließen es auch Alle im Hause, seine Mutter ausgenommen, nicht an mißfälligen Blicken fehlen. Dem Vater gefielen nicht die großstädtischen Angewohnheiten des Sohnes, dessen Fracks, Busenstreifen, Bücher und Flöte, ebensowenig dessen saubere Haltung, in welcher er nicht mit Unrecht eine Art Verachtung zu erblicken meinte; jeden Augenblick ließ er sich in Klagen und Murren über den Sohn aus. — Nichts ist ihm hier recht, pflegte er zu sagen: — bei Tisch ist er launisch, ißt nichts, will keine Dienstboten um sich haben, kann deren Luft nicht vertragen, der Anblick Betrunkener beunruhigt ihn, in seiner Gegenwart muß man sich hüten,

Hand an Jemand zu legen; eine Anstellung suchen, das will er nicht: die schwache Gesundheit erlaubt es nicht; pfui, über den Weichling! Und das kommt Alles nur davon, daß ihm der Voltaire im Kopfe steckt. Der Alte konnte besonders Voltaire und dann auch den „gottlosen" Diderot nicht leiden, obgleich er keine Zeile aus deren Schriften gelesen hatte: das Lesen war nicht seine Sache.

Peter Andreitsch hatte es in der That getroffen: Diderot und Voltaire steckten wirklich in seines Sohnes Kopfe, und nicht bloß diese — auch Rousseau und Raynal und Helvetius und viele Andere, diesen ähnliche Schriftsteller — aber auch nur im Kopfe. Der frühere Erzieher Iwan Petrowitsch's, jener Ex-Abbé und Encyclopädist, hatte sich damit begnügt, seinem Zöglinge den Rohstoff der ganzen Weisheit des 18. Jahrhunderts einzutrichtern, und vollgepfropft mit derselben, trug er sich denn auch mit ihr herum; sie war in ihm, ohne sich mit seinem Blute zu vermischen, ohne seine Seele zu durchdringen, ohne in thatkräftiger Ueberzeugung zum Ausdruck zu gelangen... Und durfte man denn auch vor 50 Jahren von einem jungen Burschen Ueberzeugungen fordern, wenn wir selbst noch zu dieser Stunde nicht bis zu ihnen hinangereift sind? Selbst Denen, die das Haus seines Vaters besuchten, fiel Iwan Petrowitsch lästig; er verabscheute diese Leute und sie fürchteten ihn; mit seiner Schwester Glafyra, die um zwölf Jahre älter war als er, konnte er sich vollends nicht befreunden. Diese Glafyra war ein sonderbares Wesen; häßlich, buckelig, mager, mit weitaufstehenden, strengen Augen und zusammengepreßten, schmalen Lippen, erinnerte sie durch Gesicht, Stimme, schroffe und rasche Bewegungen an ihre Großmutter, die Zigeunerin, des Andreas Ehefrau. Starrsinnig und herrschsüchtig wie sie war, wollte sie nichts vom Ehestand hören. Die Rückkehr Iwan Petrowitsch's war ihr gar nicht lieb; so lange die Fürstin Kubensky ihn bei sich gehabt hatte, lebte sie der Hoffnung, wenigstens die Hälfte des elterlichen Vermögens zu bekommen: auch was Geiz betrifft, glich sie der Großmutter. Außerdem war Glafyra auch neidisch auf ihren Bruder; war er ja doch so gebildet, konnte so schön französisch sprechen, mit Pariser Accent, während sie kaum ein: „bon schur" oder „kommang wu porteh wu?" vorbringen konnte. Freilich, ihre Eltern verstanden das Französische ganz und gar nicht, — das machte ihr aber das Herz nicht leichter. Iwan Petrowitsch wußte vor Ueberdruß und Langweile nicht, was er anfangen sollte; kein volles Jahr hatte er auf dem Lande gelebt, und schon dünkte diese Zeit ihm gleich einem Jahrzehnt. Nur bei seiner Mutter fühlte sich seine Seele leichter, stundenlang saß er bei ihr in ihren niedrigen Zimmern, lauschte den ungekünstelten Reden der guten Frau und that sich dabei an eingemachten Früchten etwas zu Gute.

Unter Anna Pawlowna's Kammerjungfern befand sich ein sehr hübsches Mädchen mit hellen, sanften Augen und feinen Gesichtszügen, Namens Malanja, ein gescheidtes, sittsames Wesen. Sie hatte gleich anfangs Eindruck auf Iwan Petrowitsch gemacht; ihre schüchterne Haltung, bescheidene Sprache, sanfte Stimme, ihr freundliches Lächeln hatten ihn angesprochen; mit jedem Tage war sie ihm lieber geworden. Und auch sie hing mit der ganzen Macht ihrer Seele an Iwan Petrowitsch, wie es nur russische Mädchenherzen im Stande sind und — gab sich ihm hin.

In einem adeligen Hause, auf dem Lande, kann nichts Verborgenes lange unentdeckt bleiben: bald hatten Alle von dem Verhältniß des jungen Herrn zu Malanja erfahren; die Kunde davon gelangte zuletzt auch zu Peter Andreitsch's Ohren. Zu einer anderen Zeit würde er wahrscheinlich keine Notiz von einem so unbedeutenden Vorfalle genommen haben; er war aber schon lange böse auf seinen Sohn und daher kam ihm dieser Umstand sehr gelegen, um den Petersburger Klügling und Gecken zu beschämen. Es wurde großer Lärm und viel Geschrei gemacht: Malanja ward in eine Kammer gesperrt; Iwan Petrowitsch zum Vater beschieden. Anna Pawlowna kam auf den Lärm auch herbeigelaufen. Sie bemühete sich, ihren Gatten zu besänftigen, Peter Andreitsch war aber für Alles taub. Einem Raubvogel gleich, stürzte er auf den Sohn, warf ihm seine Sittenlosigkeit, seine

Gottlosigkeit und Heuchelei vor, ergoß bei dieser Gelegenheit über denselben den ganzen Vorrath an Galle, der sich in ihm gegen die Fürstin Kubensky angesammelt hatte, und überhäufte ihn mit Scheltworten. Anfangs hörte Iwan Petrowitsch schweigend zu und hielt Stand, als aber sein Vater eine drohende Andeutung fallen ließ, es könne sein Sohn einer schimpflichen Züchtigung unterworfen werden, hielt dieser nicht mehr an sich. „Der gottlose Diderot ist wieder im Spiele, — dachte er — so möge er denn an's Werk gehen, wartet nur; ich will euch Alle in Erstaunen setzen." Und mit ruhiger gleichmäßiger Stimme, wenn auch im Innersten bewegt, erklärte Iwan Petrowitsch seinem Vater, es beschuldige ihn dieser ungerechterweise der Unsittlichkeit; er wolle keineswegs sein Vergehen beschönigen, sei jedoch bereit, es wieder gut zu machen und thue es um so lieber, da er sich über alle Vorurtheile erhaben fühle: er sei nämlich bereit, Malanja zu heirathen. Durch diese Erklärung hatte Iwan Petrowitsch ohne Zweifel seinen Zweck erreicht: er hatte seinen Vater in solches Erstaunen versetzt, daß dieser die Augen weit aufriß und für einen Augenblick die Sprache verlor; doch bald gewann er seine Fassung wieder und stürzte, so wie er gerade war, in leichtem Morgenpelz aus Eichhornfell und Pantoffeln an den bloßen Füßen, mit geballten Fäusten auf seinen Sohn los, der, gleichsam dem Vater zum Trotz, an diesem Tage à la Titus frisirt war, einen neuen englischen blauen Frack, Stiefel mit Quasten und elegante hirschlederne, enganschließende Hosen angelegt hatte. Anna Pawlowna erhob ein gellendes Geschrei und bedeckte ihr Gesicht mit den Händen, ihr Sohn aber floh durch alle Gemächer hindurch, rannte über den Hof in den Gemüsegarten, durch den Park auf die Landstraße; er floh unaufhaltsam, ohne zurückzublicken, bis er endlich den schwerfälligen Trab der väterlichen Füße und dessen immer heftiger, abgebrochener gewordenes Schreien nicht mehr hinter sich vernahm . . . Warte, Bösewicht! rief er, — warte! ich werde Dir fluchen! Iwan Petrowitsch flüchtete zu einem benachbarten Hofbesitzer, während Peter Andreitsch erschöpfend und triefend vor Schweiß nach Hause zurückkehrte und, fast außer Athem, erklärte, er entziehe seinem Sohne Segen und Erbtheil; zugleich befahl er, alle verrückten Bücher desselben in's Feuer zu werfen, das Weibsbild, die Malanja, aber unverzüglich in ein abgelegenes Dorf fortzuschaffen. Es fanden sich wohlwollende Leute, die Iwan Petrowitsch aufsuchten und ihn von Allem unterrichteten. Scham und Rache im Herzen, schwor er, es seinem Vater entgelten zu lassen, und in derselben Nacht lauerte er dem Bauernkarren auf, in welchem Malanja fortgeführt wurde, entriß sie mit Gewalt ihrem Geleite, eilte dann mit ihr in die nächste Stadt und ließ sich dort trauen. Mit Geld versorgte ihn ein Nachbar, ein ewig betrunkener und herzensguter, verabschiedeter Seemann und verzweifelter Freund aller hochherzigen Abenteurer, wie er zu sagen pflegte. Am folgenden Tage schrieb Iwan Petrowitsch einen beißend kalten und höflichen Brief an seinen Vater und begab sich dann auf das Gut eines Verwandten. Dmitri Pestow, der daselbst mit seiner Schwester Marfa Timofejewna, die unser Leser bereits kennt, lebte. Er erzählte ihnen Alles, erklärte, daß er die Absicht habe, nach Petersburg zu fahren, um eine Anstellung zu suchen, und bat sie, seiner Frau, wenn auch nur für einige Zeit, Obdach zu geben. Beim Worte: Frau — brach er in bittere Thränen aus und, seiner großstädtischen Bildung und Philosophie vergessend, fiel er demüthig, in russisch-blöder Einfalt, seinen Verwandten zu Füßen, ja er berührte sogar mit der Stirn den Fußboden. Die Pestow's waren mitleidige und gute Leute, sie willfahrten gern seiner Bitte; er blieb drei Wochen bei ihnen in stiller Erwartung einer Antwort seines Vaters; es kam jedoch keine, — und es konnte auch keine kommen. Peter Andreitsch, als er die Heirath seines Sohnes erfuhr, mußte in's Bett gebracht werden und befahl, daß der Name seines Sohnes in seiner Gegenwart nicht erwähnt werde; die Mutter jedoch erborgte sich unter der Hand vom Kirchenprobste Geld und schickte Iwan Petrowitsch's Frau 500 Bancorubel, nebst einem kleinen Heiligenbilde; sie wagte nicht zu schreiben, ließ aber durch den Boten, einen hageren Bauernkerl, dem es nicht darauf angekommen wäre, sechzig Werst in einem Tage zu laufen, ihrem Sohne sagen, er solle sich nicht gar zu sehr grämen, mit Gottes Beistande werde sich Alles gut machen lassen und des Vaters Zorn sich in Gnade verwandeln; auch ihr wäre eine andere Schwiegertochter lieber gewesen, es müsse aber wohl so Gottes Wille gewesen sein und sie sende Malanja Sergejewna ihren Segen. Der hagere Bote bekam einen Rubel geschenkt und bat um die Vergünstigung, die neue Edelfrau, mit welcher zusammen er einmal Gevatter gestanden, zu sehen, küßte ihr die Hand und trabte dann rasch nach Hause zurück.

Leichten Herzens fuhr Iwan Petrowitsch nach Petersburg. Eine unbekannte Zukunft erwartete ihn; vielleicht stand ihm Armuth bevor; er war aber das verhaßte Landleben los und, was die Hauptsache war, er hatte sich ja vor seinen Meistern keine Blöße gegeben, und in der That, Rousseau, Diderot und die déclaration des droits de l'homme, das Ihrige thun lassen. Das Bewußtsein erfüllter Pflicht, errungenen Sieges und Stolz erfüllten seine Seele; ihn ängstigte auch weiter die Trennung von seiner Frau nicht besonders; die Nothwendigkeit eines beständigen Zusammenseins mit ihr wäre für ihn störender gewesen. Diese Sache war abgemacht; jetzt sollten andere an die Reihe kommen. Gegen alle Erwartung lächelte ihm in Petersburg das Glück: die Fürstin Kubenski, —

von Monsieur Courtin bereits im Stiche gelassen, hatte noch vor ihrem Hinscheiden, um das ihrem Neffen angethane Unrecht einigermaßen wieder gut zu machen, denselben allen ihren Freunden empfohlen und ihm 5000 Rubel — vielleicht ihr letztes Geld — und eine Uhr von L'Epine's Arbeit, mit seinem Namenszuge in einer Amorettenguirlande, als Andenken vermacht. Drei Monate waren noch nicht vergangen, als er eine Anstellung bei der russischen Gesandtschaft in London erhielt, und mit dem ersten abgehenden englischen Schiffe (an Dampffahrzeuge dachte man damals noch nicht) in See stach. Einige Monate darauf erhielt er einen Brief von Pestow. Der gute Mann wünschte ihm Glück zu der Geburt eines Sohnes, der auf dem Prokowsky'schen Landgute am 20. August 1807 das Licht der Welt erblickt und dem heiligen Fedor, dem Heerführer, zu Ehren, den Namen Fedor erhalten hatte. Großer Schwäche halber fügte Malanja Sergejewna nur einige Zeilen hinzu; aber selbst diese wenigen Zeilen setzten Iwan Petrowitsch in Erstaunen; er wußte nicht, daß Marfa Timofejewna seine Frau schreiben gelehrt hatte. Iwan Petrowitsch gab sich indessen nicht lange der süßen Aufregung väterlicher Gefühle hin, er machte gerade einer der berühmtesten Phrynen oder Laiden den Hof (die klassischen Namen waren zu der Zeit sehr in der Mode); in Tilsit war der Frieden eben geschlossen worden und Alles wurde wie im tollen Wirbel hingerissen; die schwarzen

Augen einer lebhaften Schönen verwirrten auch seinen Kopf. Er hatte nur sehr wenig Geld, war jedoch glücklich im Kartenspiel, hatte Verbindungen, nahm an allen erdenklichen Vergnügungen Theil, mit einem Worte, er segelte mit vollem Winde.

IX.

Der alte Lawretzky konnte seinem Sohne die Heirath lange nicht verzeihen; wäre derselbe ein halbes Jahr nach dem Vorfalle reumüthig vor ihn getreten und hätte sich ihm zu Füßen geworfen, dann würde er ihm vielleicht vergeben haben, nachdem er ihm zuvor tüchtig den Text gelesen, und ihn, um ihn einzuschüchtern, vielleicht mit der Krücke berührt hätte; Iwan Petrowitsch blieb aber in der Fremde und kümmerte sich um nichts. — „Schweig! Untersteh' dich nicht!" pflegte Peter Andreitsch jedes Mal seiner Frau zu sagen, wenn diese ihn zur Milde zu stimmen versuchte: „dieser Gelbschnabel muß zeitlebens Gott danken, daß ich ihn mit meinem Fluche verschont habe; mein seliger Vater würde ihn eigenhändigst todtgeschlagen haben und daran hätte er wohl gethan." Während solcher schrecklichen Reden pflegte Anna Pawlowna sich im Stillen zu bekreuzigen. Was nun Iwan Petrowitsch's Gattin betraf, da wollte der Alte anfangs nichts von ihr hören und auf Pestow's Brief, in welchem Letzterer der Schwiegertochter Erwähnung that, ließ er demselben zur Antwort geben, er wisse nicht, daß er eine sogenannte Schwiegertochter habe, auch sei es gesetzlich verboten, entlaufene Mägde aufzunehmen, und er halte es für seine Pflicht, ihn deshalb zu verwarnen; später jedoch, als er die Geburt seines Enkels erfuhr, wurde er milder, ließ sich unter der Hand nach der Gesundheit der Mutter erkundigen und schickte ihr, als käme es nicht von ihm, eine kleine Summe. Fedja war noch nicht ein Jahr alt, als Anna Pawlowna an einem gefährlichen Uebel erkrankte. Einige Tage vor ihrem Ende, als sie das Bett nicht mehr verlassen konnte, erklärte sie, mit schüchternen Thränentropfen im brechenden Auge, in Gegenwart ihres Beichtvaters, ihrem Gatten, sie habe den Wunsch, ihre Schwiegertochter zu sehen, Abschied von ihr zu nehmen und ihren Enkel zu segnen. Der betrübte Alte beruhigte sie und schickte sogleich seinen eigenen Wagen nach der Schwiegertochter, bei welcher Gelegenheit er dieselbe zum ersten Male Malanja Sergejewna nannte. Sie kam mit ihrem Sohne und mit Marfa Timofejewna, welche sie unter keiner Bedingung hatte allein fortlassen und möglichen Zufälligkeiten aussetzen wollen. Halb= todt vor Schreck betrat Malanja das Cabinet des Alten. Die Kinderwärterin trug hinter ihr den Kleinen. Peter Andreitsch blickte Malanja schweigend an; sie faßte seine Hand; kaum vermochten ihre bebenden Lippen einen laut= losen Kuß auf dieselbe zu drücken.

— Nun, neubackene Edelfrau, sagte er nach einer Pause: — guten Tag, komm zur gnädigen Frau.

Er erhob sich und beugte sich zu Fedja nieder; der Knabe lächelte und streckte die bleichen Händchen nach ihm aus. Dem Alten ging das Herz über.

— Ach Du Elternloser! sagte er. Für den Vater legst Du Fürbitte ein; ich werde Dich nicht verlassen, Du Nestling.

Kaum war Malanja Sergejewna in's Schlafzimmer Anna Pawlowna's getreten, so ließ sie sich an der Thürschwelle auf die Kniee nieder. Die Kranke winkte sie zu sich an's Bett, umfing sie mit ihren Armen und segnete ihren Sohn; darauf wandte sie das von schwerer Krankheit abgemagerte Gesicht ihrem Gatten zu, wollte ihm Etwas sagen . . .

— Weiß schon, weiß schon, was Du mir sagen willst, fiel Peter Andreitsch ein: — mache Dir keine Sorgen: sie soll bei uns bleiben und um ihretwillen will ich dem Wanka*) verzeihen.

Anna Pawlowna ergriff mit Anstrengung ihres Mannes Hand und drückte sie an die Lippen. An demselben Abend war sie verschieden.

Peter Andreitsch hielt Wort. Er benachrichtigte seinen Sohn, daß er um der todten Mutter und des Kindes

---

*) Diminutiv von „Iwan".

Fedor willen, ihm seinen Segen wiedergebe und Malanja Sergejewna in seinem Hause aufnehme. Es wurden derselben im Zwischengeschosse zwei Zimmer angewiesen, er stellte sie den geachtetsten seiner Gäste, einem einäugigen Brigadier Skurechin und dessen Frau, vor und schenkte ihr zwei Mägde und einen kleinen Laufburschen. Marfa Timofejewna nahm von ihr Abschied. Glafyra war ihr zuwider geworden, drei Mal an einem Tage hatte sie Streit mit ihr gehabt.

Unbehaglich und fremd fühlte sich die arme Frau in der ersten Zeit; sie überstand es aber und gewöhnte sich zuletzt an ihren Schwiegervater. Auch er gewöhnte sich an sie, ja, er gewann sie sogar lieb, obgleich er fast nie mit ihr sprach und in seiner Freundlichkeit gegen sie eine gewisse unwillkürliche Geringschätzung durchblickte. Am Meisten hatte Malanja Sergejewna von ihrer Schwägerin zu ertragen. Noch bei Lebzeiten ihrer Mutter war es Glafyra gelungen, allmählig das Hausregiment an sich zu ziehen: ihr Vater und Alle im Hause waren ihr unterthan, ohne ihre Einwilligung durfte kein Stück Zucker ausgegeben werden; sie wäre lieber gestorben, als daß sie ihre Herrschaft mit einer anderem Frau im Hause getheilt hätte, und noch dazu mit einer von solchem Schlage! Die Heirath ihres Bruders hatte sie mehr aufgebracht, als ihren Vater: sie übernahm es, die Emporgekommene zurecht zu setzen, und Malanja Sergejewna ward von

Stund an ihre Untergebene. Und wie hätte sie auch gegen die eigenwillige, hochmüthige Glafyra aufkommen können, sie, das anspruchslose, beständig verlegene und eingeschüchterte, schwächliche Wesen? Es verging kein Tag, ohne daß Glafyra sie an ihren früheren Stand erinnert, oder sie dafür gelobt hätte, daß sie desselben eingedenk sei. Malanja würde gern diese Sticheleien und Beifallsbezeigungen, wie sehr auch dieselben sie schmerzten, mit Geduld ertragen haben . . . man hatte aber Fedja von ihr genommen: das war es, was ihr das Herz brach. Unter dem Vorwande, sie sei nicht im Stande, die Erziehung ihres Sohnes zu leiten, ließ man sie fast gar nicht zu ihm; Glafyra übernahm dieses Geschäft; der Knabe war ganz in ihrer Gewalt. In ihrem Kummer flehte Malanja inständigst ihren Mann an, recht bald zurückzukehren und auch der Alte wünschte seinen Sohn wiederzusehen; es liefen jedoch von diesem immer nur ausweichende Antworten ein, er dankte dem Vater für dessen Sorge um seine Frau, für das Geld, welches er ihm zukommen ließ, versprach bald zurückzukehren — und kam immer nicht. Das Jahr 1812 zwang ihn endlich, die Fremde zu verlassen. Nach sechsjähriger Trennung sahen Vater und Sohn sich wieder, es erfolgte eine Umarmung und der früheren Mißhelligkeiten wurde mit keinem Worte Erwähnung gethan; andere Dinge beschäftigten damals die Gemüther: ganz Rußland hatte sich gegen den Feind erhoben und es fühlten Beide, daß russisches Blut in ihren Adern rollte. Peter Andreitsch schickte auf eigene Kosten eine ganze Schaar Wehrmänner in's Feld. Als der Krieg beendet war und die Gefahr vorüber, empfand Iwan Petrowitsch wieder Langeweile, wieder zog es ihn fort, in jene Welt, die ihm zum Bedürfniß geworden war und in welcher er sich heimisch fühlte. Malanja Sergejewna konnte ihm kein Hinderniß sein, sie hatte in seinen Augen zu wenig Bedeutung. Sogar in ihren Voraussetzungen fand sie sich getäuscht: auch ihr Mann hatte der Meinung beigepflichtet, daß es viel angemessener sei, Fedja's Erziehung Glafyra zu überlassen. Iwan Petrowitsch's arme Frau ertrug nicht diesen neuen Schlag, ertrug nicht die abermalige Trennung: ohne Murren erlosch sie in wenigen Tagen. In ihrem ganzen Leben hatte sie Niemandem Widerstand zu leisten vermocht, und auch gegen ihr Uebel sträubte sie sich nicht. Schon hatte sie die Sprache verloren, der Schatten des Todes überzog bereits ihr Gesicht, und auch jetzt noch sprach aus den Zügen desselben duldsames Sinnen und unverbrüchliche, sanfte Ergebenheit; mit derselben stummen Unterwürfigkeit wie immer ruhte ihr Blick auf Glafyra und sowie Anna Pawlowna auf dem Sterbebette Peter Andreitsch's Hand geküßt hatte, ebenso drückte sie jetzt Glafyra's Hand an ihre Lippen und empfahl derselben ihren einzigen Sohn. So endete dieses stille, gute Geschöpf seine irdische Laufbahn, das, Gott weiß, warum, seinem heimathlichen Boden entrissen und ohne weiteres bei Seite geworfen worden war, gleich einem ausgerissenen Bäumchen, die Wurzeln nach der Sonne gekehrt; es verblich, verging spurlos, dieses Wesen, und es grämte sich Niemand um dasselbe. Es betrauerten Malanja ihr Kammermädchen und wohl auch Peter Andreitsch. Der Alte vermißte das gutmüthige Gesicht, die stille Gegenwart der Verstorbenen. „Lebe wohl, vergieb, Du, meine Anspruchslose!" sagte er leise, als er zum letzten Male sich in der Kirche vor ihrer irdischen Hülle verneigte. Als er eine Handvoll Erde in ihr Grab warf, weinte er.

Er überlebte sie selbst nicht lange, nicht länger als fünf Jahre. Im Winter 1819 starb er ruhig in Moskau, wohin er mit Glafyra und seinem Enkel übergesiedelt war, und verordnete, daß man ihn neben Anna Pawlowna und „Malascha" beisetzen sollte. Iwan Petrowitsch befand sich gerade zu seinem Vergnügen in Paris; bald nach 1815 hatte er den Dienst aufgegeben. Als er den Tod seines Vaters erfuhr, beschloß er nach Rußland zurückzukehren. Er mußte seine Gutsangelegenheiten in Ordnung bringen und dann hatte auch, wie Glafyra schrieb, Fedja das zwölfte Jahr erreicht, und es war der Zeitpunkt gekommen, ernstlich auf dessen Erziehung bedacht zu sein.

X.

Iwan Petrowitsch kehrte als Angloman zurück. Das kurzgeschnittene Haar, der gesteifte Busenstreif, der langschößige, erbsenfarbige Rock mit einer Menge Kragen, die saure Miene, eine gewisse Steifheit und Gleichgültigkeit im Benehmen, das Sprechen durch die Zähne, das trockene plötzliche Auflachen, die totale Abwesenheit jedes Lächelns auf den Lippen, die ausschließlich politischen oder nationalökonomischen Gespräche, die Vorliebe für blutende Roastbeefs und Portwein — Alles an ihn erinnerte an Großbritannien; er schien durchdrungen von britischem Geiste. Aber — merkwürdig! Obgleich Iwan Petrowitsch Angloman geworden, war er doch gleichzeitig Patriot, wenigstens gab er sich für einen solchen aus. Er kannte indessen Rußland wenig, hielt sich an keinen der russischen Gebräuche und drückte sich im Russischen sonderbar aus: im gewöhnlichen Gespräche war seine unbeholfene und träge Rede ganz von Gallizismen untermischt; kaum aber ging die Unterhaltung auf wichtige Gegenstände über, so kamen bei Iwan Petrowitsch sofort Ausdrücke dieser Art vor: „neue Versuche von Selbstbeflissenheit sollen bewiesen werden", oder „solches stimmt nicht mit der Natur des Umstandes überein" u. dgl. Iwan Petrowitsch hatte einige schriftliche Entwürfe, die Ordnung und Verbesserung des

Staatswesens betreffend, mitgebracht; er war mit dem Bestehenden sehr unzufrieden — besonders erbitterte ihn der Mangel jedes Systems. Als er bei seiner Schwester eintraf, erklärte er ihr von vornherein, daß er die Absicht habe, gründliche Reformen einzuführen, daß fortan bei ihm Alles nach einem neuen System geändert werden solle. Glafyra Petrowna erwiederte ihrem Bruder nichts darauf, sie biß nur die Zähne zusammen und dachte: „was wird aus mir dann werden?" — Als sie jedoch mit ihm und ihrem Neffen auf dem Gute angekommen war, kehrte ihre Ruhe bald wieder. Es wurden allerdings in dem Hause einige Veränderungen vorgenommen: Hausarme sowie Tellerlecker wurden unverzüglich fortgejagt; unter Denen, welche diese Verbannung traf, befanden sich zwei alte Weiber, von denen das eine — blind, das andere — gichtlahm waren, ferner ein altersschwacher Major, der bei der Erstürmung von Otschakow zugegen gewesen war, und in Betracht seines, in der That staunenerregenden Heißhungers nur mit schwarzem Brode und Linsen gefüttert wurde. Ferner wurde befohlen, die bisherigen Gäste nicht mehr zu empfangen: es ersetzte sie Alle ein entfernter Nachbar, ein blondhaariger, mit Scropheln behafteter Baron, ein wohlerzogener und sehr dummer Mensch. Neue Möbel trafen aus Moskau ein; Spucknäpfe, Schellen, Waschtische kamen zum Vorschein; das Frühstück wurde in anderer Weise servirt; ausländische Weine verdrängten die Branntweine und Liqueure; für das Dienstpersonal wurden neue Livréen angefertigt; auf dem Familienwappen wurden die Worte: „in recto virtus" . . . hinzugefügt. Im Ganzen jedoch ward Glafyra's Macht nicht geschmälert: alle Ausgaben, Einkünfte hingen wie bisher von ihr ab; ein aus dem Elsaß mitgebrachter Kammerdiener versuchte zwar, ihr den Rang abzulaufen — verlor jedoch seine Stelle, obgleich ihn der Herr begünstigte. Und was nun die Gutsverwaltung betraf, die Gutsbewirthschaftung (was gleichfalls zum Wirkungskreise Glafyra Petrowna's gehört hatte), so blieb doch, ungeachtet der oftmals von Iwan Petrowitsch geäußerten Absicht: neues Leben in das Chaos zu blasen, — Alles beim Alten; hier und da wurde bloß der Zins erhöht und auch der Frohndienst etwas erschwert und außerdem wurde den Bauern verboten, sich direct an den Gutsherrn zu wenden. Der Patriot hatte doch gar zu wenig Achtung vor seinen Mitbürgern. Iwan Petrowitsch's System ward in seiner ganzen Bedeutung nur auf Fedja in Anwendung gebracht: seine Erziehung ward in der That einer „gründlichen Reform" unterworfen: der Vater übernahm dieselbe ausschließlich.

XI.

Bis zur Rückkehr Iwan Petrowitsch's aus dem Auslande hatte sich Fedja, wie schon gesagt, unter Glafyra's Obhut befunden. Er war noch nicht acht Jahre alt, als seine Mutter starb; er hatte sie nicht einmal jeden Tag zu Gesichte bekommen, sie aber außerordentlich lieb gehabt; das Andenken an sie, ihr sanftes, bleiches Gesicht, ihr schwermüthiger Blick, ihre schüchternen Liebkosungen hatten sich für das ganze Leben in sein Herz eingeprägt; es war ihm ein, wenn auch dunkler Begriff von ihrer Stellung im Hause im Gedächtnisse geblieben und ihm ahnte, daß zwischen ihm und ihr eine Scheidewand bestanden, die sie zu entfernen weder vermocht noch gedurft hatte. Vor seinem Vater empfand er Scheu, auch liebkoste derselbe ihn nie; der Großvater streichelte ihm dann und wann den Kopf und gab ihm seine Hand zu küssen, nannte ihn jedoch einen kleinen Trotzkopf und hielt ihn für etwas dumm. Nach dem Tode Malanja's stand er ausschließlich unter Aufsicht seiner Tante. Fedja hatte Furcht vor ihr, vor ihrem durchdringenden, starren Blick, ihrer rauhen Stimme; er durfte sich in ihrer Gegenwart nicht bemerkbar machen; sobald er sich nur auf seinem Stuhle rührte, kreischte sie sogleich: „wohin? ruhig sitzen geblieben!" Sonntags nach der Messe war ihm erlaubt,

zu spielen, das heißt, man gab ihm ein dickes, geheimniß=
volles Buch in die Hand, das Werk eines gewissen Maxi=
mowitsch-Ambodik, das den Titel „Embleme und Symbole"
führte. In diesem Buche befanden sich gegen tausend, zum
Theil höchst räthselhafte Abbildungen mit ebenso räthsel=
haften Erklärungen in fünf Sprachen. Amor in nackter
feister Gestalt spielte eine große Rolle in diesen Bildern.
Neben einem derselben „Safran und Regenbogen" betitelt,
stand die Erklärung: „Meine Wirkung ist größer;" bei
einem anderen, das einen fliegenden Reiher mit einem
Veilchen im Schnabel vorstellte, standen die Worte: „Du
kennst sie alle." — „Amor und ein Bär, der seine Jungen
leckt," bedeutete: „Eile mit Weile." Fedja betrachtete
diese Bilder; sie waren ihm alle bis auf die geringsten
Einzelheiten bekannt; einige, und zwar immer dieselben,
fesselten seine Gedanken und reizten seine Einbildungskraft;
andere Zerstreuungen kannte er nicht. Als der Zeitpunkt
gekommen war, ihn Sprachen und Musik zu lehren, nahm
Glafyra Petrowna um einen Spottpreis eine alte Jungfer
an, eine Schwedin von Geburt, die Augen wie ein Hase
hatte, leidlich französisch und deutsch sprach, nothdürftig
Clavier spielte und außerdem vortrefflich Gurken einzusalzen
verstand. In der Gesellschaft dieser Erzieherin, seiner
Tante und einer alten Zimmermagd, Wassiljewna genannt,
brachte Fedja vier volle Jahre zu. So saß er bisweilen
in irgend einem Winkel mit seinen „Emblemen," — saß

stundenlang da in dem niedrigen Zimmer voll Geraniums-
duft beim schwachen Scheine eines Talglichtes; eintönig
zirpte das Heimchen, als langweilte es sich auch, in raschen
Schwingungen tickte die kleine Wanduhr, hinter den Tapeten
kratzte und nagte ein Mäuschen, während die drei alten
Jungfern wie die Parzen schweigsam und hastig ihre
Stricknadeln bewegten und die Schatten ihrer Hände bald
das Halbdunkel durchstrichen, bald in eigenthümlicher Weise
in demselben hin und her zitterten, und sonderbare, gleichfalls halbdunkele Vorstellungen trieben in dem Kopfe des
Knaben ihr Spiel. Niemand würde Fedja ein nettes
Kind genannt haben; er war ziemlich bleich aber dick,
besaß keine schönen Formen und war unbeholfen — ein
wahrer Bauernjunge, wie Glafyra sich auszudrücken pflegte;
die Blässe wäre bald vergangen, wenn man ihn öfter der
freien Luft ausgesetzt hätte. Er lernte ziemlich gut, war
aber oft faul; er weinte nie; dagegen zeigte sich bei ihm
ein wildes, störrisches Wesen: dann war es unmöglich, mit
ihm durchzukommen. Fedja liebte Niemand aus seiner
Umgebung . . . Wehe dem Herzen, das in seiner Jugend
nicht Liebe gefühlt hat!

So geartet fand ihn Iwan Petrowitsch und, ohne
Zeit zu verlieren, schritt er daran, sein System bei ihm
in Anwendung zu bringen. Ich will vor Allem einen
Mann aus ihm machen, un homme," pflegte er zu Glafyra zu sagen, „und nicht allein einen Mann, auch einen

Spartaner." Iwan Petrowitsch fing damit an, daß er seinen Sohn nach schottischer Mode kleidete! der zwölf=jährige Junge ging mit nackten Waden und einer Hahnen=feder auf der Mütze einher; an Stelle der Schwedin ward ein junger Schweizer angenommen, der alle Feinheiten der Gymnastik inne hatte; die Musik, als eine des Mannes unwürdige Beschäftigung, ward für immer verbannt; Na=turwissenschaften, Völkerrecht, Mathematik, Tischlerhandwerk, wie Jean Jacques Rousseau es will, und Wappenkunde zur Aufrechterhaltung ritterlichen Sinnes, — das war es, womit der zukünftige „Mann" sich zu beschäftigen hatte. Um 4 Uhr Morgens wurde er geweckt, sofort mit kaltem Wasser übergossen und mußte dann an einer Leine um einen hohen Pfahl herumlaufen; einmal des Tages bekam er zu essen, immer nur ein Gericht, mußte reiten, Armbrust schießen; bei jeder passenden Gelegenheit übte er sich, nach dem Beispiele des Vaters, Charakterstärke zu erlangen und trug jeden Abend in ein besonderes Heft einen Bericht über den verbrachten Tag und die eigenen Eindrücke ein; Iwan Petrowitsch seinerseits setzte für ihn in französischer Sprache Verhaltungsregeln auf, in welchen er ihn mon fils nannte und mit vous anredete. Sprach Fedja russisch, dann sagte er Du zu seinem Vater, durfte sich aber in dessen Gegenwart nicht setzen. „Das System" verdrehte und verwirrte dem Knaben den Kopf, dafür aber übte die neue Lebensart einen wohlthätigen Einfluß auf seine Gesundheit: er erkrankte zwar gleich am Anfange an einem hitzigen Fieber, wurde aber nachher stark und gesund. Der Vater war stolz auf ihn und nannte ihn in seiner eigenthümlichen Redeweise: den Sohn der Natur, mein Erzeugniß. Als Fedja das sechszehnte Jahr erreicht hatte, hielt es Iwan Petrowitsch für seine Pflicht, ihm bei Zeiten Verachtung des weiblichen Geschlechts einzuflößen — und der junge Spartaner mit dem ahnenden Herzen und dem Flaum am Kinne, voll Mark, Kraft und Blut, bestrebte sich, gleichgültig, kalt und roh zu scheinen.

Die Zeit ging unterdeß ihren Lauf. Den größten Theil des Jahres verbrachte Iwan Petrowitsch in Lawriki (das war der Name des bedeutenderen seiner Güter) und kam für den Winter allein nach Moskau, nahm in einem Gasthofe Quartier, besuchte fleißig die Clubs, hielt Reden, entwickelte in den Salons seine Pläne und schien mehr denn je Angloman, Murrkopf und Staatsmann geworden zu sein. Es rückte jedoch das Jahr 1825*) heran und mit ihm viel Unheil. Nahe Bekannte und Freunde Iwan Petrowitsch's hatten schwere Prüfungen zu bestehen. Iwan Petrowitsch beeilte sich, auf sein Gut zu kommen und schloß sich in seinem Hause ein. Es verging noch ein Jahr, Iwan Petrowitsch wurde plötzlich hinfällig, schwach,

---

*) Das Jahr der December-Verschwörung.

muthlos; seine Gesundheit hatte einen Stoß bekommen. Der Freidenker — fing an Kirchen zu besuchen, Messen lesen zu lassen; der Weltmann — ließ sich zum Gebrauch von Dampfbädern herab, speiste um zwei Uhr, ging um neun Uhr zu Bette, ließ sich durch das Geschwätz seines alten Haushofmeisters einschläfern; der Staatsmann — warf alle seine Entwürfe, seine ganze Correspondenz in's Feuer, zitterte vor dem Vorsteher der Provinz und wurde verlegen, wenn ihm der Kreisrichter begegnete; er, der Mann mit der eisernen Willenskraft — jammerte und klagte, wenn er ein Hitzbläschen an sich gewahr wurde oder man ihm kalt gewordene Suppe vorsetzte. Glafyra Petrowna hatte wieder die Oberhand im Hause; Verwalter, Dorfälteste und einfaches Bauernvolk hatten wieder durch die Hinterthür Zutritt zu der „alten Schnattergans" — wie das Hofgesinde Glafyra nannte, erlangt. Die Veränderung, welche mit Iwan Petrowitsch vorgegangen war, hatte einen tiefen Eindruck auf dessen Sohn gemacht, der bereits in sein neunzehntes Jahr trat, zu überlegen begann und dem auf ihm lastenden Drucke sich zu entziehen bestrebt war. Schon früher war ihm der Widerspruch in des Vaters Reden und Handeln, dessen weithinausreichenden, freisinnigen Theorien und dem trockenen kleinlichen Despotismus aufgefallen, doch hatte er einen so plötzlichen Umschwung nicht erwartet. Der alte Egoist zeigte sich auf einmal in seiner wahren Gestalt. Der junge Lawretzky war eben im Begriff nach Moskau zu reisen, um sich für die Universität vorzubereiten, — als ein unerwartetes neues Unglück Iwan Petrowitsch traf: er wurde blind, wurde unheilbar blind an einem Tage.

Ohne Vertrauen zu der Kunst russischer Aerzte, hielt er um die Erlaubniß an, in's Ausland reisen zu dürfen. Sie wurde ihm verweigert. Da machte er sich mit seinem Sohne auf und reiste drei ganze Jahre von Stadt zu Stadt, von einem Arzte zum andern im Lande herum, und brachte Alle — Aerzte, Sohn und Dienerschaft durch seine Kleinmüthigkeit und Ungeduld zur Verzweiflung. Völlig zerfallen, weinerlich und eigensinnig wie ein Kind, kehrte er nach Lawriki zurück. Jetzt begann eine schwere Zeit, Allen wurde das Leben sauer. Nur wenn er aß, war er still; und nie hatte er mit solcher Gier und so viel gegessen; die ganze übrige Zeit hindurch gönnte er weder sich noch Anderen Ruhe. Er betete, murrte über sein Geschick, schimpfte auf sich, auf die Politik, auf sein System, schimpfte auf Alles, was einst sein Stolz gewesen war, worauf er sich Etwas eingebildet, was er einst seinem Sohne zum Exempel hingestellt hatte; beständig führte er die Worte im Munde: er glaube an Nichts, und betete doch gleich darauf; keinen Augenblick konnte er allein bleiben und verlangte von seiner Umgebung, es solle fortwährend, bei Tage wie bei Nacht, Jemand an seinem Bette sitzen und ihm durch Erzählen, das er jeden

Augenblick mit Ausrufungen: wieder gelogen: — was für ein Unsinn, unterbrach, die Zeit vertreiben.

Besonders war es Glafyra, die viel zu leiden hatte; ohne sie war er wie verloren — und bis zuletzt erfüllte sie alle Launen des Kranken, obgleich sie zuweilen sich nicht getraute, ihm auf der Stelle zu antworten, da sie befürchten mußte, ihre Stimme könnte den Aerger, der in ihr kochte, verrathen. So schleppte er sich noch zwei Jahre hin und starb an einem der ersten Tage des Mai-Monates auf seinem Balkon, wohin man ihn an die Sonne getragen hatte. „Glaschka, Glaschka! etwas Bouillon, Bouillon, dumme Vet.." lallte seine erstarrende Zunge und er verstummte für immer, ohne das letzte Wort zu Ende gebracht zu haben. Glafyra Petrowna, die eben die Tasse mit Bouillon aus den Händen des Hausmeisters genommen hatte, warf einen Blick auf das Gesicht ihres Bruders, schlug langsam ein großes Kreuz und entfernte sich still; der Sohn, der auch zugegen war, schwieg gleichfalls und blickte, auf das Geländer des Balkons gestützt, lange in den von den goldigen Strahlen der Frühlingssonne beleuchteten Garten hinaus. Er war dreiundzwanzig Jahre alt geworden; wie furchtbar, wie unbemerkt rasch waren diese dreiundzwanzig Jahre vorübergeflogen! ... Das Leben hatte sich vor ihm aufgethan.

XII.

Nachdem der Vater beerdigt und die Leitung der Wirthschaftsangelegenheiten sowie die Aufsicht über die Verwalter wiederum der unvermeidlichen Glafyra Petrowna anvertraut worden war, machte sich der junge Lawretzky nach Moskau auf, wohin ihn ein unbestimmtes aber heftiges Gefühl zog. Er war sich der Mängel seiner Erziehung bewußt und beabsichtigte, das Versäumte nach Möglichkeit nachzuholen. In den letzten fünf Jahren hatte er viel gelesen und Manches beobachtet; eine Menge Gedanken waren ihm durch den Kopf gegangen; mancher Professor hätte ihm um einige seiner Kenntnisse beneiden können, dabei aber wußte er Vieles nicht, was schon jedem Gymnasiasten längst bekannt ist. Lawretzky fühlte, daß er nicht frei war, und kam sich wie ein Sonderling vor.

Einen schlechten Streich hatte der Anglomane seinem Sohne gespielt; die verdrehte Erziehung hatte ihre Früchte getragen. Lange Jahre hintereinander hatte er sich in des Vaters Willen gefügt, ohne sich darüber Rechenschaft zu geben; als er jedoch denselben zuletzt durchschaut hatte, war das Unheil schon geschehen und Gewohnheiten hatten Wurzel in ihm gefaßt. Der Verkehr mit anderen Menschen fiel ihm schwer; drei und zwanzig Jahre war er alt und wagte es noch nicht, mit seinem nach Liebe dürstenden, feurigen und schüchternen Herzen einem weiblichen Wesen in's Auge zu blicken. Mit seinem hellen und gesunden, wenn auch etwas schwerfälligen Verstande, mit seinem Hange zum Eigensinne, zur Selbstbetrachtung und Trägheit, hätte er schon frühe in den Lebensstrudel gerathen sollen, und er war in künstlicher Einsamkeit zurückgehalten worden ... Der Kreis, in welchen er gebannt gewesen, war nun gesprengt, und doch blieb er auf derselben Stelle stehen, in sich verschlossen, sich selbst überlassen. Lächerlich war es, in seinem Alter die Studentenuniform anzulegen; aber das Gespött kümmerte ihn nicht: seine spartanische Erziehung hatte wenigstens das Gute gehabt, daß sie ihn fremdes Gerede verachten gelehrt hatte, und so legte er denn, ohne sich an Jemand zu kehren, die Studentenuniform an. Er trat in die physico-mathematische Facultät. Der gesunde, rothwangige, schweigsame Bursche, mit keimendem Barte, machte auf seine Gefährten einen eigenthümlichen Eindruck; sie ahnten nicht, daß in diesem ernsthaften Manne, der so regelmäßig in dem breiten, zweispännigen Schlitten sich zu den Vorlesungen einstellte, ein beinahe kindlicher Sinn verborgen lag. Er kam ihnen wie ein räthselhafter Pedant vor; sie hatten ihn nicht nöthig, verlangten nichts von ihm und er ging ihnen aus dem Wege. Während der ersten zwei Jahre, die er auf der Universität zubrachte, war er nur mit einem Studenten, der ihn im Latein

unterrichtete, näher befreundet. Dieser Student, Michale=
witsch mit Namen, ein Enthusiast und Poet, gewann
Lawretzky aufrichtig lieb und wurde ganz zufällig die Ur=
sache einer wichtigen Veränderung in dessen Leben.

Eines Abends im Theater — (Motschàlow stand
damals auf dem Gipfel seines Ruhmes, und Lawretzky
versäumte keine seiner Vorstellungen) wurde er in einer
Loge des ersten Ranges ein junges Mädchen gewahr, —
und obgleich kein weibliches Wesen an seiner finsteren
Gestalt vorübergehen konnte, ohne sein Herz beben zu
machen, so hatte dasselbe doch noch nie so heftig ge=
schlagen. Auf das Sammetpolster der Logenbrüstung
gestützt, saß das junge Mädchen da; sprudelndes, jugend=
liches Leben spielte in jedem einzelnen Zuge ihres bräun=
lichen, vollen, lieblichen Gesichtes; ein gebildeter Geist
sprach aus den schönen Augen, die aufmerksam und sanft
unter den feinen Augenbrauen hervorschauten, sprach aus
dem leichten Lächeln der ausdrucksvollen Lippen und der
ganzen Haltung des Kopfes, der Arme, des Nackens;
ihr Anzug war reizend. Neben ihr saß eine zusammen=
geschrumpfte, gelbe Dame, über die vierzig hinaus, mit
bloßem Halse, in schwarzem Faltentuche, und mit zahn=
losem Lächeln auf dem affectirt=besorgten, nichtssagenden
Gesichte; im Hintergrunde der Loge befand sich ein ält=
licher Herr, in breitem Rocke und hoher Halsbinde, mit

dem Ausdruck bornirten Eigendünkels und eines gewissen kriechenden Argwohns in den kleinen Augen, mit geschwärztem Schnurr- und Backenbart, gedankenloser, breiter Stirn und welken Wangen, allen Anzeichen nach ein General außer Diensten. Lawretzky verwandte kein Auge von dem jungen Mädchen, das einen so tiefen Eindruck auf ihn hervorgebracht hatte, als plötzlich die Logenthür aufging und Michalewitsch in die Loge trat. Das Erscheinen dieses Menschen, fast des einzigen Bekannten, den er in ganz Moskau hatte, sein Erscheinen in der Gesellschaft des einzigen Mädchens, das seine ganze Aufmerksamkeit auf sich gezogen hatte, dünkte Lawretzky bedeutungsvoll und sonderbar. Die Blicke fortwährend auf die Loge gerichtet, entging es ihm nicht, daß alle in derselben befindlichen Personen Michalewitsch als guten Bekannten behandelten. Die Vorstellung auf der Bühne verlor ihren Reiz für Lawretzky; selbst Motschalow, der diesen Abend vorzüglich im Zuge war, machte auf ihn keinen besonderen Eindruck. An einer besonders pathetischen Stelle warf Lawretzky unwillkürlich einen Blick nach der Schönen: sie hatte sich ganz nach vorn übergebeugt, ihre Wangen glühten; der Anziehungskraft seines unverwandten Blickes gehorchend, wandte sich ihr Blick, der auf die Bühne gerichtet gewesen war, langsam zu ihm und blieb auf ihn geheftet .... Die ganze Nacht schwebte dieser Blick vor seinen Augen. Der künstlich aufgerichtete Damm war endlich durchbrochen: er zitterte und glühte, gleich am folgenden Morgen begab er sich zu Michalewitsch. Von ihm erfuhr er, daß die Schöne Warwara Pawlowna Korobin heiße; daß der alte Herr und die alte Dame, die mit ihr in der Loge saßen, ihr Vater und ihre Mutter seien, und daß er, Michalewitsch, die Bekanntschaft dieser Familie vor einem Jahre, als er auf dem Lande, in der Nähe von Moskau, in „Condition" gestanden, beim Grafen N. gemacht habe. In großen Lobeserhebungen ließ sich der Enthusiast über Warwara Pawlowna aus.

— Das, mein Lieber, rief er mit einem ihm eigenthümlichen heftigen Singsang der Stimme, — das ist ein ganz außerordentliches Mädchen, ein geniales Wesen, im wahren Sinn des Wortes eine Künstlerin und dabei herzensgut? Als er aus Lawretzky's Fragen bemerkte, welchen Eindruck Warwara auf denselben gemacht hatte, machte er ihm selbst den Vorschlag, ihn in dem Hause einzuführen, und setzte hinzu, man betrachte ihn dort wie ein Glied der Familie, und der General sei durchaus nicht stolz, die Mutter hingegen dumm wie eine Gans. Lawretzky wurde roth, murmelte etwas Unverständliches vor sich hin und lief davon. Fünf Tage hintereinander war er vergebens bemüht, seiner Schüchternheit Herr zu werden; am sechsten endlich legte der junge Spartaner eine neue Uniform an und stellte sich Michalewitsch zur

Verfügung, der als Bekannter vom Hause sich begnügte, sein Haar in Ordnung zu bringen, und Beide begaben sich zu Korobin's.

XIII.

Warwara Pawlowna's Vater, Pawel Petrowitsch Korobin, ein verabschiedeter Generalmajor, hatte sein ganzes Leben in Petersburg gedient; in seiner Jugend galt er für einen gewandten Tänzer und guten Offizier. In dürftigen Umständen lebend, verrichtete er bei zwei oder drei wenig bekannten Generalen Adjutantendienste, und er heirathete die Tochter eines derselben, die ihm als Morgengabe fünfundzwanzigtausend Rubel mitbrachte. Die hohe Kunst des Exerzirens und der Parade hatte er bis in's Feinste hinein studirt und nach zwanzigjähriger Plackerei sich zum Generalmajor hinaufgedient und ein Regiment bekommen. Nun wäre es für ihn an der Zeit gewesen auszuruhen und ohne Ueberstürzung auf Begründung seiner zeitlichen Wohlfahrt bedacht zu sein; das hatte er denn auch im Sinne gehabt, war jedoch etwas unvorsichtig dabei zu Werke gegangen: eine neue, von ihm erfundene Art, mit Kronsgeldern Speculation zu treiben, hatte sich zwar als vortrefflich erwiesen, da er es jedoch versäumte, zur rechten Zeit seinen Beutel zu öffnen, so wurde er denuncirt, und es kam eine, mehr als unangenehme, eine schmutzige Geschichte zu Tage. So gut es ging, wickelte er sich aus derselben heraus, seine Carriere war aber für immer verdorben: man rieth ihm, den Dienst zu verlassen. Zwei Jahre trieb er sich noch in Petersburg umher, in Erwartung irgend eines einträglichen Postens im Civildienst; dieser Posten fand sich aber nicht; seine Tochter verließ damals gerade die Erziehungsanstalt, die Ausgaben wurden mit jedem Tage größer . . . Wie schwer es ihm auch wurde, so entschloß er sich endlich doch, um wohlfeiler leben zu können, nach Moskau überzusiedeln. Er miethete sich in der alten „Stallstraße" ein kleines, niedriges Haus mit ellenlangem Wappenschilde am Giebel, und begann das Leben eines Generals außer Diensten, mit einer jährlichen Pension von 2750 Silberrubel. Moskau ist eine gastfreie Stadt, sie nimmt Jedermann freundlich auf, wie sollte also ein General nicht auf einen freundlichen Empfang rechnen können? So war denn auch bald die schwerfällige Gestalt Pawel Petrowitsch's, die ihre militärische Haltung immer noch bewahrt hatte, in den ersten Salons Moskaus anzutreffen. Sein kahler Scheitel, über welchen spärliche Streifen gefärbten Haares hingen, und das schmutzige Band des Annenordens über der schwarzblauen Halsbinde, waren bald allen blasirten und bleichen Jünglingen, die während der Tänze an den Spieltischen müssig umherkrochen, zur Genüge bekannt. Pawel Petrowitsch hatte sich eine Stellung in der Gesellschaft zu verschaffen gewußt: er sprach wenig, dieses wenige aber, seiner Gewohnheit gemäß durch die Nase, — freilich nicht mit Leuten höheren Ranges; spielte vorsichtig Karten und, zu Hause mäßig, aß er bei Andern für Viere. Von seiner Frau ließ sich fast gar nichts sagen: sie hieß Kalliope Karlowna, ihr linkes Auge war beständig feucht, weßhalb denn auch Kalliope Karlowna (die dazu noch deutscher Abkunft war) sich für eine gefühlvolle Seele hielt; sie schien in beständiger Angst um Etwas zu sein, trug enge sammtene Kleider, einen Faltenhut und hohle Armbänder von mattem Golde. Ihre einzige Tochter, Warwara Pawlowna, war gerade siebenzehn Jahre alt geworden, als sie das . . . sche Institut verließ, wo sie, wenn auch nicht für die erste Schönheit, so doch unstreitig für die begabteste Schülerin und vollendetste Musikerin gegolten hatte und mit einer Auszeichnung belohnt worden war; als Lawretzky sie zum ersten Male sah, war sie noch nicht neunzehn Jahre alt.

XIV.

Fast wollten dem Spartaner die Kniee brechen, als er mit Michalewitsch das ziemlich einfach möblirte Gastzimmer der Familie Korobin betrat und derselben vorgestellt wurde. Die Scheu, welche sich seiner bemächtigt

hatte, verschwand jedoch bald: zu der allen Russen an=
geborenen Bonhommie gesellte sich beim General noch
jene eigenthümliche Zuvorkommenheit, die allen etwas
compromittirten Personen anzuhaften pflegt; seine Ge=
mahlin ward bald übersehen; Warwara Pawlowna da=
gegen war so ruhig, so selbstvertrauend freundlich, daß
Jedermann sich in ihrer Gesellschaft sogleich heimisch fühlte;
ihre reizende Gestalt, ihr lächelnder Blick, ihre jung=
fräulich gewölbten Schultern und im zartesten Rosaroth
schimmernden Arme, ihr schwebender und dabei gleichsam
müder Gang, ja selbst der gedämpfte, langsame, liebliche
Ton ihrer Stimme, — Alles an ihr war wie von einem
feinen Dufte, von einem unheimlich verführerischen Reiz,
einer sanften, vorerst noch schüchternen Wonne, von einem
Etwas umhaucht, das sich in Worten nicht ausdrücken
läßt, und Verlangen und Aufregung, gewiß aber keine
Scheu einflößte. Lawretzky lenkte das Gespräch auf das
Theater, auf die gestrige Vorstellung; sie begann sogleich
von Motschalow zu sprechen und ließ es nicht bei Aus=
rufungen und Seufzern bewenden, sondern machte über
dessen Spiel einige treffende, von weiblichem Scharfsinn
zeugende Bemerkungen. Michalewitsch ließ ein Wort von
Musik fallen; sie setzte sich ohne Ziererei an das Clavier
und spielte mit richtigem Ausdrucke einige Chopinsche
Mazurka's, die damals gerade in Mode waren. Die
Mittagsstunde war gekommen; Lawretzky wollte sich ent=

fernen, man hielt ihn jedoch zurück; an der Tafel bewirthete ihn der General mit echtem Lafitte, den sein Diener aus Depret's Keller hatte eiligst holen müssen. Spät Abends kehrte Lawretzky nach Hause zurück und blieb lange, ohne sich auszukleiden, und die Hand vor den Augen, ganz in Entzücken versunken sitzen. Er glaubte jetzt erst den Zweck des Lebens begriffen zu haben; alle seine Voraussetzungen, Pläne, all dieser Unsinn, dieses Nichts, waren in einem Augenblicke verflogen; alle seine Seelenkräfte hatten sich in ein Gefühl, in ein Verlangen concentrirt: das Verlangen nach Glück, Besitz, Liebe, süßer Frauenliebe. Seit jenem Tage besuchte er Korobin's öfter. Ein halbes Jahr darauf erklärte er sich gegen Warwara Pawlowna und bot ihr seine Hand. Sein Antrag ward angenommen; der General hatte schon längst, ja vielleicht schon am Vorabende des ersten Besuches Lawretzky's Michalewitsch gefragt, wie viel Seelen jener besitze, und auch Warwara Pawlowna, die während der ganzen Zeit der Liebeswerbung Lawretzky's und selbst noch im Augenblicke seiner Erklärung ihre gewohnte Harmlosigkeit und Seelenruhe bewahrt hatte, ja auch Warwara Pawlowna war es zur Genüge bekannt, daß ihr Bräutigam reich sei; Kalliope Karlowna aber dachte dabei: meine Tochter macht eine gute Partie — und kaufte sich einen neuen Faltenhut.

XV.

So ward denn sein Antrag angenommen, doch unter gewissen Bedingungen. Erstens sollte Lawretzky unverzüglich die Universität verlassen: heirathen denn Studenten, und ist es nicht eine sonderbare Idee, von einem reichen Gutsbesitzer, im Alter von 26 Jahren, gleich einem Schulknaben Unterricht zu nehmen? Zweitens übernahm es Warwara Pawlowna persönlich, die Aussteuer zu bestellen und einzukaufen, ja sogar die Geschenke des Bräutigams zu bestimmen. Sie besaß viel praktischen Sinn, viel Geschmack und eine sehr große Vorliebe für Comfort, auch viel Geschicklichkeit, sich diesen Comfort zu verschaffen. Diese Geschicklichkeit setzte Lawretzky besonders in Erstaunen, als er gleich nach der Hochzeit mit seiner Frau in einer kleinen, bequemen Kutsche, die sie gekauft hatte, nach Lawriki fuhr. Wie war da Alles, was ihn umgab, so verständig, so praktisch durch Warwara Pawlowna vorgesehen! Was für niedliche Reisebestecke kamen da in verschiedenen geheimen Ecken zum Vorschein, was für zierliche Toilettenkästchen und Kaffeekannen, und wie reizend kochte Warwara Pawlowna selbst den Morgenkaffee! Uebrigens hatte Lawretzky damals keine Zeit zu Beobachtungen; er schwelgte im Vollgenusse des Glückes; er gab sich demselben hin, wie ein Kind . . . Und unschuldig wie ein

Kind war dieser junge Alkide. Nicht vergebens hatte das ganze Wesen seiner jungen Gattin Liebreiz geathmet; nicht vergebens hatte sie seinen Sinnen heimliches Schwelgen in ungeahnter Lust in Aussicht gestellt: mehr als sie versprochen hatte, ward ihm zu Theil. Als sie in der heißesten Sommerszeit in Lawriki ankamen, fand die junge Frau das Haus unsauber und düster, die Dienerschaft lächerlich und altmodisch, doch hielt sie es nicht für angemessen, auch nur ein Wörtchen darüber gegen ihren Gatten fallen zu lassen. Wäre es ihre Absicht gewesen, für immer in Lawriki zu bleiben, so würde sie dort Alles verändert haben, vor Allem natürlich das Haus; es kam ihr aber nicht einen Augenblick der Gedanke in den Sinn, in diesem entlegenen Winkel zu bleiben; sie wohnte dort, als hätte sie sich in einem Zelte befunden, ertrug mit Geduld alle Unbequemlichkeiten, oder scherzte dieselben hinweg. Marfa Timofejewna war hingekommen, ihren Zögling zu besuchen; sie gefiel Warwara Pawlowna sehr, doch gefiel diese ihr nicht. Glafyra Petrowna konnte sich mit der neuen Hausfrau auch nicht vertragen; Letztere würde sie in Ruhe gelassen haben, es war aber dem alten Korobin die Lust angekommen, sich in die Angelegenheiten des Schwiegersohnes zu mischen; die Güter eines so nahe Verwandten zu verwalten, meinte er, könne selbst einem General nicht zur Schande gereichen. Es darf vorausgesetzt werden, daß Pawel Petrowitsch es nicht verschmäht haben würde, die Güter eines ihm völlig fremden Menschen zu verwalten. Warwara Pawlowna legte ihren Angriffsplan sehr geschickt an, ohne sich in den Vordergrund zu stellen, dem Anscheine nach ganz in dem Taumel des Honigmondes versunken und der Stille des ländlichen Lebens, der Musik und Lectüre hingegeben, brachte sie Glafyra allmählich dahin, daß diese eines Morgens wüthend in Lawretzky's Kabinet stürzte und einen Bund Schlüssel auf den Tisch schleudernd erklärte, sie sei nicht mehr im Stande, der Wirthschaft vorzustehen und wollte nicht länger auf dem Lande bleiben. Lawretzky in gebührender Weise darauf vorbereitet, willigte in ihre Abreise. Das hatte Glafyra Petrowna nicht erwartet. „Wohlan — sagte sie und ihr Blick wurde düster, — ich sehe, ich bin hier überflüssig! Ich weiß, wer mich von hier, aus dem väterlichen Neste, forttreibt. Denke aber an meine Worte, Neffe: auch Du wirst Dir nirgends ein Nest bauen, auch Du wirst Dein Leben lang umherziehen. Dies mein Segen für Dich!" An demselben Tage kehrte sie auf ihr Gütchen zurück und eine Woche darauf kam General Korobin an und übernahm mit schmunzelnder Rührung in Augen und Haltung die ganze Verwaltung des Gutes.

Im September reiste Warwara Pawlowna mit ihrem Manne nach Petersburg. Zwei Winter — den Sommer über lebten sie in Zarskoe-Selo — verbrachte sie dort

in einer schönen, hellen, geschmackvoll möblirten Wohnung;
sie machten viele Bekanntschaften in den mittleren und
selbst höheren Kreisen der Gesellschaft, machten und em=
pfingen Visiten, und gaben reizende Musik= und Tanz=
Soireen. Warwara Pawlowna zog die Gäste, wie das
Licht die Schmetterlinge, an. Diese Lebensweise voll Zer=
streuung war nicht ganz nach Fedor Iwanitsch's Geschmack.
Seine Frau gab ihm den Rath, eine Anstellung zu suchen;
das wollte er aber nicht, denn des Vaters Andenken
schwebte ihm vor Augen und zudem widersprach es auch
seinen eigenen Anschauungen. Er blieb jedoch seiner Frau
zu Gefallen in Petersburg, wurde aber bald gewahr,
daß Niemand ihn hinderte, ein abgesondertes Leben zu
führen, daß er nicht umsonst das ruhigste und bequemste
Kabinet in ganz Petersburg besaß und daß die zuvor=
kommende Gattin ihm sogar selbst behülflich sein wollte,
sich zu isoliren, — und seit diesem Augenblicke ging Alles
nach seinem Wunsche. Er nahm wieder seine, wie er meinte,
unvollendete Erziehung auf, vertiefte sich wieder in seine
Bücher, fing sogar an, die englische Sprache zu studiren.
Einen sonderbaren Anblick gewährte seine kräftige, breit=
schulterige, beständig über den Schreibtisch gebeugte Ge=
stalt, sein volles, blühendes, von Haar umrahmtes Ge=
sicht, das hinter den aufgeschlagenen Blättern der Wörter=
bücher und sonstiger gelehrter Werke verschwand. Jeden
Morgen brachte er am Schreibtische zu, speiste vortrefflich

(Warwara Pawlowna war eine ausgezeichnete Hausfrau) und wenn der Abend gekommen war, begab er sich in die zauberreiche, duftgeschwängerte, strahlende Welt, die von lächelnden, jugendlichen Gesichtern wimmelte — und deren Sonne wiederum seine sorgsame Hausfrau, seine Gattin war. Sie erfreute ihn durch die Geburt eines Sohnes; der arme Knabe lebte aber nicht lange; er starb im Frühjahre und im Sommer führte Lawretzky auf den Rath der Aerzte seine Gattin in's Ausland, in die Bäder. Nach einem solchen Unglücke war unbedingt Zerstreuung geboten und dann forderte ihr Zustand auch einen wärmeren Himmel. Den Sommer und Herbst brachten sie in Deutschland und in der Schweiz zu, und für den Winter begaben sie sich, wie zu erwarten war, nach Paris. In Paris blühte Warwara Pawlowna auf wie eine Rose und hatte sich ebenso bald und geschickt ihr Nestchen gebaut, wie in Petersburg. Sie hatte eine allerliebste Wohnung in einer der ruhigeren, aber doch eleganten Straßen von Paris gefunden; ihrem Manne machte sie einen Schlafrock zum Geschenk, wie er einen solchen noch nie auf den Schultern gehabt hatte; es wurden eine elegante Kammerjungfer, eine vortreffliche Köchin, ein gewandter Diener angenommen, eine reizende kleine Kutsche und ein vorzügliches Pianino angeschafft. In weniger als einer Woche hüpfte sie bereits über die Gasse, trug ihren Shawl, schlug ihren Sonnenschirm auf und zog die Handschuhe an, gleich einer Pariserin von reinstem Blute. Auch Bekanntschaften hatte sie bald gemacht. Anfangs waren es nur Russen, die sie besuchten, dann fanden sich auch Franzosen ein, äußerst liebenswürdige, höfliche, unverheirathete Männer mit schönen Manieren, wohltönenden Namen; sie sprachen aber schnell und viel, grüßten ungezwungen, blinzelten freundlich mit den Augen; bei Allen glänzten Reihen weißer Zähne zwischen rosenrothen Lippen, — und wie sie das Lächeln verstanden! Ein Jeder von Ihnen brachte seine Freunde mit und la belle madame de Lavretzky war bald von der Chaussée d'Antin bis zur rue de Lille bekannt. Zu jener Zeit (die Geschichte trug sich 1836 zu) gab es noch nicht den Schwarm von Feuilleton- und Chronikschreibern, von denen es heut zu Tage gleich Ameisen auf einem aufgewühlten Haufen wimmelt; doch wurde auch damals schon ein gewisser Mr. Jules in Warwara's Salon angetroffen, ein Mensch von unscheinbarem Aeußeren und schlechtestem Rufe, frech und niedrig, wie alle Duellanten und heruntergekommenes Pack. Dieser Mr. Jules war Warwara Pawlowna sehr zuwider, sie empfing ihn jedoch, weil sein Name unter Aufsätzen in verschiedenen Zeitungen vorkam und er beständig ihrer Erwähnung that, indem er sie bald M-me de L....tzki, bald M-me de * * *, cette grande dame russe si distinguée, qui demeure rue de P.... nannte, und aller

Welt, d. h. einigen Hunderten von Subscribenten, denen durchaus nichts an dieser M-me de L .... tzki gelegen war, wie diese Dame, echte Französin von Geist (une vraie française par l'esprit) — ein größeres Lob kennt der Franzose nicht — freundlich und liebenswürdig sei, was für ein ungewöhnliches musikalisches Talent sie besitze und wie reizend sie walze (Warwara Pawlowna walzte in der That so schön, daß sie alle Herzen in den Falten ihres leichten, fliegenden Gewandes mit sich fortriß)... mit einem Worte, er machte von ihr sprechen, — und das ist doch, man sage was man wolle — angenehm. Mlle. Mars hatte zu dieser Zeit die Bühne bereits verlassen und Mlle. Rachel dieselbe noch nicht betreten; dessen ungeachtet besuchte Warwara Pawlowna fleißig das Theater. Die italienische Musik setzte sie in Entzücken und „die Ruinen von Obry" machte sie lachen, in der Comédie française gähnte sie mit Anstand und in ultraromantischen Melo= dramen vergoß sie Thränen beim Spiele der Mme. Dor= val; die Hauptpointe aber war, daß Lißzt bei ihr zwei Mal in der Woche spielte und wie liebenswürdig war er, wie anspruchslos — es war zum Entzücken! Unter solchen angenehmen Eindrücken verging der Winter und bei Ende desselben ward Warwara Pawlowna sogar bei Hofe vorgestellt. Fedor Iwanitsch seinerseits fühlte keine Langeweile, doch drückte ihn zu Zeiten das Leben schwer, es fiel ihm schwer, gerade weil es leer war. Er las

Zeitungen, besuchte die Vorlesungen in der Sorbonne oder im Collège de France, folgte den Verhandlungen der Deputirtenkammer und unternahm die Uebersetzung einer bekannten, gelehrten Abhandlung über Bewässerung. „Ich verliere nicht die Zeit", dachte er, „das sind alles nützliche Dinge; für den künftigen Winter muß ich aber durchaus nach Rußland zurück, um persönlich an's Werk zu gehen." Es ist schwer zu sagen, ob er sich klar bewußt war, an was für ein Werk er gehen wollte, und wer kann sagen, ob er wirklich für den Winter nach Rußland zurückgekehrt sein würde — für's Erste befand er sich mit seiner Gattin auf dem Wege nach Baden-Baden . . . Ein unerwarteter Vorfall aber vernichtete alle seine Pläne.

XVI.

Als Lawretzky eines Tages in Warwara Pawlowna's Abwesenheit in das Kabinet derselben trat, gewahrte er auf dem Boden einen kleinen, sorgfältig zusammengelegten Zettel. Mechanisch hob er ihn auf, entfaltete ihn und las Folgendes in französischer Sprache geschrieben:

„Theurer Engel Betty!

„Ich kann es nicht über mich bringen, Dich „Barbe oder Warwara-Barbara zu nennen. Ver„gebens habe ich an der Ecke des Boulevard auf „Dich gewartet; komm morgen um halb zwei in

„unsere Wohnung. Dein guter Dicker (ton gros „bonhomme de mari) ist gewöhnlich um diese Zeit „in seinen Büchern vergraben; wir wollen wieder „jenes Liedchen Eures Poeten Puschkin (de votre „poëte Pouskine) singen, das Du mich gelehrt hast: „Alter Mann, rauher Mann! — Tausend Küsse „Deinen Händchen und Füßchen. Ich erwarte Dich.

Ernest."

Lawretzky verstand nicht sogleich, was er da gelesen hatte; er las es noch einmal — und der Kopf ging ihm in die Runde, der Boden wich unter seinen Füßen, wie das Deck eines Schiffes im Sturme. Ein Schrei entrang sich seiner Brust, er glaubte ersticken zu müssen und brach plötzlich in Thränen aus — Alles zugleich. Er schien von Sinnen. Volles Vertrauen hatte er zu seiner Frau gehabt; die Möglichkeit eines Betrugs, eines Verrathes war ihm nie in den Sinn gekommen. Dieser Ernest, dieser Liebhaber seiner Frau, war ein blonder 23jähriger Junge mit glattem Gesichte, einem Stutznäschen und feinem Schnurrbärtchen, gewiß der unbedeutendste unter allen seinen Bekannten. Es vergingen einige Minuten, es verging eine halbe Stunde; Lawretzky stand immer noch, den verhängnißvollen Zettel in der geballten Hand haltend, und stierte gedankenlos auf den Fußboden hin; wie in einem dunkelen Wirbel glaubte er bleiche Gesichter an sich vorüberfliegen zu sehen; krampfhaft preßte sein

Herz sich zusammen; ihm däuchte, er stürze, stürze, stürze . . . und das Stürzen nehme kein Ende. Ein bekanntes leichtes Rauschen eines seidenen Gewandes riß ihn aus seiner Erstarrung; Warwara Pawlowna, im Hut und Shawl, war eilig von ihrem Spaziergange zurückgekehrt. Lawretzky zitterte an allen Gliedern; er fühlte, daß er in diesem Augenblicke im Stande sei, sie zu zerreißen, sie halbtodt zu schlagen, wie es ein Bauer thun würde, sie mit eigener Hand zu erwürgen. Erstaunt wollte Warwara Pawlowna ihn aufhalten; nur Betty! — war er im Stande ihr zuzurufen und stürzte fort zum Hause hinaus.

Lawretzky warf sich in eine Kutsche und ließ sich hinaus vor's Thor fahren. Die übrige Zeit des Tages und die ganze Nacht bis zum nächsten Morgen irrte er umher, jeden Augenblick blieb er stehen und schlug die Hände zusammen: bald geberdete er sich wie ein Wahnsinniger, bald kam ihm Alles lächerlich, ja sogar spaßhaft vor. Von Kälte erstarrt, kehrte er gegen Morgen in ein elendes, außerhalb der Stadt gelegenes Wirthshaus ein, ließ sich ein Zimmer geben und setzte sich auf einen Stuhl an das Fenster. Ein krampfhaftes Gähnen überkam ihn. Er war kaum im Stande, sich auf den Füßen zu halten, er war völlig erschöpft — und doch fühlte er nicht die Ermüdung; er saß da, schaute hinaus und konnte nichts, nichts von Dem, was sich mit ihm zugetragen hatte, begreifen, weßhalb er allein sei, mit erstarrten Gliedern, Galle auf den Lippen, einer Centnerlast auf der Brust, in einem leeren, fremden Zimmer; er faßte nicht, was denn Warja vermocht haben konnte, sich jenem Franzosen hinzugeben, und wie sie, sich ihrer Untreue bewußt, doch so ruhig wie immer, so freundlich und zutraulich gegen ihn hatte sein können: „Unbegreiflich!" entschlüpfte seinen trockenen Lippen. „Wer steht mir jetzt dafür, daß nicht schon in Petersburg . . ." Er brachte den Satz nicht zu Ende, mußte wieder gähnen, zuckte und reckte sich am ganzen Leibe. Heitere und trübe Erinnerungen quälten ihn in gleichem Maße; plötzlich erinnerte er sich, daß sie vor Kurzem in seiner und Ernest's Gegenwart sich an's Klavier gesetzt und: „Alter Mann, rauher Mann!" gesungen hatte. Er erinnerte sich des Ausdruckes in ihrem Gesichte, des eigenthümlichen Glanzes ihrer Augen und der Röthe auf den Wangen — und er stand von seinem Stuhle auf und wollte hin zu ihnen und ihnen sagen: thöricht war es von Euch, meiner zu spotten; mein Urgroßvater hing die Bauern an den Rippen auf und mein Großvater ist selbst Bauer gewesen" — und wollte sie dann beide umbringen. Dann däuchte ihm wieder, daß Alles, was mit ihm vorging, Traum war, und nicht einmal Traum, sondern ein bloßes Hirngespinst; er brauche es nur abzuschütteln, um sich zu blicken . . . Er blickte um sich und wie ein Geier den gefangenen Vogel zerfleischt, so bohrte der Gram seine Krallen tiefer und tiefer in sein Herz hinein. Und was das Maß noch voll machen sollte, Lawretzky hoffte in einigen Monaten Vater zu werden . . . Die Vergangenheit, die Zukunft, das ganze Leben war ihm vergiftet. Er kehrte endlich nach Paris zurück, stieg in einem Gasthofe ab und schickte Warwara Pawlowna Ernest's Zettel mit folgendem Briefe zu:

„Beifolgender Zettel wird Ihnen Alles erklären. „Bei dieser Gelegenheit muß ich Ihnen sagen, daß „ich Sie nicht wiedererkenne: Sie, die immer so „sorgsam sind, lassen solch' wichtige Papiere liegen. (Diese Phrase hatte der arme Lawretzky einige Stunden lang vorbereitet und sich mit derselben umhergetragen.) „Ich kann Sie nicht wiedersehen und glaube, „Sie selbst können eine Zusammenkunft mit mir „nicht wünschenswerth finden. Ich setze Ihnen jähr„lich 15,000 Francs aus; mehr kann ich nicht thun. „Schicken Sie Ihre Adresse auf das Gutscomptoir. „Thun Sie, was Sie wollen; leben Sie, wo Sie „wollen. Ich wünsche Ihnen Glück." Einer Antwort bedarf es nicht."

Lawretzky schrieb an seine Frau, er bedürfe keiner Antwort . . . dennoch aber wartete er auf eine Antwort, sehnte er sich nach einer Antwort, einer Erklärung dieses unbegreiflichen, unerhörten Vorfalles. Noch an demselben Tage sandte Warwara Pawlowna ihm einen langen französischen Brief. Dieser Brief gab ihm den Gnadenstoß;

die letzten Zweifel verschwanden — und es blieb ihm die Scham, noch Zweifel gehegt zu haben. Warwara Pawlowna versuchte nicht, sich zu rechtfertigen; sie wünschte, nur ihn zu sehen, bat ihn flehentlich, sie nicht unwiderruflich zu verdammen. Der Brief war kalt und gezwungen, obgleich hin und wieder Spuren von Thränen zu bemerken waren. Lawretzky lächelte bitter und ließ durch den Boten zurücksagen, es wäre Alles schon gut. Drei Tage darauf war er nicht mehr in Paris, er reiste indessen nicht nach Rußland, sondern nach Italien. Er wußte selbst nicht, weßhalb er gerade Italien vorgezogen hatte; im Grunde war es ihm gleich, wohin er reiste — wenn es nur nicht nach Hause war. Er fertigte sogleich einen Befehl, das Gnadengeld seiner Frau betreffend, an seinen Haushofmeister ab und trug ihm zugleich auf, unverzüglich die Gutsverwaltung aus den Händen des General Korobin, ohne vorherige Rechnungsablage abzuwarten, in Empfang zu nehmen und für die Abreise seiner Excellenz aus Lawriki Sorge zu tragen; lebhaft stellte er sich die Verwirrung, die vergebliche Stolzthuerei des abziehenden Generals vor, und bei all seinem Grame empfand er eine gewisse Schadenfreude. Zu derselben Zeit bat er in einem Briefe Glafyra Petrowna, wieder nach Lawriki zurückzukommen und schickte ihr eine Vollmacht; Glafyra Petrowna kehrte jedoch nicht nach Lawriki zurück und ließ sogar aus eigenem Antriebe eine Nichtigkeitserklärung der Vollmacht in die Zeitungen einrücken, was durchaus überflüssig war. In einem kleinen italienischen Städtchen zurückgezogen lebend, vermochte Lawretzky noch lange nicht, seine Frau aus den Augen zu verlieren. Aus den Zeitungen erfuhr er, daß sie ihr Vorhaben: nach Baden-Baden zu reisen, ausgeführt habe; bald fand er auch ihren Namen in einem, von jenem Monsieur Jules unterzeichneten kleinen Aufsatze. In diesem Aufsatze blickte aus dem scherzhaften Tone eine gewisse freundschaftliche Beileidsbezeugung hervor. Beim Lesen dieses Aufsatzes wurde Fedor Iwanitsch's Seele von Ekel erfüllt. Späterhin erfuhr er, daß ihm eine Tochter geboren war; zwei Monate später benachrichtigte ihn sein Haushofmeister, Warwara Pawlowna habe sich das erste Drittel des ihr jährlich Ausgesetzten zuschicken lassen. Dann begannen schlechte und immer schlechtere Gerüchte in Umlauf zu kommen; zuletzt endlich machte eine tragisch-komische Geschichte mit großem Lärm in allen Zeitungen die Runde, worin seine Frau eine nicht beneidenswerthe Rolle spielte. Es war Alles vorbei: Warwara Pawlowna war „berüchtigt" geworden.

Lawretzky hörte auf, ihrem Lebenswandel Aufmerksamkeit zu schenken, doch noch lange konnte er nicht Herr über sich werden. Zu Zeiten überfiel ihn ein so heftiges Sehnen nach seiner Frau, daß er, so dünkte es ihm, Alles hingegeben, ja vielleicht ihr sogar ... verziehen haben würde, um nur noch einmal ihre liebliche Stimme hören, ihre Hand in der seinigen halten zu können. Die Zeit verging indessen nicht vergebens. Er war nicht zum Dulden geschaffen; seine gesunde Natur machte ihre Rechte wieder geltend. Vieles wurde ihm klar; selbst der Schlag, der ihn betroffen hatte, schien ihm nicht mehr unerwartet gewesen zu sein; er hatte seine Frau kennen gelernt, — lernen wir doch die Menschen, die uns nahe stehen, dann erst recht kennen, wenn wir von ihnen getrennt sind. Er konnte sich nun wieder beschäftigen, seine Arbeiten wieder aufnehmen, obgleich bei Weitem nicht mehr mit dem früheren Eifer; ein durch Lebenserfahrung und Erziehung angebahnter Skepticismus setzte sich vollends in seiner Seele fest. Er wurde ziemlich gleichgiltig gegen Alles. Vier Jahre waren vergangen und er fühlte sich stark genug, in seine Heimath zurückzukehren, die Seinigen wiederzusehen. Ohne sich weder in Petersburg noch in Moskau aufzuhalten, reiste er nach O., wo wir ihn verlassen haben und wohin wir den geneigten Leser ersuchen, mit uns zurückzukehren.

XVII.

Am Morgen nach dem obenerwähnten Tage, gegen zehn Uhr, stieg Lawretzky die Aufgangstreppe im Kalitin'schen Hause hinan. Ihm entgegen kam Lisa in Hut und Handschuhen.

— Sie gehen aus? fragte er sie.

— Ich gehe zur Messe. Es ist heute Sonntag.

— So, Sie besuchen also die Messen?

Stumm, verwundert blickte sie ihn an.

— Verzeihen Sie, bitte, sagte Lawretzky, — ich ... ich wollte etwas Anderes sagen, ich bin gekommen, Abschied von Ihnen zu nehmen, in einer Stunde fahre ich auf's Land.

— Das ist wohl nicht weit von hier? fragte Lisa.

— Es sind fünfundzwanzig Werst.

An der Schwelle der Thür erschien Lenotschka in Begleitung eines Kammermädchens.

— Nun, vergessen Sie uns nicht, sagte Lisa, indem sie die Stufen hinabstieg.

— Vergessen auch Sie mich nicht. Ach, hören Sie, Sie gehen ja in die Kirche: beten Sie doch auch für mich.

Lisa blieb stehen und warf einen Blick auf ihn zurück.

— Recht gern, sagte sie und sah ihm gerade in's Gesicht: — ich will auch für Sie beten. Komm, Lenotschka.

Im Gastzimmer traf Lawretzky Marja Dmitriewna allein. Sie verbreitete um sich her einen Duft von kölnischem Wasser und Pfeffermünze. Sie hatte, wie sie vorgab, Kopfweh und eine unruhige Nacht gehabt. Sie empfing ihn mit ihrer gewohnten schmachtenden Liebenswürdigkeit und wurde allmählich gesprächiger.

— Nicht wahr, fragte sie: — Wladimir Nikolajewitsch ist ein netter junger Mann?

— Wer ist das, Wladimir Nikolaitsch?

— Nun, Panschin, der gestern hier war. Sie haben ihm außerordentlich gefallen; im Vertrauen, mon cher cousin, er ist bis über die Ohren in meine Lisa verliebt. Nun, warum denn nicht? Er ist von guter Familie, macht mit vielem Glück Carriere, ist klug, ist Kammerjunker und wenn es Gottes Wille ist . . . was mich betrifft, als Mutter, sollte es mich sehr freuen. Die Verantwortlichkeit ist natürlich groß; das Glück der Kinder hängt natürlich von den Eltern ab; man muß aber auch das nicht vergessen, bis jetzt, mag es gut oder schlecht gegangen sein, lag Alles auf mir, für Alles habe ich einstehen müssen, ich, ganz allein ich habe die Kinder aufgezogen, habe sie unterrichten lassen, Alles habe ich gethan . . . kürzlich noch habe ich von Madame Bolüsse eine Gouvernante verschrieben.

Marja Dmitriewna erging sich in der Schilderung ihrer Sorgen, Anstrengungen, ihrer mütterlichen Gefühle. Lawretzky hörte ihr schweigend zu und drehte seinen Hut in den Händen. Sein kalter, ernster Blick verwirrte die redselige Dame.

— Und wie gefällt Ihnen Lisa? antwortete sie.

— Lisaweta Michailowna ist ein allerliebstes junges Mädchen, erwiederte Lawretzky, indem er aufstand, sich verbeugte und sich zu Marfa Timofejewna begab. Marja Dmitriewna sah ihm unzufrieden nach und dachte: ein wahrer Tölpel, ein Bauernlümmel! Jetzt begreife ich, warum seine Frau ihm nicht hat treu bleiben können.

Marfa Timofejewna saß auf ihrem Zimmer, umgeben von ihrem Hofstaate. Er bestand aus fünf Wesen, die ihrem Herzen fast gleich nahe standen: einem dickhalsigen gelehrten Dompfaffen, den sie liebgewonnen hatte, seit er aufgehört hatte zu pfeifen und Wasser zu ziehen; — einem kleinen, sehr scheuen und ruhigen Hündchen, Roßka; — einem boshaften Kater, Matros; — einem braunen, lebhaften Mädchen von ungefähr zehn Jahren, mit großen Augen und spitzem Näschen, das Schurotschka*) genannt wurde, — und einer ältlichen Frau von fünfundfünfzig Jahren in weißer Haube und kurzem, braunem Mieder über dem dunkeln Kleide, mit Namen Nastasja Karpowna Ogarkow. Schurotschka war ein Bürgerkind, eine vater- und mutterlose Waise. Marfa Timofejewna hatte sie aus Mitleid zu sich genommen, ebenso das Hündchen: sie hatte Beide, sowohl Roßka wie das Mädchen, auf der Straße gefunden, Beide waren verhungert und abgemagert, Beide vom Herbstregen durchnäßt gewesen; nach Roßka hatte Niemand gefragt, und Schurotschka ward der Marfa Timofejewna sogar mit Vergnügen von ihrem Oheim, einem

---

*) Diminutiv von Sascha (Alexandra).

trunkenen Schuhflicker, überlassen, der selbst nichts zu essen
hatte und seiner Nichte nichts zu essen gab, sie noch dazu
mit dem Leisten vor den Kopf schlug. Mit Nastaßja
Karpowna war Marfa Timofejewna auf einer Wallfahrt in
einem Kloster bekannt geworden; Letztere war in der Kirche
selbst zu ihr getreten, hatte sie zuerst angeredet (sie hatte
Marfa Timofejewna gefallen, weil sie, wie sie sich aus-
drückte, appetitlich betete) und sie auf eine Tasse Thee zu
sich geladen. Seit jenem Tage war sie nicht mehr von
ihrer Seite gewichen. Nastaßja Karpowna war eine Frau
von heiterem und sanftem Gemüthe, eine kinderlose Wittwe,
aus einer armen adeligen Familie; sie hatte einen runden
Kopf mit grauem Haare, zarte, weiße Hände, ein sanftes
Gesicht mit breiten, gutherzigen Zügen und einer etwas
komischen, aufgeworfenen Nase; sie empfand für Marfa
Timofejewna die größte Ehrfurcht, und diese hatte sie auch
sehr lieb, obgleich sie sie wegen ihres zärtlichen Herzens zu
necken pflegte: sie hatte junge Leute gern und eine ganz
unschuldige Anspielung darauf machte sie sogleich erröthen.
Ihr ganzes Vermögen bestand in 1200 Bankrubeln; sie
lebte auf Marfa Timofejewna's Kosten, stand mit ihr
jedoch auf gleichem Fuße. Letztere würde Unterwürfigkeit
nicht geduldet haben.

— Ah! Fedja! rief sie, als sie Lawretzky ansichtig
wurde: — gestern Abend hast Du meine Familie nicht gesehen: nimm sie nun jetzt in Augenschein. Wir sind hier

Alle beim Thee versammelt; das ist der zweite, der Festtagsthee. Du kannst mit Allen schön thun: bei Schurotschka wirst Du aber kein Glück haben und der Kater kratzt Dich bestimmt. Du reisest heute fort?

— Heute noch. Lawretzky ließ sich auf ein niedriges Stühlchen nieder. — Ich habe von Marja Dmitriewna bereits Abschied genommen. Auch Lisaweta Michailowna habe ich gesprochen.

— Nenne sie doch einfach Lisa, mein Alterchen; und sitze doch ruhig, sonst bricht Schurotschka's Stuhl unter Dir zusammen.

— Sie ging gerade in die Kirche, fuhr Lawretzky fort, — Ist sie denn so fromm?

— Das ist sie, Fedja, sehr fromm. Mehr als wir Beide, Fedja.

— Und Sie wären etwa nicht fromm? bemerkte lispelnd Nastaßja Karpowna. Sie sind heute zwar nicht zur Frühmesse gegangen, werden aber gewiß die nächste nicht versäumen.

— Dennoch! — Du magst allein hingehen: ich bin etwas faul geworden, meine Gute, erwiederte Marfa Timofejewna, — ich thue mir des Guten zu viel am lieben Thee. Sie dutzte Nastaßja Karpowna, obgleich sie sonst auf gleichem Fuße mit ihr stand. War sie nicht eine Pestow; und werden nicht schon Drei vom Geschlechte der

Pestow's unter dem Zaren Iwan Wassiljewitsch dem Schrecklichen genannt? Marfa Timofejewna wußte das recht gut.

— Sagen Sie, ich bitte, begann Lawretzky wieder: — mir erzählte soeben Marja Dmitriewna von jenem . . . wie heißt er doch? . . . Panschin? Was für ein Mensch ist das?

— Ach, die Plappertasche, Gott vergebe mir's! brummte Marfa Timofejewna: — da hat sie Dir vermuthlich unter dem Siegel der Verschwiegenheit mitgetheilt, was für ein Bräutigam in's Garn gelaufen ist. Hat sie denn nicht an dem Popensohne genug, um sich auszuschwatzen; nein, ihr ist es noch zu wenig. Dann ist ja auch noch nichts an der Sache, Gott sei Dank! und schon erzählt sie sie Jedem!

— Warum sagten Sie Gott sei Dank? fragte Lawretzky.

— Weil mir der Junge nicht gefällt; und was wäre denn so Erfreuliches dabei?

— Er gefällt Ihnen nicht?

— Nein, warum sollte er denn Aller Herzen fesseln. Ist's nicht genug, daß hier, Nastaßja Karpowna, in ihn verliebt ist?

Die arme Wittwe wurde ganz verlegen.

— Aber, Marfa Timofejewna, rief sie aus, — wie können Sie solche Dinge sagen, und eine plötzliche Röthe bedeckte ihr Gesicht und Hals.

— Und wie der Schelm gewußt hat, unterbrach sie Marfa Timofejewna, — womit er sie für sich einnehmen konnte: hat ihr eine Dose zum Geschenk gemacht. Fedja, bitte sie um eine Prise; Du wirst sehen, was für eine schöne Dose das ist: auf dem Deckel ist ein Husar zu Pferde abgebildet. Du bist überführt, meine Liebe, thust besser daran, Dich nicht zu vertheidigen.

Nastaßja Karpowna machte bloß abwehrende Bewegungen.

— Nun, und Lisa, fragte Lawretzky, — was hält sie von ihm?

— Es scheint, er gefällt ihr, — übrigens, weiß der Himmel, was sie im Sinne hat! Des Menschen Seele ist, wie Du weißt, ein dunkler Wald, und vollends die eines Mädchens. Da, zum Beispiel, Schurotschka's Seele, — versuche es, einen Blick hineinzuwerfen! Warum versteckt sie sich, läuft aber nicht davon, seit Du hier bist?

Schurotschka platzte mit einem zurückgehaltenen Lachen heraus und lief fort, Lawretzky erhob sich von seinem Platze.

— Ja, sagte er langsam: — es ist nicht leicht, in eines Mädchens Seele zu lesen.

Er wollte sich verabschieden.

— Nun? sehen wir Dich bald wieder? fragte Marfa Timofejewna.

— Kann wohl sein, Tantchen, es ist ja nicht gar so weit.

— Ach ja, Du fährst ja nach Wassiljewskoie. Du willst also nicht in Lawriki wohnen bleiben: — nun, das ist Deine Sache; Du mußt aber Deiner Mutter Grab besuchen, und auch das der Großmutter. Du hast Dir freilich dort im Auslande den Kopf mit allerlei Weisheitskram vollgepfropft, wer kann es aber wissen, vielleicht werden sie es in ihren Gräbern fühlen, wenn Du zu ihnen kommst. Dann vergiß auch nicht, Fedja, für Glafyra Petrowna's Seele eine Messe lesen zu lassen; da hast Du einen Rubel. Nimm nur, nimm, in meinem Auftrage sollst Du die Messe bestellen. Als sie am Leben war, habe ich sie nicht geliebt, es war aber ein fester Charakter, das Mädchen. Klug war sie; nun, und Dich hat sie ja auch nicht vergessen. Jetzt aber, geh' mit Gott, sonst könnte ich Dir noch langweilig werden.

Und Marfa Timofejewna umarmte ihren Neffen.

— Lisa aber soll den Panschin nicht bekommen, sei nur ruhig; für den ist sie nicht bestimmt.

— Es beunruhigt mich das auch nicht, sagte Lawretzky, und entfernte sich.

XVIII.

Vier Stunden darauf befand er sich bereits auf dem Wege nach Hause. Sein Tarantaß rollte rasch auf dem ebenen Landwege dahin. Es war zwei Wochen kein Regen

gefallen; ein feiner, weißlicher Nebel füllte die Luft
und entzog die fernen Wälder dem Auge; man spürte
Brandgeruch). Eine Menge graulicher Wölkchen mit unbestimmten Umrissen hatte sich an dem fahlblauen Himmel
gesammelt; ein ziemlich scharfer Wind strich ununterbrochen
durch die trockene Luft, ohne die Hitze zu mildern. Den
Kopf in das Kissen gedrückt und mit verschränkten Armen
blickte Lawretzky vor sich hin auf die fächerartig vorbei-
ziehenden Striche Ackerlandes, die allmählich hervortretenden
Weidenbüsche, auf die stutzig gemachten Raben und Saatkrähen, die mißtrauisch-dumm den vorüberfliegenden Wagen
von der Seite begafften, auf die langen Grenzfurchen, die
mit Beifuß, Wermuth und Ebereschen bewachsen waren;
er blickte vor sich hin . . . und diese frische, fruchtbare
Ebene, dieses Grün, diese langgedehnten Hügel, die Schluchten
mit niedrigem Eichengehölz, die grauen Dörfer und lichten
Birkenhaine — diese ganze ihm schon längst entfremdete
russische Landschaft, erfüllte seine Seele mit süßen und zugleich traurigen Empfindungen und beengte ihm mit einem
eigenen, angenehmen Gefühle die Brust. Die Gedanken-
bilder, welche langsam in seinem Innern aufstiegen, waren
unbestimmt und nebelhaft, gleich den hoch über ihn hin-
ziehenden Wölkchen. Er gedachte seiner Kindheit, seiner
Mutter, wie sie starb, wie man ihn zu ihr brachte und
sie seinen Kopf an ihre Brust drückte und über ihn hinweg
mit schwacher Stimme zu jammern anfing, aber als sie

Glafyra Petrowna gewahr wurde — verstummte. Er gedachte seines Vaters, wie er anfangs so rüstig, ewig unzufrieden war, eine so volltönende Stimme hatte, — später blind, grämlich wurde und einen unordentlichen Bart trug; auch erinnerte er sich, wie er einst bei Tische, nachdem er ein Glas Wein getrunken und seine Serviette mit Sauce begossen hatte, plötzlich in lautes Lachen ausgebrochen war und mit seinen blinden Augen schalkhaft winkend und ganz roth im Gesichte, angefangen hatte, von seinen Liebesabenteuern zu erzählen; er gedachte ferner Warwara Pawlowna's, — und unwillkürlich drückte er die Augenlider zusammen, wie man bei plötzlichem Schmerze zu thun pflegt und schüttelte den Kopf. Dann blieben seine Gedanken bei Lisa stehen.

„Das ist, — dachte er, — ein frisches Wesen, vor welchem sich eben erst das Leben aufthut. Ein herrliches Mädchen, was wird wohl aus ihr werden? Sie ist auch hübsch; ihr bleiches, belebtes Gesicht, Augen und Mund so ernst, ihr Blick treuherzig und unschuldig. Schade nur, sie scheint etwas exaltirt zu sein. Ein stattlicher Wuchs, schwebender Gang, sanfte Stimme. Ich habe es sehr gern, wenn sie plötzlich stehen bleibt, aufmerksam aufhorcht, ohne dabei zu lächeln, dann nachdenkend wird und das Haar zurückwirft. In der That, auch mir scheint es, daß Panschin ihrer nicht werth sei. Was wäre denn aber an ihm auszusetzen? Ich komme in's Phantasiren hinein. Sie wird denselben Weg gehen, den Alle gehen. Besser, ich mache ein Schläfchen." Und Lawretzky schloß die Augen.

Einschlafen konnte er nicht, er verfiel aber in einen den Reisenden bekannten Halbschlummer. Bilder aus der Vergangenheit stiegen wieder wie vorhin, allmählich, ohne einander zu drängen, in seiner Seele auf, sie tauchten hervor, vermischten sich und verschmolzen mit Vorstellungen anderer Art. Es kam Lawretzky, der Himmel weiß warum, Robert Peel in den Sinn . . . und französische Geschichte . . . und wie er auf dem Schlachtfelde den Sieg erringen würde, wenn er Feldherr wäre; er glaubte Schießen und Wehegeschrei zu vernehmen . . . Sein Kopf glitt etwas herab, er schlug die Augen auf . . . Dieselben Felder, dieselbe Fernsicht; abwechselnd glitzerten die blankgewordenen Hufbeschläge der Seitenpferde durch Wolken von Staub; der Wind schwellte das gelbe, unter den Achseln roth verbrämte Hemd des Postknechtes. „In einem schönen Zustande kehre ich heim" — dachte Lawretzky bei sich; und er rief „vorwärts!" hüllte sich fester in seinen Mantel und drückte sich tiefer in das Kissen. Der Tarantaß gab einen Ruck: Lawretzky richtete sich empor und riß die Augen weit auf. Vor ihm, auf dem Abhange eines Hügels breitete sich ein kleines Dorf aus; etwas gegen die rechte Seite hin zeigte sich ein altes, mäßig großes Gutsgebäude mit verschlossenen Laden und verfallener Treppe; auf dem geräumigen Hofe, vom Thore an, wucherten Nesseln, grün und dicht wie Hanf; auch stand dort ein noch wohlerhaltener Kornspeicher aus Eichenbalken gezimmert. Das war Wassiljewskoie.

Der Postknecht lenkte zur Einfahrt ein und hielt an; Lawretzky's Diener richtete sich auf dem Bocke empor und, wie zum Herabspringen bereit, rief er: heda! Ein heiseres, dumpfes Bellen ließ sich vernehmen, kein Hund aber wurde sichtbar. Heda! rief der Bediente wieder, wieder zum Springen bereit . . . einen Augenblick darauf kam ein Mann, mit schneeweißem Kopfe, in einem Nankin-Kaftan gekleidet, man wußte nicht von wo herbeigelaufen; mit vorgehaltener Hand die Augen vor den Sonnenstrahlen schützend, blickte er den Tarantaß an, schlug sich dann mit beiden Händen an die Schenkel, trampelte noch eine Weile auf demselben Flecke, wo er stand und stürzte dann vor, um das Thor zu öffnen. Der Tarantaß fuhr, mit den Rädern die Nesseln niederdrückend, in den Hof und hielt vor der Eingangstreppe an. Der weißköpfige Mann, ein noch rascher Greis, stand bereits mit weit und schräg auseinandergespreizten Beinen auf der untersten Stufe, knöpfte das Spritzleder auf, schlug es heftig zurück und half seinem Herrn aussteigen, wobei er demselben die Hand küßte.

— Guten Tag, guten Tag, Alter, sagte Lawretzky; — ist Dein Name nicht Anton? Lebst Du noch?

Der Alte verneigte sich schweigend und lief fort, die Schlüssel zu holen. Während er darnach suchte, blieb der Postknecht unbeweglich sitzen, die Faust in die Seite gestemmt, den Blick auf die verschlossene Thür geheftet; Lawretzky's Diener aber war in derselben malerischen Stellung, in welche er herabgesprungen war, mit einer Hand den Kutschersitz haltend, stehen geblieben. Der Alte brachte die Schlüssel herbei und sich ganz unnützerweise wie eine Schlange krümmend und die Ellenbogen hoch haltend, schloß er die Thür auf, trat auf die Seite und machte wiederum eine tiefe Verbeugung.

— Da bin ich wieder zu Hause, wieder zurückgekehrt; dachte Lawretzky, als er das kleine Vorzimmer betrat und lärmend und rasselnd die Fensterladen, einer nach dem andern, aufgemacht wurden und das Tageslicht in die verlassenen Räume hereinströmte.

XIX.

Das kleine Haus, in welches Lawretzky getreten und wo vor zwei Jahren Glafyra Petrowna verschieden war, stammte aus dem vergangenen Jahrhunderte und war aus dauerhaftem Fichtenholze erbaut; dem Anscheine nach baufällig, konnte es jedoch noch fünfzig Jahre, ja, wohl noch länger stehen. Lawretzky machte die Runde durch alle Zimmer, und befahl, zur größten Bestürzung der matten, mit weißem Staub auf dem Rücken gepuderten Fliegen, die regungslos an den oberen Thürpfosten sitzen geblieben waren, alle Fenster zu öffnen; seit Glafyra Petrowna's Tode hatte sie Niemand aufgemacht. Alles im Hause war geblieben, wie es war: die kleinen, weißen, dünnbeinigen, mit Seidenstoff überzogenen, durchgeriebenen und durchgesessenen Divans im Gastzimmer mahnten lebhaft an die Zeit Katharina's; da stand auch noch der Lieblingsstuhl der Hausfrau, mit hoher gerader Rücklehne, die ihr nicht einmal im Alter zur Stütze gedient hatte. An der Hauptwand hing das alterthümliche Portrait von Fedor's Urgroßvater, des Andreas Lawretzky; das finstere, mürrische Gesicht war kaum von dem geschwärzten und faltigen Hintergrunde zu unterscheiden; die kleinen boshaften Augen blickten finster unter den überhängenden, gleichsam angeschwollenen Augenlidern hervor, das schwarze, ungepuderte Haar sträubte sich bürstenähnlich über der düsteren, von Runzeln durchfurchten Stirn. An einer Ecke des Bildes hing ein Kranz aus Strohblumen. „Den haben Glafyra Petrowna eigenhändigst zu flechten geruht," berichtete Anton. Im Schlafzimmer prangte ein schmales Bett mit Vorhängen aus überaus dauerhaftem, gestreiften Zeuge; ein Stoß verblichener Kissen und eine leichte gesteppte Decke lagen auf demselben, am Kopfende hing ein Heiligenbild, Maria's Opferung, dasselbe Heiligenbild, welches die alte Jungfer im Sterben und von Jedermann verlassen, zum letzten Male an die erstarrenden Lippen ge= drückt hatte. Am Fenster stand ein kleiner Nipptisch mit eingelegter Arbeit, mit Kupferplatten und einem länglichen, krummen Spiegel in schwarzgewordener Vergoldung. Neben dem Schlafzimmer befand sich die Bettkammer, ein niedriges Gemach mit nackten Wänden und einem schwerfälligen Schreine für Heiligenbilder in der Ecke; am Fußboden lag ein abgescheuerter, mit Wachs beträpfelter kleiner Teppich; Glafyra Petrowna verrichtete auf demselben ihre Kniebeugungen. Anton hatte sich mit Lawretzky's Diener entfernt, um Stall und Wagenscheuer aufzuschließen; an seiner Stelle erschien ein Mütterchen, fast von gleichem Alter wie er, den wackelnden Kopf bis an die Augen= brauen in ein Kopftuch gehüllt: ihr Blick war stumpf, drückte jedoch Bereitwilligkeit, vieljährige stumme Dienst= gewohnheit und dabei — ein gewisses ehrerbietiges Beileid aus. Sie küßte Lawretzky die Hand und blieb dann in Erwartung eines Befehles an der Thür stehen. Er er= innerte sich nicht mehr ihres Namens und ebensowenig, daß er sie jemals gesehen hätte; er erfuhr, daß sie Apraxia genannt wurde und vor vierzig Jahren von Glafyra Pe= trowna aus dem herrschaftlichen Hause auf den Hühner= hof verbannt worden war; sie sprach übrigens wenig — und schien schwachsinnig geworden zu sein, — aber das Dienende im Blick war nicht gewichen. Außer diesen beiden Alten und drei dicken Kindern in langen Hemden,

des Antons Urenkeln, lebte noch auf dem Herrenhofe ein
einarmiger, nicht zinspflichtiger Bauer, der beständig
plapperte und zu Nichts zu gebrauchen war; nicht viel
brauchbarer als er war ein altersschwacher Hund, der
durch sein Bellen Lawretzky bei seiner Rückkehr bewillkommt
hatte: schon zehn Jahre lag er an einer schweren Kette,
die auf Glafyra's Befehl gekauft worden war, und nur
mit Mühe konnte er sich unter seiner Last bewegen und
dieselbe nachschleppen. Nachdem Lawretzky das Haus be-
sichtigt hatte, ging er in den Garten und fand denselben
nach seinem Geschmacke. Er war ganz von hohem
Grase, Kletten, Stachel- und Himbeersträuchern über-
wuchert; es war jedoch viel Schatten darin, und die
zahlreichen alten Lindenbäume hätten durch ihre Größe
und das sonderbare Gewirre ihrer Aeste Staunen erregen
können; sie waren gar zu dicht aneinander gepflanzt und
schon vor langer Zeit — vielleicht vor hundert Jahren
zuletzt beschnitten worden. Am Ende des Gartens befand
sich ein mäßig großer, klarer Teich, den hohes röthliches
Röhricht umgab. Die Spuren menschlichen Daseins ver-
wischen sich bald. Glafyra's Wohnstätte war noch nicht
verwildert, schien aber bereits in jenen ruhigen Halbschlummer
verfallen zu sein, in den Alles auf Erden versinkt, was
des Menschen unruhiges Getreibe nicht berührt. Fedor
Iwanitsch machte auch einen Gang durch das Dorf; die
Weiber, die Wangen in die Hände gestützt, blickten ihn

von der Schwelle ihrer Wohnungen an; die Bauern
grüßten ihn aus der Ferne, die Kinder liefen vor ihm
davon, und die Hunde ließen ein gleichgiltiges Bellen hören.
Endlich wandelte ihn die Lust zu essen an; seine Dienerschaft mit dem Koche konnte erst gegen Abend eintreffen;
die Fuhre mit Mundvorrath war noch nicht aus Lawriki
angekommen, — es blieb ihm daher nichts anderes übrig,
als Anton sich anzuvertrauen. Dieser traf sogleich seine
Anstalten: ein altes Huhn ward eingefangen, geschlachtet
und gerupft; Apraxia schabte und reinigte lange daran,
ja sie wusch es förmlich wie ein Stück Wäsche, bevor sie
es in den Kessel legte; als es gesotten war, deckte und
servirte Anton den Tisch, stellte vor das Besteck ein dreifüßiges Salzfaß aus schwarzgewordenem, plattirtem Silber
und eine kleine geschliffene Caraffe mit rundem Glasstöpsel
und engem Halse; darauf meldete er in singendem Tone
Lawretzky, das Essen sei bereit, — und faßte selbst hinter
dessen Stuhle Posto — er hatte eine Serviette um seine
rechte Hand gewickelt und verbreitete um sich herum einen
starken, antiken Geruch, wie von Cypressenholz. Lawretzky
versuchte von der Suppe und nahm das Huhn vor; die
Haut desselben war ganz mit Blasen bedeckt, eine dicke
Sehne zog sich längs jedem Beine hin, das Fleisch hatte
einen holzigten und laugenartigen Geschmack. Nach dem
Essen äußerte Lawretzky, er möchte Thee trinken . . .
„Diesen Augenblick wird er da sein," unterbrach ihn der

Alte, — und hielt Wort. Es fand sich ein Häufchen Thee, in rothes Papier gewickelt; ein winziger stark kochender Samovar wurde auch aufgetrieben, ebenso Zucker, in sehr kleinen, halb geschmolzenen Stückchen. Lawretzky trank den Thee aus einer großen Tasse; er erinnerte sich dieser Tasse noch aus seiner Kindheit: es waren Spielkarten auf derselben abgebildet, nur Gästen wurde sie vorgesetzt, und er, gewissermaßen selbst Gast, trank jetzt aus derselben. Gegen Abend langte die Dienerschaft an; — Lawretzky wollte nicht auf dem Bett seiner Tante ruhen; er ließ sich ein Lager im Speisesaal bereiten. Nachdem er das Licht ausgelöscht hatte, schweiften seine Blicke lange umher und trübe Gedanken stiegen in ihm auf; er empfand jenes eigene Gefühl, das Jedem bekannt ist, der zum ersten Male in einem lange unbewohnt gewesenen Orte die Nacht verbringt; ihm däuchte, das von allen Seiten ihn umringende Dunkel könne sich nicht an den neuen Einwohner gewöhnen, und selbst die Wände des Hauses seien stutzig geworden. Mit einem Seufzer zog er endlich das Betttuch über sich und schlief ein. Anton blieb länger als die übrigen auf den Beinen; er hatte viel mit Apraxia zu flüstern, stöhnte leise und bekreuzigte sich einige Male. Beide hatten nicht erwartet, daß ihr Herr bei ihnen in Wassiljewskoie bleiben werde, da er doch ein so schönes Gut mit herrlich eingerichtetem Wohnhause ganz in der Nähe besaß; sie ahnten nicht, daß eben jenes Wohnhaus

Lawretzky zuwider geworden war, daß es schmerzliche
Erinnerungen in ihm wach rief. Nachdem die Alten sich
satt geplaudert hatten, nahm Anton einen Stock zur Hand,
klopfte an das beim Speicher hangende Brett, das schon
lange keinen Laut von sich gegeben hatte und legte sich
dann in der Nähe, auf dem Hofe schlafen, ohne sich mit
Etwas den weißen Kopf zu bedecken. Es war eine stille
und milde Maiennacht, und sanft und friedlich schlummerte
der Alte.

XX.

Am folgenden Morgen stand Lawretzky ziemlich früh
auf, unterhielt sich mit dem Schulzen, begab sich auf die
Tenne und befahl, dem Hunde die Kette abzunehmen;
das Thier ließ dabei ein kurzes Bellen hören, entfernte
sich aber nicht aus seinem Stalle; — nach Hause zurückgekehrt, versank er in eine Art ruhiger Betäubung, die ihn
den ganzen Tag nicht verließ. „Da wäre ich denn jetzt
so recht auf den Grund des Stromes gerathen," sagte
er einige Male zu sich selbst. Er hatte sich an das Fenster
gesetzt, rührte sich nicht und fing an, dem Laufe des Still-
lebens rings umher und den von Zeit zu Zeit in die
lautlose, ländliche Einsamkeit sich verlierenden Tönen zu
lauschen. Hinter den Nesseln läßt sich ein feines Stimmchen
hören; eine Mücke scheint den Gesang zu begleiten. Das

Lied ist verstummt, die Mücke aber summt immer noch fort; durch das einstimmige, zudringlich-klägliche Gesumme der Fliegen vernimmt man das Brummen einer dicken Hummel, die unablässig mit dem Kopfe an die Zimmerdecke anstößt: auf der Straße kräht ein Hahn und zieht mit heiserer Stimme die letzte Note, ein Bauernkarren rasselte vorbei, im Dorfe knarrte eine Thür in ihren Angeln. „Was giebt's?" kreischte auf einmal eine Weiberstimme. „Ach du mein Püppchen," sagt Anton zu einem zweijährigen Mädchen, das er auf den Armen hält. „Bringe den Kwas her," wiederholt dieselbe weibliche Stimme, — und Todtenstille tritt wieder ein; nicht der geringste Laut ist zu hören; kein Blättchen regt sich im Winde; lautlos ziehen die Schwalben hart am Boden hin, eine der andern nach, und die Seele fühlt sich traurig bewegt von ihrem stummen Fluge. „Ja, nun sitze ich so recht auf des Stromes Grunde," denkt Lawretzky von Neuem. „Hier ist das Leben immer, zu jeder Zeit, ruhig und still," denkt er: — „wer in dessen Kreis gerathen ist, — füge sich dem Geschicke, hier ist jede Aufregung zwecklos, hier giebt's nichts zu bekämpfen; hier glückt es nur Demjenigen, der sich ruhig seinen Weg bahnt, gleich dem Ackersmanne, der mit dem Pfluge die Furche zieht. Und welch' eine Kraft rings umher, welch' ein Wohlsein in dieser unthätigen Stille! Dort unter dem Fenster treibt aus dichtem Grase das stämmige

Farrenkraut hervor; über dasselbe hinweg erhebt der Liebstöckel seinen saftigen Stengel und noch höher wiegt der Thymian seinen röthlichen Büschel; weiter, auf den Feldern, glänzt der Roggen, der Hafer schießt schon in die Aehren, und jedes Blatt an jedem Baume, jedes Gräschen an seinem Halme, breiten sich aus, so viel sie können. „Meine besten Jahre habe ich der Liebe zu einem Weibe geopfert," dachte Lawretzky weiter: — „so mag mich nun hier die Einsamkeit, die Langeweile nüchtern machen, sie mag mich beruhigen, mich vorbereiten, damit auch ich ohne Uebereilung Etwas vor mich zu bringen lerne." Und wieder lauscht er der Stille; er erwartet Nichts — und scheint dennoch beständig auf Etwas zu warten: Stille umfängt ihn von allen Seiten; ruhig geht die Sonne am blauen Himmel ihre Bahn und ruhig ziehen an demselben die Wolken dahin; sie scheinen zu wissen, wohin und weßhalb sie vorüberziehen. An anderen Orten der Erde brauste, drängte sich, stürmte das Leben; hier floß das Leben unbemerkt, wie Wasser über Sumpfgräser und bis zum späten Abend konnte Lawretzky sich von der Betrachtung dieses verlaufenden, verrinnenden Lebens nicht losreißen; die Trauer um das Vergangene schmolz in seiner Seele wie Frühlingsschnee, — und sonderbar! — niemals war die Liebe zum Vaterland in ihm so stark, so rege gewesen, wie jetzt.

XXI.

In zwei Wochen hatte Fedor Iwanitsch Glafyra Petrowna's Häuschen in Ordnung gebracht und Hof und Garten säubern lassen; aus Lawriki wurden bequeme Meubel, aus der Stadt Wein, Bücher, Zeitschriften herbeigeschafft; in den Ställen standen wieder Pferde; mit einem Worte, Fedor Iwanitsch hatte sein Hauswesen mit allen Nöthigen versorgt und begann nun ein halb ländliches, halb Einsiedlerleben zu führen. Einförmig flossen seine Tage dahin; er langweilte sich jedoch nicht, obgleich er mit Niemandem zusammenkam; emsig und verständig begann er sich mit der Landwirthschaft zu befassen, machte zu Pferde Ausflüge in die Nachbarschaft und las auch wohl, wenngleich selten: er zog es vor, die Erzählungen des alten Anton anzuhören. Gewöhnlich setzte sich Lawretzky mit einer Pfeife und einer Tasse kalten Thees an's Fenster! Anton stellte sich mit hinter dem Rücken gehaltenen Armen an die Thür und — fing dann seine endlosen Erzählungen von längstverflossenen Zeiten an, von jenen fabelhaften Zeiten, als Hafer und Roggen nicht nach Maßen, sondern in großen Säcken, für zwei, drei Kopeken der Sack, verkauft wurden; als es noch überall rund herum, sogar bis hart an die Stadt, undurchdringliche Wälder und unbebaute Haiden gab. „Und jetzt, klagte der Alte, der gewiß schon über die Achtzig hinaus sein mochte: — "ist Alles so gelichtet, so aufgeackert, daß man nirgends mehr durchkommen kann." Auch erzählte Anton Vieles von seiner Gutsherrin, Glafyra Petrowna: wie bedächtig und sparsam sie gewesen sei; wie ein gewisser junger Herr aus der Nachbarschaft sich bei ihr in Gunst habe setzen wollen und oft auf Besuch hergekommen sei, — wie die Gnädige ihm zu Ehren sogar ihre Festtagshaube mit Massakafarbenem Bande und ein gelbes Kleid aus Trü-trü-Levantine angelegt habe; und wie sie sich dann später gegen den Nachbar aufgebracht, weil er die unziemliche Frage gethan hatte: "wie steht es aber, Madame, mit Ihren Capitalien?" demselben ihr Haus verboten und schon damals befohlen habe, daß Alles, was sich nach ihrem Tode vorfinden würde, bis auf den kleinsten Fetzen, Fedor Iwanitsch übergeben werden solle. Und in der That fand Lawretzky den ganzen Trödel seiner Tante vor, sogar die Festtagshaube mit dem Massaka-Bande und das gelbe Kleid aus Trü-trü-Levantine. Von alten Papieren und interessanten Schriften fand er dagegen nichts, ein altes Heft ausgenommen, in welches sein Großvater, Peter Andreitsch Folgendes eingetragen hatte: — "In der Stadt Petersburg den Frieden gefeiert, den Seine Durchlaucht, Fürst Alexander Alexandrowitsch Prosdrowsky mit dem türkischen Reiche abgeschlossen hat," dann: "Recept für einen Brustbekocht,"

— mit der Bemerkung: „Dieses Recept ist der Frau Generalin Praskowia Fedorowna Saltikow, vom Oberpriester der heiligen Dreifaltigkeitskirche, Fedor Awrentiewitsch gegeben worden," ferner: eine politische Neuigkeit folgenden Inhaltes: „von den französischen Tigern hört man nichts;" — und gleich dabei: „In der Moskauer Zeitung heißt's, Herr General-Major Michail Petrowitsch Kolitschew sei gestorben. Ob es nicht ein Sohn des Peter Wassiljewitsch Kolitschew ist? Lawretzky fand gleichfalls einige alte Kalender und Traumbücher und das geheimnißvolle Buch des Herrn Ambodik; die längst vergessenen alten Bekannten, die „Embleme und Symbole," weckten in ihm viele Erinnerungen. Im Toilettentische Glafyra Petrowna's, im Winkel einer Schublade versteckt, fand Lawretzky ein kleines, mit schwarzem Bande zusammengebundenes, schwarzgesiegeltes Packet. In dem Packete befanden sich, Gesicht an Gesicht gelegt, zwei Bildnisse, ein Pastellporträt von seinem Vater, aus dessen Jugendjahren, mit weißem, die Stirn umwallendem Haare, großen, schwermüthigen Augen und halbgeöffnetem Munde, — und das fast verwischte Bildniß einer bleichen Frau im weißem Kleide, mit einer weißen Rose in der Hand, — das Porträt seiner Mutter. Glafyra Petrowna hatte niemals ihr eigenes Bild zu machen erlaubt. „Obgleich ich nun, Fedor Iwanitsch, gnädigster Herr," — erzählte Anton — „zu damaliger

Zeit nicht in dem herrschaftlichen Hause lebte, erinnere ich mich doch Ihres Urgroßvaters, Andrei Aphanaßitsch's, oh, ganz gut: war ich doch, als er mit Tode abging, achtzehn Jahre alt geworden. Einst begegnete ich ihm im Garten — die Kniee schlotterten mir; er sagte aber nichts, fragte nur, wie ich heiße — und schickte mich fort auf sein Zimmer, ihm sein Taschentuch zu holen. Das war aber, man muß es sagen, ein wahrer Herr, er kannte Niemanden über sich an. Auch besaß Ihr Urgroßvater ein gar wunderbares Amulet, das ihm ein Mönch vom Berge Athos zum Geschenk gemacht hatte. Und dabei hatte der Mönch zu ihm gesagt: weil Du so gastfreundlich bist, Herr, schenke ich es Dir; trag es — und Du brauchst Dich vor keinem Gericht zu fürchten. Nun, man weiß ja, was damals für Zeiten waren; der Herr konnte machen, was er wollte. Sogar, wenn Einer von den Edelleuten sich ihm zu widersetzen versuchte, blickte er ihn bloß an und sagte: Du bist ein kleiner Fisch, schwimmst nicht tief! — diese Redensart liebte er besonders. Das herrschaftliche Haus, in welchem Ihr seliger Herr Urgroßvater lebte, war aus Holz und klein; und was hat er nicht Alles bei seinem Tode hinterlassen, wie viel Silberzeug, wie viele Vorräthe, alle Keller waren bis oben an voll. Ein guter Wirth ist er gewesen. Die kleine Karaffe dort, an der Ihnen beliebte Gefallen zu finden — die hat ihm gehört: er bewahrte sich darin seinen Schnaps auf. Ihr Herr Großvater aber, Peter Andreitsch, der hat sich freilich ein großes steinernes Haus aufgebaut, aber nichts aufgespeichert, bei Dem ist Alles b'rauf gegangen; er hat auch ein schlimmeres Leben geführt als der Vater und sich kein herrschaftliches Vergnügen erlaubt — das Geld aber hat er Alles durchgebracht, nicht das Geringste, nicht ein einziger silberner Löffel ist übrig geblieben — und wenn noch Etwas da ist, hat man es Glafyra Petrowna zu verdanken, sie hat ein Auge darauf gehabt.

— Ist es wahr, unterbrach in Lawretzky: — daß man sie eine alte Schnattergans nannte?

— Man muß aber wissen, wer sie so genannt hat! erwiederte Anton mürrisch.

— Was macht denn aber, wagte ein Mal der Alte zu fragen, — unsere gnädige Frau, wo beliebt sie denn jetzt sich aufzuhalten?

— Wir sind geschieden, brachte Lawretzky mit einiger Mühe hervor; — frage mich nie mehr darum.

— Wie der gnädige Herr befehlen, erwiederte der Alte betrübt.

Nach Ablauf von drei Wochen begab sich Lawretzky zu Pferde nach O . . . zu Kalitin's und brachte bei ihnen den Abend zu. Lemm war zugegen, er gefiel Lawretzky sehr. Obgleich Letzterer, Dank seinem Vater, kein Instrument spielte, so liebte er doch leidenschaftlich Musik, gute classische Musik. Panschin war an jenem Abende nicht bei Kalitin's. Der Gouverneur hatte ihm für auswärts einen Auftrag gegeben. Lisa spielte allein und mit großer Fertigkeit; Lemm freute sich, war bei guter Laune, hatte ein Papier zusammengedreht und schlug den Tact. Anfangs lachte Marfa Dmitriewna bei seinem Anblicke, dann begab sie sich zur Ruhe; Beethoven, behauptete sie, rege zu sehr ihre Nerven auf. Um Mitternacht begleitete Lawretzky Lemm nach dessen Wohnung und blieb bis drei Uhr Morgens bei ihm. Lemm sprach viel; sein gebeugter Rücken richtete sich empor, seine Augen öffneten sich weit und leuchteten, ja sogar sein über die Stirn herabhängendes Haar ward zurückgestrichen. Schon seit langer Zeit war Aufmerksamkeit in solchem Maße ihm nicht mehr gewidmet worden; Lawretzky fand sichtlich Gefallen an ihm und forschte ihn theilnehmend und aufmerksam aus. Das hatte den Alten gerührt; und zum Schlusse zeigte er seinem Gaste seine Compositionen, spielte und sang ihm sogar mit zitternder Stimme einige Stellen aus denselben vor, unter Anderem die von ihm in Musik gesetzte Ballade von Schiller's „Fridolin." Lawretzky gab seinen Beifall zu erkennen, bat ihn, Einiges zu wiederholen und lud ihn beim Abschiede ein, auf einige Tage zu ihm zu kommen. Lemm, der ihn bis auf die Gasse hinunter geleitet hatte, willigte sogleich ein und drückte ihm kräftig die Hand; doch als er allein geblieben war, der frischen und feuchten

Luft in so früher Morgenstunde ausgesetzt, schaute er um sich herum, kniff die Augen zusammen, nahm seine gebückte Haltung wieder an und kroch dann, als habe er Etwas auf dem Gewissen, auf sein Zimmer zurück. „Ich bin wohl nicht klug," brummte er vor sich hin, indem er sein hartes, schmales Lager bestieg. Als einige Tage darauf Lawretzky in einer Kalesche bei ihm angefahren kam, um ihn abzuholen, versuchte er Unpäßlichkeit vorzuschützen; Fedor Iwanitsch suchte ihn jedoch in seinem Zimmer auf und überredete ihn mitzufahren. Mehr als alles Uebrige hatte der Umstand auf Lemm Eindruck gemacht, daß Lawretzky eigens für ihn ein Klavier aus der Stadt hatte kommen lassen. Sie begaben sich Beide zu Kalitin's und verbrachten dort den Abend, doch nicht so angenehm wie das vorige Mal. Panschin war zugegen, erzählte viel von seinem Ausfluge und copirte in höchst ergötzlicher Weise die Gutsbesitzer, die er kürzlich gesehen hatte. Lawretzky lachte, Lemm aber war stumm, verließ nicht seinen Winkel, machte Bewegungen wie eine Spinne, blickte finster und scheu um sich und wurde erst heiter, als Lawretzky sich anschickte fortzugehen. Selbst noch in der Kalesche fuhr der Alte fort, scheu und verschlossen zu thun und sich in sich selbst zurückzuziehen; doch die ruhige, laue Luft, der sanfte Wind, die leichten Schatten, der Duft des Grases, der Birkenknospen, das friedliche Licht des mondlosen, gestirnten Himmels, der eintönige Hufschlag und das Schnauben der Pferde, alle Reize der Fahrt, des Lenzes, der Nacht — ließen sich auf die Seele des armen Deutschen herab und er selbst redete zuerst Lawretzky an.

XXII.

Er fing von Musik an, sprach dann von Lisa, dann wieder von Musik. Es schien, als dehnte er die Worte, wenn er von Lisa sprach. Lawretzky lenkte das Gespräch auf Lemm's Compositionen und machte ihm, halb im Scherz, den Vorschlag, ein Libretto für ihn aufzusetzen.

— Hm, ein Libretto! erwiederte Lemm: — nein, das ist Nichts für mich: ich besitze nicht mehr jenes Feuer, jene sprudelnde Begeisterung, die zu einer Oper erforderlich sind; ich habe schon meine Kraft verloren . . . Wenn ich aber noch Etwas componiren sollte, so würde ich mich mit einer Romanze begnügen; natürlich würde ich — einen guten Text dazu wünschen.

Er schwieg und blieb lange unbeweglich und die Augen gen Himmel gerichtet sitzen.

— Zum Beispiel, sagte er endlich, — Etwas in dieser Art: ihr Sterne, o ihr lichten Sterne! . . .

Lawretzky drehte das Gesicht etwas nach ihm hin und sah ihn an.

— Ihr Sterne, lichte Sterne, wiederholte Lemm . . . Ihr schaut ganz gleich auf Schuldige und Unschuldige herab . . . aber nur Diejenigen, die ein unschuldiges Gemüth haben — oder Etwas in dieser Art . . . verstehen Euch, das heißt, nein — lieben Euch. — Uebrigens, ich bin kein Dichter — das übersteigt mein Wissen! Aber Etwas in dieser Art, etwas Erhabenes.

Lemm rückte seinen Hut in den Nacken; beim feinen Zwielichte der hellen Nacht schien sein Gesicht bleicher und jünger.

— Und auch ihr, fuhr er mit immer leiser werdender Stimme fort: — ihr wisset, wer liebt, wer zu lieben versteht, weil ihr, ihr Reinen, ihr allein zu trösten versteht . . . Nein, das ist Alles nichts! Ich bin kein Dichter, setzte er hinzu, — aber Etwas in dieser Art . . .

— Es thut mir leid, daß auch ich kein Dichter bin, erwiederte Lawretzky.

— Hirngespinste! entgegnete Lemm und drückte sich in die Ecke des Wagens.

Er schloß die Augen, als wollte er schlafen.

Es vergingen einige Minuten . . . Lawretzky lauschte . . .

— Sterne, reine Sterne, Liebe, flüsterte der Alte.

— Liebe, wiederholte Lawretzky vor sich hin und verfiel in Gedanken — es wurde ihm schwer um's Herz.

— Sie haben da eine herrliche Musik zum Fridolin geschrieben, Christophor Fedoritsch, sagte er laut: — was glauben Sie aber, nachdem der Graf jenen Fridolin zu seiner Frau gebracht hatte, da wurde doch dieser der Gräfin Liebhaber — glauben Sie es nicht?

— So denken Sie, erwiederte Lemm: — wahrscheinlich, weil die Erfahrung . . . Er verstummte plötzlich und wandte sich verwirrt ab. Lawretzky zwang sich zu lachen, wandte das Gesicht gleichfalls ab und blickte auf den Weg.

Schon begannen die Sterne zu erbleichen und der Himmel fahler zu werden, als die Kalesche in Wassiljewskoie vor der Hausthüre anhielt. Lawretzky führte seinen Gast auf das für denselben bestimmte Zimmer, kehrte dann in's Kabinet zurück und setzte sich an's Fenster. Im Garten flötete eine Nachtigall ihr letztes Nachtlied. Lawretzky erinnerte sich, daß bei Kalitin's im Garten auch eine Nachtigall gesungen hatte; er erinnerte sich gleichfalls der ruhigen Bewegung von Lisa's Augen, als sie bei den ersten Tönen den Blick auf das dunkele Fenster richtete. Er dachte an sie und sein Herz wurde auch ruhig. — „Reines Mädchen!" sagte er halblaut, — „reine Sterne!" setzte er mit einem Lächeln hinzu und legte sich schlafen.

Lemm aber blieb noch lange mit einem Notenhefte auf den Knieen auf seinem Bette sitzen. Eine bisher ungeahnte herrliche Melodie schien seiner Seele entströmen zu wollen: schon war er in Feuer und Aufregung gerathen, schon empfand er jenes wonnige Gefühl nahender Erfüllung . . . doch weiter kam es bei ihm leider nicht.

— Nicht Dichter, nicht Musiker! sagte er zuletzt leise vor sich hin . . . Und sein müdes Haupt sank schwer auf das Kissen zurück.

XXIII.

Am folgenden Morgen tranken Beide, Wirth und Gast, ihren Thee unter einer alten Linde.

— Maëstro! sagte unter Anderem Lawretzky: — bald werden Sie eine feierliche Cantate zu componiren haben.

— Bei welcher Gelegenheit?

— Nun, bei Gelegenheit der Vermählungsfeier des Herrn Panschin mit Lisa. Haben Sie gestern bemerkt, wie er ihr den Hof machte? Es scheint dort Alles bereits in Ordnung zu sein.

— Das darf nicht sein! rief Lemm aus.

— Warum nicht?

— Weil es unmöglich ist. Uebrigens, setzte er nach einer Weile hinzu: — Alles auf der Welt ist möglich. Besonders hier, bei Ihnen, in Rußland.

— Lassen wir Rußland für's Erste bei Seite; was haben Sie denn an dieser Verbindung auszusetzen?

— Alles, Alles. Lisaweta Michailowna ist ein ehrliches, ernsthaftes Fräulein von erhabener Gesinnung — er aber . . . er ist ein Di—let—tant, mit einem Worte.

— Sie liebt ihn aber?

Lemm erhob sich von der Bank.

— Nein, sie liebt ihn nicht, das heißt, sie hat ein sehr reines Gemüth und weiß nicht einmal, was das heißt: lieben. Madame von Kalitin sagt ihr, er sei ein herrlicher junger Mann, und sie glaubt der Madame von Kalitin, denn sie ist noch ein ganzes Kind, obgleich schon neunzehn Jahre alt: sie betet Morgens, betet Abends — und das ist sehr lobenswerth; sie liebt ihn aber nicht. Sie kann nur das Schöne lieben, und er ist nicht schön, das heißt, seine Seele ist nicht schön.

Diese ganze Rede hatte Lemm fließend und mit Wärme vorgebracht, indem er dabei mit kleinen Schritten vor dem Theetische auf und ab ging und seine Blicke auf dem Boden umherschweifen ließ.

— Theuerster Maëstro, mir däucht, rief Lawretzky plötzlich aus, Sie selbst sind verliebt in meine Cousine.

Lemm blieb plötzlich stehen.

— Ich bitte Sie, begann er mit unsicherer Stimme: — scherzen Sie nicht in dieser Weise mit mir. Ich bin nicht von Sinnen: mein Blick ist auf's finstere Grab, nicht auf eine rosige Zukunft gerichtet.

Der Alte that Lawretzky leid; er bat ihn um Verzeihung. Nach dem Thee spielte Lemm ihm seine Cantate vor, bei Tische jedoch begann er wieder, durch Lawretzky selbst dazu herausgefordert, von Lisa zu sprechen. Aufmerksam hörte Lawretzky ihm zu.

— Was glauben Sie wohl, Christophor Fedoritsch, sagte er zuletzt: — es ist, däucht mir, jetzt Alles in Ordnung hier, der Garten steht in voller Blüthe . . . Wie wäre es, wenn ich sie mit der Mutter und meiner alten Tante für einen Tag hierher einlüde, — nun? Würde Ihnen das angenehm sein?

Lemm beugte den Kopf über den Teller.

— Thun Sie es, sagte er kaum hörbar.

— Panschin wäre überflüssig?

— Ueberflüssig, erwiederte der Alte mit einem fast kindischen Lächeln.

Zwei Tage darauf fuhr Fedor Iwanitsch zu Kalitin's in die Stadt.

XXIV.

Er traf Alle zu Hause, machte sie jedoch nicht sogleich mit seiner Absicht bekannt; er wünschte zuerst Lisa allein zu sprechen. Der Zufall begünstigte ihn: man ließ sie Beide im Gastzimmer allein. Ein Gespräch war bald eingeleitet; sie hatte sich bereits an ihn gewöhnt — sie hatte überhaupt vor Niemand Scheu. Er hörte ihr zu, blickte ihr in's Gesicht, wiederholte in Gedanken die Worte Lemm's und pflichtete dessen Meinung bei. Es ereignet sich zuweilen, daß zwischen zwei, mit einander bereits bekannten, sich aber nicht nahestehenden Menschen unerwartet und schnell, im Verlaufe einiger Minuten, eine Annäherung stattfindet — das Bewußtsein dieser Einigung findet sofort seinen Ausdruck in ihren Blicken, ihrem freundschaftlichen und übereinstimmenden Lächeln, ja selbst in ihren Bewegungen. Eben dies traf bei Lawretzky und Lisa ein. „So also ist er," dachte sie und blickte ihn freundlich an; „so also bist Du," dachte er. Und daher wunderte es ihn nicht sehr, als sie, wenn auch nicht ohne einiges Zögern, ihm erklärte, sie habe schon lange Etwas auf dem Herzen, was sie ihm sagen wolle, befürchte aber, ihn zu erzürnen.

— Fürchten Sie nichts, reden Sie, sagte er und blieb vor ihr stehen.

Lisa richtete ihre klaren Augen auf ihn.

— Sie sind so gut, begann sie und dachte dabei: „ja, er ist wirklich gut" . . . — Sie müssen mir verzeihen, ich sollte mich eigentlich nicht erdreisten, mit Ihnen darüber zu sprechen . . . aber, wie konnten Sie . . . warum haben Sie sich von Ihrer Frau getrennt?

Lawretzky fuhr zusammen, warf einen Blick auf Lisa und ließ sich neben ihr nieder.

— Mein Kind, sagte er: — ich bitte, berühren Sie diese Wunde nicht; Sie haben zwar zarte Hände, aber selbst bei Ihrer Berührung wird sie schmerzen.

— Ich weiß es, fuhr Lisa fort, als hätte sie seine Worte nicht verstanden: — sie hat sich gegen Sie vergangen, ich will sie nicht rechtfertigen; wie kann man Das aber trennen, was Gott vereinigt hat?

— Unsere Ansichten gehen hierin gar zu weit auseinander, Lisaweta Michailowna, erwiederte ziemlich scharf Lawretzky: — wir werden einander nicht verstehen.

Lisa erblaßte; ein leichtes Zittern fuhr durch alle ihre Glieder, sie schwieg jedoch nicht.

— Sie müssen vergeben, sagte sie leise: — wenn Sie wollen, daß auch Ihnen vergeben werde.

— Vergeben! fiel Lawretzky ein. — Sie sollten zuvor wissen, für wen Sie bitten! Vergeben, dieser Frau, sie wieder aufnehmen in mein Haus, sie, das eitle, herzlose Geschöpf! Und wer hat Ihnen denn gesagt, daß sie zu mir zurückkehren will? Glauben Sie mir, sie ist mit ihrer Lage vollkommen zufrieden . . . Doch wozu noch Worte! Ihr Name darf nicht über Ihre Lippen kommen. Sie sind zu rein, sind nicht einmal im Stande, ein solches Wesen zu verstehen.

— Wozu die Beleidigungen! brachte Lisa nicht ohne Ueberwindung hervor und das Zittern ihrer Hände wurde merklicher. — Sie selbst haben sie verlassen, Fedor Iwanitsch.

— Aber ich sage Ihnen ja, erwiederte Lawretzky in einem unwillkürlichen Ausbruch von Ungeduld: — Sie wissen nicht, was für ein Geschöpf sie ist!

— Warum haben Sie sie denn geheirathet? flüsterte Lisa und senkte den Blick zu Boden.

Lawretzky fuhr rasch von seinem Stuhle auf.

— Warum ich geheirathet habe? Ich war damals jung und unerfahren; ich beging einen Irrthum, ließ mich durch ein schönes Aeußere blenden. Ich kannte die Frauen, kannte die Welt nicht. Gebe Gott, daß Sie in der Ehe glücklicher seien! Glauben Sie mir aber, einstehen läßt sich für Nichts.

— Und auch ich kann unglücklich werden, flüsterte Lisa mit unsicherer Stimme; — dann aber werde ich mich darein zu fügen wissen; ich weiß mich nicht auszudrücken — wenn wir uns aber nicht in unser Schicksal ergeben ...

Lawretzky ballte die Faust und stampfte mit dem Fuße.

— Seien Sie nicht böse, verzeihen Sie mir, sagte Lisa rasch.

In diesem Augenblick trat Marja Dmitriewna in's Zimmer. Lisa erhob sich und wollte sich entfernen.

— Erlauben Sie, rief ihr Lawretzky auf einmal nach. Ich habe eine große Bitte an Ihre Mama und an Sie: gönnen Sie mir Ihren Besuch in meiner neuen Wohnstätte. Sie wissen, ich habe mir ein Clavier verschafft; Lemm ist gegenwärtig bei mir zu Gast, die Fliederbäume stehen jetzt in Blüthe; Sie können sich etwas an der Landluft erquicken und noch am selben Tage zurückkehren — sind Sie es zufrieden?

Lisa sah ihre Mutter an, Marja Dmitriewna machte eine Miene, als fühle sie sich nicht ganz wohl; Lawretzky ließ ihr aber nicht Zeit, den Mund aufzuthun und küßte ihr sogleich beide Hände. Marja Dmitriewna, von jeher für Zärtlichkeiten empfänglich und auf eine solche Liebenswürdigkeit von Seiten Lawretzky's, „dieses Tölpels," durchaus nicht gefaßt, wurde weich gestimmt und gab ihre Einwilligung.

Während sie noch darüber nachsann, welchen Tag sie bestimmen solle, trat Lawretzky zu Lisa haran und, immer noch aufgeregt, flüsterte er ihr leise zu: „ich danke Ihnen, Sie sind ein gutes Mädchen; ich bin schuld" . . . Und ein heiteres, verschämtes Lächeln röthete ihr bleiches Gesicht; auch ihre Augen lächelten — sie hatte bis dahin befürchtet, ihn beleidigt zu haben.

— Wladimir Nikolaitsch kann doch mit uns fahren? fragte Marja Dmitriewna.

— Freilich, erwiederte Lawretzky: — wäre es aber nicht besser, wir blieben im Familienkreise?

— Aber, ich dächte . . . wollte Marja Dmitriewna einwenden . . . übrigens, wie Sie wollen, setzte sie hinzu.

Es wurde beschlossen, daß Lenotschka und Schurotschka mitfahren sollten. Marfa Timofejewna schlug es ab, an dem Ausfluge Theil zu nehmen.

— Es fällt mir schwer, mein Herzensjunge, sagte sie, — die alten Knochen zu bewegen; und wo würde ich denn bei Dir schlafen können, da macht sich's wohl nicht; und in fremdem Bette könnte ich auch nicht einschlafen. Das junge Volk mag allein fahren.

Lawretzky fand keine Gelegenheit mehr, mit Lisa allein zu bleiben; er schaute sie aber mit Blicken an, daß sie zugleich Befriedigung, Verwirrung und Mitleid mit ihm empfand. Beim Abschiede drückte er ihr heftig die Hand, und sobald sie wieder allein war, verfiel sie in Nachdenken.

XXV.

Als Lawretzky nach Hause zurückgekehrt war, trat ihm an der Schwelle des Gastzimmers ein hagerer, hochgewachsener Mann in abgetragenem, blauem Ueberrocke mit runzeligem, aber lebhaftem Gesichte, verwühltem, grauem Backenbarte, langer, gerader Nase und kleinen entzündeten Augen entgegen. Das war Michalewitsch, sein früherer Universitätsfreund. Lawretzky erkannte ihn nicht sogleich, schloß ihn jedoch herzlich in die Arme, als jener seinen Namen genannt hatte. Seit Moskau hatten sie sich nicht gesehen. Es folgten nun Freudenergüsse, Fragen; längst vergessene Erinnerungen tauchten auf. Hastig Pfeife auf Pfeife schmauchend, schluckweise Thee dazu trinkend, und mit den langen Armen gesticulirend, erzählte Michalewitsch seine Erlebnisse; es war nicht viel Heiteres darin, mit Glück in seinen Unternehmungen konnte er nicht prahlen — doch lachte er beständig mit heiserem, krampfhaftem Lachen. Seit einem Monate hatte er in einem Privatcomptoir, bei einem reichen Branntweinpachter, 300 Werst von der Stadt O . . . eine Anstellung erhalten und da er gehört, daß Lawretzky aus dem Auslande heimgekehrt sei, hatte er einen Abstecher hierher gemacht, um den alten Freund zu besuchen. Michalewitsch sprach ebenso fieberhaft, wie in seiner Jugend, und lärmte und tobte wie vormals. Lawretzky versuchte, von seinen Angelegenheiten zu sprechen, Michalewitsch unterbrach ihn aber und brummte ihm rasch zu: „habe davon gehört, Bruder, habe davon gehört — wer hätte das erwarten können?" — und lenkte sogleich das Gespräch auf ein allgemeineres Thema.

— Morgen, sagte er: — morgen, mein Lieber, muß ich fort; heute, Du wirst Dir's gefallen lassen, wollen wir spät zu Bette gehen. Ich muß durchaus wissen, was Du bist, was für Meinungen, Ueberzeugungen Du hast, was sich in Dir ausgebildet, was Dich das Leben gelehrt hat (Michalewitsch gebrauchte noch Redewendungen aus den 30er Jahren). Was mich betrifft,

Bruder, ich habe mich in Vielem verändert; des Lebens Wellen haben an meine Brust geschlagen — wer hat das doch gesagt? — obgleich ich in der Hauptsache, im Wesentlichen unverändert geblieben bin; — ich glaube wie ehemals an das Edle, an die Wahrheit; ja ich glaube nicht bloß — ich habe jetzt die Ueberzeugung davon, ja — die Ueberzeugung, Ueberzeugung, ich habe den Glauben, ich bin gläubig geworden. Höre, Du weißt, ich mache zuweilen Verse; es ist keine Poesie darin, wohl aber Wahrheit. Ich will Dir meine letzte Arbeit vorlesen: ich habe darin meine innersten Ueberzeugungen ausgedrückt. Höre! Michalewitsch begann sein Gedicht vorzutragen; es war ziemlich lang und schloß mit folgender Strophe:

> Neuen Gefühlen von Herzen ergeben,
> Ward ich im Grunde der Seele ein Kind:
> Hab' Alles verschmäht, was einst ich verehrte,
> Hab' Alles verehrt, was einst ich verschmähte.

Als Michalewitsch die letzten zwei Verse las, traten ihm fast die Thränen in die Augen; ein leichtes Zittern — das Zeichen heftiger Bewegung — umzuckte seine dicken Lippen, sein unschönes Gesicht verklärte sich. Lawretzky hörte ihm aufmerksam zu . . . der Geist des Widerspruchs wurde in ihm rege: die stets fertige, stets kochende Exaltation des Moskauer Studenten reizte ihn auf. Keine Viertelstunde war vergangen und bald entbrannte zwischen ihnen ein Wortstreit, eine von jenen endlosen Debatten, wie nur russische Köpfe sie zu führen verstehen. Nach mehrjähriger Trennung, die für Beide in zwei verschiedenen Welten verflossen war, ohne des Andern, noch die eigenen Gedanken richtig zu verstehen, sich an Worte klammernd und nur mit Worten um sich werfend, entspann sich zwischen ihnen aus dem Stegreife, in einem Nu, ein solcher Streit über die allerabstractesten Gegenstände — als hätte es Beider Leben und Tod gegolten: sie schrieen dermaßen, daß die ganze Dienerschaft in Aufruhr gerieth, und der arme Lemm, der sich seit Michalewitsch's Ankunft auf seinem Zimmer eingeschlossen hatte, unruhig wurde und sogar Furcht vor einem unbestimmten Etwas zu empfinden begann.

— Was bist Du denn nach allem diesen? Ein Blasirter! schrie Michalewitsch, als es bereits über Mitternacht war.

— Sehe ich denn einem Blasirten ähnlich? erwiederte Lawretzky: die sind immer bleich und schwächlich — willst Du, ich hebe Dich mit einer Hand in die Höhe!

— Nun, wenn nicht blasirt, so doch ein Skeptiker, das ist noch schlimmer. Und was für ein Recht hast Du Skeptiker zu sein? Du hast kein Glück gehabt im Leben, zugegeben, daran bist Du nicht schuld gewesen: Du kamst mit einer leidenschaftlichen, liebebürstenden Seele auf die

Welt, und wurdest gewaltsam den Weibern entfremdet: das erste, auf welches Du gestoßen bist, mußte Dich betrügen.

— Sie hat auch Dich betrogen, bemerkte Lawretzky düster.

— Zugegeben, zugegeben: ich war dabei das Werkzeug des Schicksals — übrigens giebt es ja kein Schicksal, was schwatze ich denn da; die alte Gewohnheit, mich undeutlich auszudrücken. Was beweist das aber?

— Es beweist, daß man mir von Kindheit an die Glieder verrenkt hat.

— So renke sie wieder ein! — Dazu bist Du Mensch, bist Du Mann; Du mußt Energie haben! — Wie dem aber auch sei, darf man denn — so zu sagen, ein vereinzeltes Factum zu einem allgemeingültigen Gesetz, zu einer unumstößlichen Lebensregel erheben?

— Nicht von Lebensregeln ist die Rede — unterbrach ihn Lawretzky; ich gebe nicht zu . . .

— Nein, Du hast es zu Deiner Lebensregel, hast es zu Deinem Grundsatz gemacht, warf seinerseits Michalewitsch ein.

— Egoist, der Du bist! schrie er eine Stunde später: — Du hast nur Selbstgenuß gesucht, nur Glück für Dich allein im Leben erringen wollen, nur für Dich allein wolltest Du das Leben.

— Was heißt denn Selbstgenuß?

— Und überall hast Du Täuschung gefunden; Alles ist unter Deinen Füßen zusammengebrochen.

— Ich frage Dich, was heißt Selbstgenuß?

— Und es mußte zusammenbrechen. Denn Du hast eine Stütze da gesucht, wo keine zu finden war, denn Du hast Deinen Bau auf flüchtigem Sande errichtet . . . Denn . . .

— Sprich verständlicher, ohne Gleichnisse, denn ich verstehe Dich nicht.

— Denn — lache nur, wenn Du Lust hast — denn Du hast keinen Glauben, hast keine Wärme im Herzen! nur Verstand, immer nur alltäglichen, miserablen Verstand . . . Du bist ganz einfach ein bedauernswerther, zurückgebliebener Voltairianer — das bist Du!

— Wer, ich ein Voltairianer?

— Ja, ganz so, wie es Dein Vater gewesen ist, obgleich Du es selbst nicht ahnst!

— Dann, rief Lawretzky: — habe ich das Recht, Dich einen Fanatiker zu nennen!

— Ach! erwiederte Michalewitsch wie zerknirscht — leider habe ich mich noch durch Nichts eines so erhabenen Namens würdig gemacht!

— Jetzt habe ich es, wie ich Dich nennen soll, rief eben derselbe Michalewitsch gegen 3 Uhr Morgens: — Du bist kein Skeptiker, kein Blasirter, kein Voltairianer — ein Mehlsack, das bist Du, und ein böswilliger, selbstbewußter Mehlsack, keineswegs ein naiver Mehlsack. Naive Mehlsäcke bleiben ruhig auf ihrer Ofenbank liegen und thuen nichts, weil sie nichts zu thun verstehen; auch denken sie an Nichts. Du aber bist ein denkender Mensch — und bleibst liegen; Du könntest Etwas thun — und thuest Nichts; Du liegst auf dem Rücken, streckst den vollen Wanst vor und sagst: liegen, das soll man, denn Alles, was die Menschen thun — ist nichtsnutziger Unsinn!

— Warum denkst Du denn aber, daß ich auf dem Rücken liege? fragte Lawretzky: — warum setzest Du bei mir dergleichen Gedanken voraus?

— Und außerdem seid Ihr Alle, Euer ganzes Gelichter, fuhr der nicht zu beschwichtigende Michalewitsch fort: — belesene Mehlsäcke. Ihr wißt, woran es dem Deutschen mangelt, Ihr kennt die schwachen Seiten der Engländer und Franzosen — und Euer miserables Wissen dünkt Euch ein Ersatzmittel, eine Rechtfertigung Eurer schmachvollen Trägheit, Eurer garstigen Unthätigkeit. Es prahlt wohl noch gar der Eine oder der Andere damit, daß er, der große Kopf — auf dem Rücken liege, und Andere, Narren, sich abarbeiten. Ja wohl! — Und dann giebt's bei uns Leute — ich will das übrigens nicht mit Bezug auf Dich gesagt haben — die ihr ganzes Leben in einem gewissen Schwitzbad von Lange-

weile verbringen, sich darin gefallen, darin stecken, wie
. . . wie ein Pilz in der Butter — und Michalewitsch
lachte über seinen Vergleich. — Oh diese Gewohnheit der
Langeweile — ist der Ruin der Russen! Sein ganzes
Leben verthut der ekelhafte Mehlsack in Vorbereitungen
zur Arbeit . . .

— Was tobst Du denn so? rief seinerseits Lawretzky:
Arbeiten . . . Etwas thun . . . So sage mir doch,
was gethan werden soll, und tobe nicht, poltawischer
Demosthenes!

— Das fehlte noch! Ich werde es Dir nicht sagen,
Bruder; das muß Jeder selbst wissen, erwiederte ironisch
der Demosthenes. Ein Gutsbesitzer, ein Edelmann —
und weiß nicht, was er anfangen soll! Der Glaube
fehlt, sonst wüßtest Du es; der Glaube fehlt und die
Offenbarung.

— So laß mich doch wenigstens zu Athem kommen,
Du Teufelskerl; laß mir Zeit, mich zurecht zu finden,
bat Lawretzky.

— Keine Minute, keine Secunde! erwiederte mit ge=
bieterischer Handbewegung Michalewitsch. Keine Secunde!
— Der Tod wartet nicht, und das Leben darf auch
nicht warten.

— Und welchen Zeitpunkt, welchen Ort die Leute
gewählt haben, um sich auf den Ofen zu stecken! rief
er, als es vier Uhr war, aber bereits mit heiser

gewordener Stimme: bei uns! jetzt! in Rußland! in diesem Augenblicke, da auf jedem Einzelnen eine ungeheure Pflicht, eine große Verantwortlichkeit vor Gott, vor der Nation, vor ihm selbst ruht! Wir schlafen und die Zeit fliegt, wir schlafen . . .

— Erlaube mir zu bemerken, sagte Lawretzky: — wir schlafen in diesem Augenblicke nicht, wohl aber gönnen wir Andern keinen Schlaf. Wir schreien uns, wie Hähne, die Kehlen heiser. Höre doch, das ist gar schon der dritte Hahnenschrei.

Bei diesen Worten mußte Michalewitsch lachen und er wurde stiller. — Auf Morgen, sagte er lächelnd — und steckte seine Pfeife in den Tabaksbeutel.

— Auf Morgen, wiederholte Lawretzky. Die Freunde verplauderten jedoch noch eine Stunde . . . Ihre Stimmen waren aber nicht mehr so laut, und ihre Unterhaltung nahm einen ruhigen, etwas schwermüthigen, friedlichen Charakter an.

Michalewitsch reiste, als der Morgen gekommen war, ab, wie sehr auch Lawretzky ihn zu bleiben nöthigte. Es war Fedor Iwanitsch nicht gelungen, ihn zu überreden, länger zu bleiben; aber sie hatten sich doch satt geplaudert. Es stellte sich heraus, daß Michalewitsch keinen Groschen Geld besaß. Schon am Vorabende hatte Lawretzky an ihm mit Bedauern alle Anzeichen und Angewohnheiten chronischer Armuth wahrgenommen: seine

Stiefel waren abgetreten, hinten am Rocke fehlte ein
Knopf, seine Hände wußten nichts von Handschuhen, in
seinen Haaren steckten Bettfedern; bei seiner Ankunft war
es ihm nicht eingefallen, um Wasser zu bitten, sich ab=
zuwaschen, und beim Abendessen hatte er mit Haifisch=
gier die Speisen verschlungen, mit den Fingern das
Fleisch zertheilt und mit den schwarzen starken Zähnen
krachend die Knochen zermalmt. Auch ergab es sich, daß
der Dienst ihm zu Nichts verholfen hatte, und daß er
seine ganze Hoffnung auf den Branntweinpachter setzte,
der ihn einzig nur zu dem Zwecke bei sich aufgenommen
hatte, um in seinem Comptoir einen „gebildeten Menschen"
zu haben. Trotzdem verlor Michalewitsch nicht den Muth
und lebte als Cyniker, Idealist fort; aufrichtig besorgt
um das Schicksal des Menschengeschlechtes und um seinen
eigenen höheren Beruf, widmete er sich nur diesem und war
wenig darauf bedacht, daß er vor Hunger nicht um=
komme. Michalewitsch war nie verheirathet gewesen; doch
hatte er sich unzählige Male verliebt und auf alle seine
Geliebten Gedichte gemacht; besonders feurig besang er
eine räthselhafte, schwarzgelockte „polnische Panna" ...
Es war zwar das Gerücht im Umlaufe, diese Panna sei
eine, vielen Kavallerieoffizieren wohlbekannte Jüdin ge=
wesen ... doch wenn man es recht bedenkt — ist denn
das nicht ganz gleichgültig?

Lemm konnte sich mit Michalewitsch nicht befreunden; den Deutschen, der daran nicht gewöhnt war, hatte sein Schreien und heftiges Benehmen scheu gemacht . . . Ein Kummerleider wittert den andern schon von Ferne, sucht aber im Alter selten in Gemeinschaft mit dem Leidensgefährten zu treten — was übrigens keineswegs befremden darf: er hat nichts, was er mit ihm theilen könnte — nicht einmal die Hoffnung.

Vor der Abreise unterhielt sich Michalewitsch noch lange mit Lawretzky und prophezeihete ihm Untergang, wenn er nicht in sich kehre, er bat ihn flehentlich, er wolle sich das Wohl seiner Bauern angelegen sein lassen, stellte sich ihm selbst als Beispiel hin, indem er versicherte, er sei im Schmelzofen des Unglücks gereinigt worden — dabei nannte er sich einige Male einen unglücklichen Menschen, und verglich sich mit dem Vogel des Himmels, der Lilie des Thales . . .

— Mit einer schwarzen Lilie, auf jeden Fall, bemerkte Lawretzky.

— Ach, Bruder, spiele nicht den Aristokraten, erwiederte treuherzig Michalewitsch: — danke vielmehr Gott dafür, daß auch in deinen Adern ehrliches, plebejisches Blut fließt. Ich sehe aber, Du bedarfst jetzt eines reinen, überirdischen Wesens, das Dich aus Deiner Apathie herauszureißen im Stande sei.

— Danke schön, Bruder, erwiederte Lawretzky: — ich habe genug an diesen überirdischen Wesen.

— Schweig, Cüniker! rief Michalewitsch, das y wie ü aussprechend, auf kleinrussische Art.

— Cyniker, verbesserte ihn Lawretzky.

— Ja wohl, Cüniker, wiederholte Michalewitsch.

Auch noch im Tarantaß, in welchen man seinen flachen, gelbledernen und zum Befremden leichten Mantelsack gelegt hatte, fuhr er fort zu sprechen; eingehüllt in eine Art von spanischem Mantel mit fuchsig gewordenem Kragen und kupfernen Löwentatzen als Haken, entwickelte er seine Ansichten über Rußlands Zukunft und fuhr dabei mit der gebräunten Hand durch die Luft, als streue er den Samen zukünftigen Wohlseins aus. Die Pferde kamen endlich in Zug ... „Denke an meine drei letzten Worte," rief er, sich mit ganzem Leibe aus dem Wagen hinausbeugend und in der Schwebe haltend: — „Religion, Fortschritt, Humanität! ... Leb' wohl!" Sein Kopf mit der tief in's Gesicht gedrückten Mütze verschwand. Lawretzky blieb vor der Hausthüre allein — und blickte unverwandt hinaus auf den Weg, bis der Tarantaß seinen Blicken entschwunden war. „Vielleicht mag er doch Recht haben," dachte er, in's Haus tretend: — „vielleicht bin ich in der That ein Mehlsack." Vieles von dem, was Michalewitsch gesagt hatte, war ihm tief in's Herz gedrungen, obgleich er dagegen gesprochen und ihm nicht beigestimmt hatte. Wenn nur der Mensch gut ist — und es gut meint — wird Niemand ihm widerstehen können.

XXVI.

Zwei Tage darauf kam Marja Dmitriewna, ihrem Versprechen gemäß, mit der ganzen jungen Gesellschaft in Wassiljewskoje an. Die Mädchen liefen sogleich in den Garten, während Marja Dmitriewna mit schmachtender Miene durch die Zimmer ging und Allem Beifall spendete. Sie betrachtete ihren Besuch bei Lawretzky als ein Zeichen großer Herablassung, ja beinahe als eine gute That. Freundlich lächelte sie, als Anton und Apraxia, nach althergebrachtem Dienerbrauch, zu ihr herantraten und ihr die Hand küßten — und bat mit matter Stimme und näselnd, man möge ihr Thee geben. Zum großen Aerger Anton's, der gerade weiße, gestrickte Handschuhe angelegt hatte, war nicht er es, der der angekommenen gnädigen Frau den Thee reichte, sondern Lawretzky's gemietheter Kammerdiener, der nach Anton's Ueberzeugung nichts von Dienstordnung verstand. Dafür aber behauptete er bei Tische seine Rechte: festen Trittes faßte er hinter Marja Dmitriewna's Stuhl Posto — und trat nunmehr Niemandem diesen Platz ab. Ein so un-

erhörter Fall, wie die Anwesenheit von Gästen in Wassil=
jewskoje, war für den alten Anton störend und erfreulich
zugleich: es freute ihn, zu sehen, daß achtbare Herr=
schaften mit seinem Herrn Bekanntschaft hatten. Uebrigens
ward nicht er allein beunruhigt an jenem Tage; Lemm
ward es gleichfalls. Er hatte einen kurzen, tabaks=
farbenen Frack mit spitzen Schößen angelegt, seine Hals=
binde fest zugezogen, räusperte sich fortwährend und
machte Jedem mit heiterer und freundlicher Miene Platz.
Lawretzky bemerkte mit Vergnügen, daß die Annäherung
zwischen ihm und Lisa fortdauerte: sie hatte ihm gleich
bei ihrer Ankunft mit Herzlichkeit die Hand gereicht. Nach
dem Essen holte Lemm aus der Hintertasche seines Fracks,
in welche er beständig hineingegriffen hatte, eine kleine
Rolle Notenpapier hervor und legte dieselbe mit zu=
sammengepreßten Lippen, schweigend auf das Clavier.
Das war eine Romanze, die er Abends zuvor, auf
altmodische deutsche Worte, in welchen der Sterne Er=
wähnung geschah, componirt hatte. Lisa setzte sich so=
gleich an's Clavier und nahm die Romanze vor . . .
Aber ach! die Musik war verworren und schwerfällig;
man merkte, daß der Componist sich angestrengt hatte,
Etwas Leidenschaftliches, Tiefempfundenes auszudrücken,
es war aber nichts herausgekommen: die Anstrengung
war vergebens gewesen. Lawretzky und Lisa fühlten es
Beide — auch Lemm sah es ein: ohne ein Wort zu

sagen, steckte er seine Romanze wieder in die Tasche, und als Lisa den Vorschlag machte, dieselbe noch ein Mal zu spielen, schüttelte er als Antwort bloß den Kopf und sagte mit ernsthafter Miene: „für heute — basta!" — bückte sich in seiner gewohnten Weise und trat auf die Seite.

Gegen Abend begab sich die ganze Gesellschaft auf den Fischfang. Im Teiche, am Ende des Gartens, gab es viel Karauschen und Schmerle. Für Marja Dmitriewna wurde ein Sessel an's Ufer im Schatten hingestellt, man breitete einen Teppich unter ihre Füße aus, und gab ihr die beste Angel; Anton, als alter, erfahrener Fischfänger, bot ihr seine Dienste an. Er steckte fleißig Würmer an den Haken, schob sie mit den Fingern zurecht, spie darauf und warf auch wohl, mit dem ganzen Oberleib malerisch nach vorn gebeugt, selbst die Angel aus. Marja Dmitriewna äußerte noch am selben Abend gegen Lawretzky durch folgende, an das Fräulein-Institut erinnernde französische Phrase, ihre Meinung über Anton: „il n'y a plus maintenant de ces gens comme ça, comme autrefois." Lemm war mit den beiden kleinen Mädchen bis an den Damm weiter gegangen; Lawretzky hatte sich zu Lisa gesellt. Die Fische bissen tüchtig an, jeden Augenblick glitzerten in der Luft die goldigen und silberglänzenden Schuppen der aus dem Wasser gezogenen Karausche; das freudige Rufen der kleinen

Mädchen hatte kein Ende; selbst Marja Dmitriewna kreischte zwei Mal gerührt auf. Seltener als bei den Uebrigen bissen die Fische bei Lawretzky und Lisa an; vermuthlich kam es daher, daß Beide sich weniger aus dem Fangen machten und die Schwimmhölzchen ihrer Angeln bis an das Ufer treiben ließen. Das röthliche Schilfrohr um sie herum rauschte sanft, vor ihnen lag in stillem Glanze das unbewegte Wasser und still auch war ihre Unterhaltung. Lisa stand auf einem kleinen Floße; Lawretzky stand auf einem vorspringenden Weidenstamme; Lisa hatte ein weißes Kleid an, das in der Taille mit einem breiten, gleichfalls weißen Bande zusammengehalten wurde; ein Strohhut hing an einem ihrer Arme — während der andere mit einiger Anstrengung die schwankende Angelruthe hielt. Lawretzky betrachtete ihr reines, etwas strenges Profil, das hinter die Ohren zurückgeworfene Haar, die zarten Wangen, die bei ihr wie bei einem Kinde glüheten — und dachte: „oh wie lieblich stehst Du da, an meinem Teiche!" Lisa hatte den Kopf nicht nach seiner Seite hin gekehrt, sondern blickte halb blinzelnd, halb lächelnd auf das Wasser. Der Schatten einer nahen Linde bedeckte sie Beide.

— Wissen Sie wohl, begann Lawretzky: ich habe viel über unsere letzte Unterhaltung nachgedacht und bin zu der Ueberzeugung gelangt, daß Sie außerordentlich gut sein müssen.

— Ich hatte durchaus nicht die Absicht . . . ent=
gegnete Lisa — und wurde verlegen.

— Sie sind gut, wiederholte Lawretzky. Ich bin
ein plumper Mensch, fühle aber, daß Jeder Sie lieben
muß. Zum Beispiel Lemm, er ist ganz in Sie verliebt.

Lisa's Augenbrauen schienen sich zusammenziehen zu
wollen, doch war es eher ein Zucken, das sie bewegte;
das zeigte sich bei ihr jedes Mal, wenn Etwas Unan=
genehmes ihr Ohr berührte.

— Er that mir heute sehr leid, fuhr Lawretzky fort:
— mit seiner mißlungenen Romanze. Jung sein und
nicht verstehen, das kann man ertragen; aber alt ge=
worden sein und nicht können — das ist hart. Und
das Schmerzlichste dabei ist, daß man nicht fühlt, wenn
die Kräfte schwinden. Für einen alten Mann ist es
nicht leicht, dergleichen Schläge zu ertragen! . . . Geben
Sie Acht, der Fisch beißt an . . . Man sagt, setzte
Lawretzky nach kurzem Schweigen hinzu: — Wladimir
Nikolaitsch soll eine recht hübsche Romanze geschrieben
haben.

— Ja, erwiederte Lisa: — es ist nichts Bedeutendes,
aber nicht übel.

— Und was glauben Sie, fragte Lawretzky: — ist
er ein Kenner der Musik?

— Ich glaube, daß er viel musikalisches Talent be=
sitzt, es aber bisher nur wenig gepflegt hat.

— So! Und ist er auch ein guter Mensch?

Lisa lachte auf und warf einen raschen Blick auf Fedor Iwanitsch.

— Eine sonderbare Frage! rief sie, indem sie ihre Angel aus dem Wasser zog, und sie dann wieder weit auswarf.

— Weßhalb sonderbar? Ich erkundige mich bei Ihnen nach ihm als ein vor Kurzem erst Zurückgekehrter und als Ihr Verwandter.

— Als mein Verwandter?

— Wenn ich nicht irre, bin ich ja eine Art Onkel von Ihnen.

— Wladimir Nikolaitsch hat ein gutes Herz, sagte Lisa: — er ist gebildet; maman liebt ihn sehr.

— Und Sie, lieben Sie ihn?

— Er ist ein braver Mensch; warum sollte ich ihn nicht lieben?

— So! sagte Lawretzky und verstummte. Ein halb trauriger, halb spöttischer Ausdruck überflog sein Gesicht. Sein unverwandter Blick machte Lisa verwirrt, sie lächelte aber immer noch. — Nun, Gott gebe Ihnen Glück! — murmelte er zuletzt, gleichsam vor sich hin — und wandte den Kopf ab.

Eine leichte Röthe überflog Lisa's Gesicht.

— Sie irren sich, Fedor Iwanitsch, sagte sie: —

wenn Sie glauben... Aber gefällt Ihnen Wladimir Nikolaitsch nicht? fragte sie plötzlich.

— Er gefällt mir nicht.

— Und warum?

— Mir scheint, gerade das Herz fehlt ihm.

Lisa hörte auf zu lächeln.

— Sie sind gewohnt, die Menschen streng zu beurtheilen, sagte sie nach längerem Schweigen.

— Doch nicht. Welches Recht hätte ich, der ich selbst der Nachsicht bedarf, über Andere ein strenges Urtheil zu fällen? Oder hätten Sie vergessen, daß nur Tagediebe nicht über mich spotten?... Apropos! setzte er hinzu, haben Sie Ihr Versprechen gehalten?

— Welches?

— Haben Sie für mich gebetet?

— Ja, ich habe für Sie gebetet und thue es alle Tage. Sprechen Sie aber, bitte, nicht so leichtfertig darüber.

Lawretzky betheuerte, das sei ihm durchaus nicht in den Sinn gekommen, er hege die größte Achtung vor Jedermanns Ueberzeugungen; dann begann er von Religion, von deren Bedeutung für die Geschichte der Menschheit, von dem Wesen des Christenthums zu reden...

— Christ muß man sein, sagte Lisa mit einiger Anstrengung, nicht aber um die Dinge im Himmel und auf Erden zu begreifen, sondern weil jeder Mensch sterben muß.

Mit unwillkürlichem Erstaunen richtete Lawretzky den Blick auf Lisa und begegnete dem ihrigen.

— Was für ein Wort haben Sie da gesprochen? fragte er.

— Dies Wort ist nicht das Meine, gab sie zur Antwort.

— Nicht das Ihrige? . . . Weßhalb aber sprachen Sie von Sterben?

— Ich weiß es nicht. Ich denke oft daran.

— Oft?

— Ja.

— Man würde es nicht glauben, wenn man Sie in diesem Augenblicke sähe: Ihr Gesicht ist so heiter, so freundlich, Sie lächeln . . .

— Ja, ich fühle mich jetzt sehr heiter gestimmt, erwiederte Lisa naiv.

Lawretzky hätte ihre Hände ergreifen und heftig drücken mögen . . .

— Lisa, Lisa, rief Marja Dmitriewna, — komm her, sieh, welch' eine Karausche ich gefangen habe!

— Gleich, maman, erwiederte Lisa, und begab sich zu ihr, Lawretzky aber blieb auf dem Weidenstamme sitzen. „Ich rede mit ihr, wie wenn ich noch nicht mit dem

Leben abgeschlossen hätte", dachte er. Beim Fortgehen hatte Lisa ihren Hut an einen Zweig gehängt; mit besonderer, fast zärtlicher Empfindung betrachtete Lawretzky diesen Hut und die langen, etwas zerknitterten Bänder an demselben. Lisa kehrte bald zu ihm zurück und nahm wieder ihren Platz auf dem Floße ein.

— Warum glauben Sie denn, daß Wladimir Nikolaitsch kein Herz hat? fragte sie einige Augenblicke darauf.

— Ich habe Ihnen schon gesagt, daß ich mich täuschen kann; übrigens wird es die Zeit lehren.

Lisa wurde nachdenkend. Lawretzky sprach von seinem Leben in Wassiljewskoje, von Michalewitsch, von Anton: er fühlte das Bedürfniß, mit Lisa zu sprechen, ihr Alles mitzutheilen, was ihm die Seele bewegte: sie hörte ihm so freundlich, so aufmerksam zu; die Bemerkungen und Einwendungen, die sie hin und wieder machte, waren so einfach und doch so gescheidt. Er sagte es ihr sogar.

Lisa war verwundert darüber.

— Wirklich? sagte sie: — und ich meinte, ich hätte gleich meiner Kammerjungfer Nastja, keine eigenen Worte. Sie sagte einst zu ihrem Bräutigam: Du mußt Dich wohl mit mir langweilen; Du sprichst immer so schön mit mir, ich aber habe keine eigenen Worte.

„Und danke Gott dafür!" dachte Lawretzky.

XXVII.

Inzwischen rückte der Abend heran und Marja Dmitriewna äußerte den Wunsch nach Hause zurückzufahren. Nur mit Mühe vermochte man die kleinen Mädchen vom Teiche fortzuziehen; man machte sich reisefertig. Lawreßky erklärte, er wolle die Gäste bis auf die Hälfte des Weges begleiten und ließ sich ein Pferd satteln. Als er Marja Dmitriewna in den Wagen half, vermißte er Lemm; der Alte war jedoch nirgends zu finden. Gleich nach dem Abendessen war er verschwunden. Mit einer, für sein Alter bemerkenswerthen Kraft, schlug Anton die Kutschenthür zu und rief barsch: fort, Kutscher! Die Kutsche rollte davon. Auf dem Rücksitze hatten Marja Dmitriewna und Lisa Platz genommen; auf dem Vordersitze — die kleinen Mädchen und die Kammerjungfer. Der Abend war ruhig und warm und an beiden Seiten waren die Fenster heruntergelassen. Lawreßky ritt im Trabe neben der Kutsche an Lisa's Seite hin, die Hand auf den Fensterrahmen gelegt — er hatte die Zügel dem gleichmäßigen Schrittes dahinlaufenden Pferde auf den Hals gelegt — und tauschte von Zeit zu Zeit ein paar Worte mit dem jungen Mädchen. Das Abendroth hatte der Nacht Platz gemacht, die Luft aber war noch wärmer geworden. Marja Dmitriewna versank bald in Schlaf; auch die kleinen Mädchen und die Kammerjungfer schliefen bald ein. Rasch und gleichmäßig rollte die Kutsche dahin; Lisa beugte sich vor; der eben aufgegangene Mond beleuchtete ihr Gesicht, der leichte duftige Nachtwind kühlte ihr Augen und Wange. Ihr war so wohl zu Muthe. Ihre Hand ruhte auf dem Kutschenfenster neben Lawretzky's Hand. Auch ihm war wohl zu Muthe; er ritt dahin durch die stille, warme Nacht und verwandte kein Auge von dem guten, jungen Gesicht, lauschte der jungen, selbst im Flüstern volltönigen Stimme, die so einfache, herzliche Worte zu ihm redete; er bemerkte nicht, daß er schon über die Hälfte des Weges geritten war. Er wollte Marja Dmitriewna nicht wecken, drückte im Fluge Lisa die Hand und sagte: jetzt sind wir doch Freunde, nicht wahr? Sie nickte mit dem Kopfe, er hielt sein Pferd an. Sanft gehoben und gewiegt rollte die Kutsche weiter; Lawretzky ritt im Schritte nach Hause zurück. Der Zauber der Sommernacht hielt ihn umfangen; Alles um ihn her erschien ihm so unerwartet — sonderbar und doch zugleich so lange und freundlich bekannt; nahe und fern — und weithin war Vieles sichtbar, obgleich das Auge sich keine deutliche Vorstellung davon machen konnte — lag Alles in tiefer Ruhe; diese Ruhe aber athmete jugendliches, aufblühendes Leben. Lawretzky's Pferd schritt rüstig weiter, seitwärts gefolgt von seinem breiten, schwarzen Schatten: es lag etwas Geheimnißvolles, Wohlthuendes in dem raschen Hufschlage des Pferdes, etwas Heiteres, Wunderbares im Schlag der Wachteln. Die Sterne verschwanden wie in einem hellen Dunstschleier; der noch nicht volle Mond schien mit einem klarem Lichte herab: einem blauen Strome ähnlich, zog derselbe am Himmel hin und blieb wie ein goldiger Nebelsaum auf den vorbeieilenden leichten Wölkchen hangen; die Frische der Luft feuchtete die Augen, umfing alle Glieder mit angenehmer Empfindung und erfüllte die Brust wie ein lebendiger Quell. Lawretzky schwelgte im Wonnegefühl und freute sich desselben. „Nun — dachte er, noch ist es nicht aus mit dem Leben: noch nicht ganz ertödtet hat mich . . .." Er sprach nicht zu Ende: wer oder was . . . Dann begann er an Lisa zu denken und fragte sich, ob sie Panschin doch vielleicht nicht liebe; er dachte, wenn er selbst sie unter anderen Verhältnissen getroffen hätte — Gott allein es wisse — was daraus geworden wäre; auch verstehe er Lemm, wenn sie auch ihre „eigenen" Worte nicht habe. Und dann ist es ja auch nicht wahr: sie hat dennoch ihre eigenen Worte . . . „Sprechen Sie nicht so leichtfertig darüber," kam Lawretzky in den Sinn. Er ritt lange mit gesenktem Kopfe dahin, dann richtete er sich auf und declamirte langsam:

Hab' Alles verschmäht, was einst ich verehrte,
Hab' Alles verehrt! was einst ich verschmäht.

gab aber dem Pferde sogleich einen Schlag mit der Reitgerte und ritt im Galopp bis nach Hause.

Als er vom Pferde stieg, blickte er noch einmal mit unwillkürlich dankbar-lächelndem Blicke zurück. Lautlose, liebliche Nacht deckte Hügel und Thal; aus ihrer dufterfüllten Tiefe strömte, Gott weiß, woher, — ob vom Himmel — ob von der Erde, beruhigende, milde Wärme hervor. Lawretzky sandte Lisa einen letzten Gruß nach und stieg die Aufgangstreppe hinauf.

Der folgende Tag verlief ziemlich einförmig. Es regnete vom Morgen an; Lemm sah mürrisch aus und hielt die Lippen so fest zusammengepreßt, als ob er den Schwur gethan hätte, sie nie mehr zu öffnen. Als Lawretzky sich zur Ruhe begab, nahm er einen ganzen Stoß französischer Zeitungen, die uneröffnet auf seinem Tische gelegen hatten, mit sich auf's Bett. Gleichzeitig riß er die Couverts auf und durchflog die Spalten, in welchen übrigens nichts Neues stand. Schon wollte er die Blätter bei Seite werfen — als er plötzlich, wie von einer Schlange gebissen, von seinem Lager aufsprang. Im Feuilleton einer der Zeitungen theilte der uns bereits bekannte Monsieur Jules seinen Lesern folgende „schmerzliche Nachricht" mit: Die schöne, die reizende Moskowiterin, so schrieb er, — eine der Königinnen der Mode, die Zierde der Pariser Salons, madame de Lavretzki, ist eines fast plötzlichen Todes gestorben, — diese, leider nur gar zu wahre Nachricht sei soeben zu seiner, des Herrn Jules, Kenntniß gelangt. Er sei, — fuhr er fort, — er könne es wohl sagen, der Freund der Hingeschiedenen gewesen . . .

Lawretzky warf sich in die Kleider, begab sich hinaus in den Garten und ging bis zum Morgen in einer und derselben Allee auf und nieder.

XXVIII.

Am nächsten Morgen bat Lemm Lawretzky beim Thee um einen Wagen, um in die Stadt zurückzufahren.

— Es ist Zeit, daß ich wieder an meine Arbeit gehe, das heißt, meine Stunden gebe, bemerkte der Alte: — ich verliere hier ganz umsonst meine Zeit.

Lawretzky gab ihm nicht sogleich eine Antwort: er schien zerstreut.

— Gut, sagte er endlich: — ich werde selbst mit Ihnen fahren.

Ohne Beistand des Dieners, stöhnend und ächzend packte Lemm seinen kleinen Mantelsack und zerriß und verbrannte einige Notenblätter. Der Wagen fuhr vor. Sein Kabinet verlassend, steckte Lawretzky das gestrige Zeitungsblatt in die Tasche. Während der ganzen Fahrt redeten Lemm und Lawretzky wenig: ein Jeder von ihnen war mit seinen eigenen Gedanken beschäftigt und ganz zufrieden, daß ihn der Andere nicht störte. Auch schieden sie ziemlich trocken von einander, was übrigens unter

Freunden in Rußland oft vorkommt. Lawretzky brachte den Alten bis an das Häuschen, wo dieser wohnte: Lemm stieg aus, nahm seinen Mantelsack, und ohne dem Freunde die Hand zu reichen (er hielt den Mantelsack mit beiden Händen vor der Brust), ohne ihm selbst einen Blick zuzuwerfen, sagte er nur in russischer Sprache: Leben Sie wohl! — Leben Sie wohl! wiederholte Lawretzky und befahl dem Kutscher, ihn nach seiner Wohnung zu führen. Er hatte für alle Fälle eine solche in O. gemiethet. Nachdem Lawretzky einige Briefe geschrieben und im Fluge gespeist hatte, begab er sich zu Kalitin's. Er traf im Gastzimmer Panschin allein, der ihm sagte, Marja Dmitriewna werde sogleich erscheinen, und mit der zuvorkommendsten Artigkeit ein Gespräch mit ihm anknüpfte. Bis dahin hatte sich Panschin gegen Lawretzky, — wenn auch nicht hochfahrend, so doch herablassend benommen; Lisa aber, als sie Panschin von ihrem gestrigen Ausfluge erzählte, hatte Lawretzky einen herrlichen, klugen Mann genannt; das genügte: es mußte der „herrliche" Mann erobert werden. Panschin fing mit Komplimenten an, er beschrieb das Entzücken, mit welchem, seinen Worten nach, Marja Dmitriewna's ganze Familie von Wassiljewskoje gesprochen hatten, und kam dann, wie er es gewohnt war, auf sich selbst zu reden, sprach von seinen Beschäftigungen, von seinen Ansichten über das Leben, die Welt und den Staatsdienst; warf ein paar Worte ein über Rußlands

Zukunft und auch darüber, wie man dem Gouverneur die Zügel kürzer zu halten hätte; spottete dann heiter über sich selbst, indem er sagte, man habe ihm unter Anderem in Petersburg die Aufgabe ertheilt — „de populariser l'idée du cadastre." Er sprach ziemlich lange, schwatzte mit nachlässiger Sicherheit und Selbstüberhebung alle Hindernisse hinweg und warf, wie ein Taschenspieler die Kugeln, mit den wichtigsten administrativen und politischen Fragen um sich. Ausdrücke, wie: „das würde ich thun, wenn ich die Regierung wäre;" „Sie, als gebildeter Mann, werden mir gewiß Recht geben" — flossen ihm von den Lippen. Lawretzky hörte gleichgiltig die Rede Panschin's an: ihm gefiel dieser hübsche, gescheidte, ungezwungen-zierliche Mann mit dem offenen Lächeln, der höflichen Stimme und dem forschenden Blicke nicht. Mit der ihm eigenen, raschen Gabe, die Empfindungen Anderer zu durchschauen, ward Panschin bald gewahr, daß er seinem Gesellschafter kein besonderes Vergnügen bereitete, er zog sich daher unter irgend einem Vorwande zurück, überzeugt, daß Lawretzky möglicherweise ein herrlicher Mensch, aber nicht anziehend, „aigri" und „en somme" etwas lächerlich sei. — Marja Dmitriewna erschien in Begleitung von Gedeonowski; dann kam Marfa Timofejewna mit Lisa, nach ihnen die übrigen Hausgenossen; ferner erschien eine Freundin der Musik, eine Frau Belenitzin, eine kleine magere Person, mit fast kindlichem, mattem und nettem

Gesichtchen, in rauschendem, schwarzem Kleide, mit einem bunten Fächer und dicken Armbändern; auch ihr Gatte war gekommen, ein rothwangiger, voller Mann mit großen Füßen und Händen, weißen Augenwimpern und stetem Lächeln auf den dicken Lippen; unter Fremden sprach seine Frau niemals mit ihm, zu Hause, in zärtlichen Augenblicken, nannte sie ihn ihr „Ferkelchen;" Panschin kehrte zurück: es wurde sehr gedrängt und geräuschvoll in den Zimmern. Lawretzky behagte eine so große Gesellschaft nicht; besonders brachte ihn die Belenitzin auf, die ihre Lorgnette fortwährend auf ihn gerichtet hielt. Wäre nicht Lisa dagewesen, würde er sich sofort entfernt haben: er wollte ihr ein paar Worte allein sagen, konnte jedoch lange keinen günstigen Augenblick erhaschen und begnügte sich damit, daß er mit geheimer Freude ihr beständig mit dem Blicke folgte; noch nie hatte ihm ihr Gesicht so edel und anmuthig geschienen. Die Nähe der Belenitzin gereichte ihr zu größerem Vortheile. Diese Dame rückte beständig auf ihrem Stuhle hin und her; bald bewegte sie die schmalen Schultern, bald lachte sie affectirt, blinzte mit den Augen oder riß dieselben weit auf. Lisa saß ruhig da und blickte gerade vor sich hin, heiter, ohne Lachen. Die Frau vom Hause setzte sich mit Marfa Timofejewna, Belenitzin und Gedeonowski, der äußerst vorsichtig spielte, sich fortwährend versah, häufig mit den Augenwimpern zwinkerte und sich jeden Augenblick mit dem

Taschentuche das Gesicht wischte, an den Kartentisch. Panschin nahm eine melancholische Miene an, sprach kurz, bedeutsam und traurig — er gefiel sich darin, den verkannten Künstler zu spielen — doch wollte er, trotz der Frau Belenitzin's Bitten, die viel mit ihm coquettirte, seine Romanze nicht vortragen: Lawretzky war ihm störend. Auch Fedor Iwanitsch sprach wenig; der eigenthümliche Ausdruck seines Gesichtes bei seinem Eintritte in das Zimmer war Lisa aufgefallen: sie hatte sogleich verstanden, daß er ihr Etwas mitzutheilen habe, doch fürchtete sie, ohne selbst zu wissen weßhalb, ihn darum zu fragen. Als sie endlich sich in den Saal begab, um den Thee zu bereiten, drehte sie unwillkürlich den Kopf nach seiner Seite. Sogleich folgte er ihr.

— Was haben Sie? fragte sie, indem sie die Theekanne auf die Theemaschine stellte.

— Haben Sie denn Etwas bemerkt? fragte er.

— Sie sind heute anders, als ich Sie bisher gesehen habe.

Lawretzky beugte sich über den Tisch.

— Ich wollte Ihnen, begann er: — eine Nachricht mittheilen, jetzt aber ist es unmöglich. — Uebrigens lesen Sie, was hier in diesem Feuilleton mit Bleistift angestrichen ist, setzte er hinzu, indem er ihr das mitgebrachte Zeitungsblatt überreichte. — Ich bitte Sie, es geheim zu halten, morgen früh komme ich wieder vor.

Lisa war betroffen... Panschin wurde an der Schwelle der Thür sichtbar; sie steckte die Zeitung in die Tasche.

— Haben Sie Obermann gelesen, Lisaweta Michailowna? fragte Panschin tiefsinnig.

Lisa gab flüchtig eine Antwort und begab sich aus dem Saale hinauf in das Zimmer. Lawretzky kehrte in's Gastzimmer zurück und trat an den Spieltisch. Marfa Timofejewna mit aufgelöstem Haubenbande und rothem Gesichte beschwerte sich bei ihm über ihren Mitspieler Gedeonowski, der, ihrer Aussage nach, nicht auszuspielen verstehe.

— Nein, sagte sie, — Kartenspielen ist nicht so leicht, wie Geschichten erdichten.

Jener fuhr fort zu zwinkern und sich das Gesicht zu wischen. Lisa kam in's Gastzimmer und setzte sich in eine Ecke; Lawretzky blickte auf sie und sie auf ihn — und Beiden wurde fast unheimlich zu Muthe. Er las in ihrem Gesichte Befremdung und etwas wie Vorwurf. Mit ihr sprechen, wie er es gewünscht hätte, konnte er nicht; als Gast unter anderen Gästen in einem Zimmer mit ihr bleiben — ward ihm drückend: er beschloß, sich zu entfernen. Als er von ihr Abschied nahm, fand er noch Zeit, ihr zu sagen, er werde morgen wiederkommen und baue auf ihre Freundschaft.

— Kommen Sie, gab sie ihm mit demselben Befremden im Gesichte zur Antwort.

Nach Lawretzky's Entfernung lebte Panschin auf; er ertheilte Gedeonowski Rathschläge, coquettirte scherzhaft mit der Belenitzin und trug endlich auch seine Romanze vor. Mit Lisa aber sprach er und benahm sich gegen sie wie zuvor: behutsam und etwas traurig.

Lawretzky schlief auch in dieser Nacht nicht. Er war nicht betrübt, auch nicht bewegt, er war ganz ruhig geworden; konnte aber nicht schlafen. Er dachte nicht einmal an die Vergangenheit; nur sein Leben hatte er vor Augen: sein Herz schlug schwer und gleichmäßig, die Stunden flohen, doch er dachte nicht an den Schlaf. Zuweilen nur stieg in ihm der Gedanke auf: „aber das ist ja nicht wahr, Alles eitler Unsinn" — und dann hielt er inne, ließ den Kopf hängen und vertiefte sich wieder in die Betrachtung seines Lebens.

XXIX.

Marja Dmitriewna empfing Lawretzky nicht sehr freundlich, als er am folgenden Tage bei ihr erschien. „Es wird ihm zur Gewohnheit," dachte sie. Er gefiel ihr persönlich nicht sehr und dann hatte auch Panschin, unter dessen Einflusse sie sich befand, ihn am Vorabende recht hinterlistig und wegwerfend gelobt. Da sie ihn nicht als einen Gast betrachtete und es auch nicht für nöthig hielt, mit einem Verwandten, ja fast Hausgenossen, Umstände zu machen, so verging keine halbe Stunde und Lawretzky ging bereits mit Lisa in einer Allee des Gartens auf und ab. Lenotschka und Schurotschka liefen einige Schritte vor ihnen um ein Blumenbeet herum.

Lisa war ruhig wie gewöhnlich, aber auffallend bleich. Sie zog aus der Tasche das mehrfach zusammengefaltene Zeitungsblatt und reichte es Lawretzky hin.

— Das ist schrecklich! sagte sie.

Lawretzky antwortete Nichts.

— Vielleicht ist es aber nicht wahr, äußerte Lisa.

— Darum bat ich Sie auch, Niemandem Etwas davon zu sagen.

Lisa ging einige Schritte weiter.

— Sagen Sie, begann sie: — sind Sie nicht betrübt? gar nicht?

— Ich selbst weiß nicht, was ich empfinde, erwiederte Lawretzky.

— Sie haben sie aber doch früher geliebt?

— Ich habe sie geliebt.

— Sehr?

— Sehr!

— Und ihr Tod betrübt Sie nicht?

— Sie ist nicht jetzt erst für mich gestorben.

— Es ist sündhaft, was Sie da sagen . . . Seien Sie nicht böse auf mich. Sie nannten mich Ihre Freundin: eine Freundin darf Alles sagen. Wahrhaftig, mich schaudert davor . . . Gestern war Ihr Gesicht so unheimlich . . . Erinnern Sie sich, neulich, als Sie sich über sie beklagten, vielleicht in jenem Augenblicke schon lebte sie nicht mehr. Das ist schrecklich. Es ist wie zur Strafe über Sie gekommen.

Lawretzky lächelte bitter.

— Sie glauben? . . . Jetzt bin ich wenigstens frei.

Lisa fuhr leicht zusammen.

— Ach, sprechen Sie doch nicht so. Wozu nützt Ihnen Ihre Freiheit? Nicht daran haben Sie jetzt zu denken, sondern an Vergebung . . .

— Ich habe ihr längst vergeben, unterbrach sie Lawretzky mit einer Bewegung der Hand.

— Nein, das ist es nicht, erwiederte Lisa erröthend. Sie haben mich nicht recht verstanden. Sie selbst müssen nach Vergebung trachten . . .

— Wer soll mir vergeben?

— Wer? — Gott. Wer denn anders außer Gott kann uns vergeben?

Lawretzky faßte Ihre Hand.

— Ach, Lisaweta Michailowna, glauben Sie mir, rief er aus: — ich bin ohnehin hinlänglich bestraft. Ich habe Alles schon gebüßt, glauben Sie mir's.

— Das können Sie nicht wissen, sagte Lisa halblaut. Sie vergessen, — vor Kurzem noch, als wir die Unterredung mit einander hatten, da wollten Sie ihr nicht verzeihen.

Schweigend gingen Beide in der Allee weiter.

— Nun, und Ihre Tochter? fragte Lisa plötzlich und blieb stehen.

Lawretzky fuhr auf aus seinen Träumen.

— O, seien Sie unbesorgt! Ich habe bereits überallhin Briefe geschickt. Die Zukunft meiner Tochter, wie Sie sie . . . wie Sie sagen . . . ist gesichert.

Lisa lächelte traurig.

— Sie haben aber wirklich Recht, fuhr Lawretzky fort: — was fange ich mit meiner Freiheit an? Wozu nützt sie mir?

— Wann haben Sie jenes Blatt bekommen? fragte Lisa, ohne auf seine Frage zu antworten.

— Am Tage nach Ihrem Besuche.

— Und Sie haben . . . haben wirklich keine Thränen vergossen?

— Nein. Ich war bestürzt; woher aber hätte ich die Thränen nehmen sollen? Ueber Vergangenes Thränen vergießen — es ist ja Alles bis zur Schlacke ausgebrannt! . . . Ihr Vergehen hat mein Glück nicht zerstört, wohl aber hat es mir bewiesen, daß ein solches nie vorhanden war. Worüber hätte ich denn weinen sollen? Uebrigens, wer weiß? — vielleicht würde mich diese Nachricht mehr betrübt haben, wenn ich sie zwei Wochen früher erhalten hätte . . .

— Zwei Wochen früher? erwiederte Lisa. Was hat sich denn in diesen zwei Wochen zugetragen?

Lawretzky antwortete nichts darauf, Lisa aber erröthete plötzlich noch mehr.

— Ja, ja, Sie haben es errathen, warf unerwartet Lawretzky ein: — in jenen zwei Wochen habe ich kennen gelernt, was eine reine, weibliche Seele bedeutet, und meine Vergangenheit ist noch weiter zurückgedrängt.

Lisa wurde verwirrt und ging langsam nach dem Blumenbeet zu Lenotschka und Schurotschka.

— Ich bin aber doch zufrieden, daß ich Ihnen jenes Zeitungsblatt gezeigt habe, sagte Lawretzky, hinter ihr hergehend: — es ist mir schon zur Gewohnheit geworden, Nichts vor Ihnen geheim zu halten, und ich hoffe, Sie werden mir mit gleichem Vertrauen entgegen kommen.

— Glauben Sie? fragte Lisa, indem sie stehen blieb. — In diesem Falle müßte ich . . . doch nein! Das ist unmöglich.

— Was denn? reden Sie, reden Sie.

— Wirklich, mir scheint, ich sollte nicht . . . Uebrigens, setzte Lisa hinzu, sich lächelnd zu Lawretzky wendend: — eine halbe Offenherzigkeit ist nichts. — Wissen Sie, ich habe heute einen Brief bekommen.

— Von Panschin?

— Ja, von ihm . . . Woher wissen Sie es?

— Er hält um Ihre Hand an?

— Ja, sagte Lisa und blickte Lawretzky gerade und ernst in die Augen.

Auch Lawretzky blickte Lisa ernst an.

— Nun, was haben Sie ihm geantwortet? fragte er dann.

— Ich weiß nicht, was ich antworten soll, erwiederte Lisa und ließ die gefalteten Hände herabsinken.

— Nun, Sie lieben ihn ja doch?

— Ja, er gefällt mir; wie es scheint, ist er ein braver Mensch.

— Ganz dasselbe und ganz mit denselben Worten, sagten Sie mir vor einigen Tagen. Ich möchte nur wissen, ob Sie ihn mit jenem heftigen, leidenschaftlichen Gefühle lieben, welches wir gewohnt sind, Liebe zu nennen?

— Wie Sie es meinen — nicht.

— Sie sind nicht in ihn verliebt?

— Nein. Ist das denn nöthig?

— Wie?

— Er gefällt Mama, fuhr Lisa fort: — er ist ein guter Mensch; ich habe Nichts gegen ihn.

— Und doch sind Sie unschlüssig?

— Ja . . . und vielleicht sind Sie — sind Ihre Worte daran schuld. Erinnern Sie sich, was Sie vorgestern sagten? Das ist aber Schwäche . . .

— O mein Kind! rief plötzlich Lawretzky — und seine Stimme zitterte: — wozu das Klügeln! Nennen Sie nicht Schwäche die Stimme Ihres Herzens, das ohne Liebe sich nicht hingeben will! Laden Sie nicht eine so schreckliche Verantwortlichkeit vor jenem Manne auf sich, den Sie nicht lieben und dem Sie doch angehören wollen . . .

— Ich gehorche und lade nichts auf mich, sagte Lisa . . .

— Gehorchen Sie Ihrem Herzen; Ihr Herz allein wird Ihnen die Wahrheit sagen, unterbrach sie Lawretzky . . . Erfahrung, Verstand — das Alles ist Staub und Eitelkeit! Rauben Sie sich nicht das höchste, einzige Glück auf Erden . . .

— Sind Sie es, Fedor Iwanitsch, der so redet? Sie selbst haben aus Liebe geheirathet — und sind Sie glücklich gewesen?

Lawretzky schlug die Hände zusammen.

— Ach, reden Sie nicht von mir! Sie sind nicht im Stande, sich einen Begriff von alle Dem zu machen, was einem jungen, unerfahrenen, grundschlecht erzogenen Burschen als Liebe erscheinen kann . . . Und dann endlich, weßhalb soll ich unwahr gegen mich selbst sein? Ich sagte Ihnen soeben, ich hätte das Glück nicht gekannt . . . nein! ich war glücklich!

— Mich dünkt, Fedor Iwanitsch, sagte Lisa mit gedämpfter Stimme (sie ließ jedesmal die Stimme sinken,

wenn Sie mit Jemandem sprach, der ihre Ansicht nicht
theilte, und dann war sie auch in diesem Augenblicke
heftig bewegt): — das Glück hienieden hängt nicht von
uns ab . . .

— Von uns, von uns, glauben Sie mir's (er faßte
ihre Hände; Lisa erbleichte und blickte ihn fast erschrocken,
aber aufmerksam an): — nur müssen wir uns das Leben
nicht selbst verbittern. Für Andere mag Heirath aus
Liebe ein Unglück werden; nicht aber für Sie, mit Ihrem
ruhigen Gemüthe, mit Ihrer offenen Seele! Ich flehe
Sie daher an: heirathen Sie nicht ohne Liebe, nicht
etwa nur aus Pflichtgefühl oder Selbstopferung . . .
Das kommt dem Unglauben, der Berechnung ganz gleich,
ja, es ist noch ärger als das. Glauben Sie mir, ich
habe ein Recht, so zu sprechen; dieses Recht habe ich um
theuern Preis erworben. Und wenn Ihr Gott . . .

In diesem Augenblicke bemerkte Lawretzky, daß Lenotschka
und Schurotschka neben Lisa standen und ihn mit stummen
Erstaunen betrachteten. Er ließ Lisa's Hände los, sagte
rasch: verzeihen Sie mir, ich bitte — und schlug den
Weg zum Hause ein.

— Um Eins nur bitte ich Sie, sagte er zu Lisa,
plötzlich zurückkehrend: — fassen Sie nicht sogleich Ihren
Entschluß, warten Sie etwas, überlegen Sie sich, was
ich Ihnen gesagt habe. Sollten Sie mir aber dennoch
nicht glauben, sollten Sie sich zu einer Vernunftheirath

entschließen — selbst in diesem Falle dürfen Sie Ihre Hand nicht Panschin geben: er kann nicht Ihr Mann sein . . . Nicht wahr, Sie versprechen mir, sich nicht zu übereilen?

Lisa wollte Lawretzky etwas erwiedern, brachte aber keine Sylbe hervor — nicht etwa, daß sie willens gewesen wäre, „sich zu übereilen," wohl aber, weil ihr das Herz gar zu heftig pochte und ein Gefühl, dem der Angst ähnlich, ihr den Athem stocken machte.

XXX.

Als Lawretzky Kalitin's verließ, begegnete ihm Panschin; sie grüßten einander kalt. In seiner Wohnung angelangt, schloß sich Lawretzky ein. Er fühlte sich in einer Stimmung, in welcher er sich schwerlich jemals befunden hatte. Hatte er sich denn nicht noch vor Kurzem in einem Zustande — „friedlicher Erstarrung" befunden? War es denn so lange her, als er sich „ganz auf dem Grunde des Stromes," wie er es nannte, gefühlt hatte? Was denn mochte in seiner Lage eine Umwandlung hervorgebracht, was ihn hinauf an die Oberfläche geworfen haben? ein Ereigniß war es, ein ganz alltägliches, unausbleibliches, wenn auch immer unerwartetes Ereigniß: der Tod! Ja, er dachte aber weniger an den Tod seiner Gattin, an seine Freiheit, als vielmehr an die Antwort, welche Lisa Panschin geben werde. Er fühlte, daß er sie während der drei letzten Tage mit anderen Augen zu betrachten angefangen hatte; es fiel ihm ein, wie er auf dem Heimwege, an sie denkend, in der Stille der Nacht vor sich hingesagt hatte: „wenn doch!" . . . Dieses „wenn doch," das sich auf Vergangenes, Unmögliches bezogen hatte, war eingetroffen, wenn auch nicht so, wie er es erwartet hatte — doch reichte seine Freiheit allein nicht hin. „Sie wird ihrer Mutter gehorchen," dachte er, „sie wird Panschin heirathen; wenn sie ihn aber doch ausschlägt — ist's für mich nicht einerlei?" An einem Spiegel vorübergehend, warf er einen flüchtigen Blick hinein und zuckte die Achseln.

Unter solchen Betrachtungen verging schnell der Tag und der Abend brach herein. Lawretzky begab sich zu Kalitin's. Er ging rasch, hemmte jedoch seinen Schritt, als er dem Hause näher kam. Vor der Hausthür stand Panschin's Droschke. „Nun, dachte Lawretzky, ich will kein Egoist sein" — und er trat in's Haus. Niemand begegnete ihm; auch im Gastzimmer war es still; er öffnete eine Thür und wurde Marja Dmitriewna gewahr, die mit Panschin Piquet spielte. Panschin grüßte ihn schweigend, die Frau vom Hause aber rief: wie unerwartet! — und runzelte dabei etwas die Stirn. Lawretzky setzte sich zu ihr, und sah ihr in die Karten.

— Verstehen Sie denn Piquet? fragte sie ihn mit

geheimem Unwillen und erklärte dann sogleich, sie habe sich verspielt.

Panschin zählte neunzig und begann bescheiden und ruhig, mit ernster und würdiger Miene seine Stiche aufzunehmen. So mögen Diplomaten spielen, und vermuthlich hatte auch er ganz ebenso in Petersburg mit irgend einem mächtigen Würdenträger gespielt, um demselben eine günstige Meinung von seinem Werthe und Verstande einzuflößen. „Hundert und eins, hundert und zwei, Coeur, hundert und drei," ertönte seine Stimme und Lawretzky konnte nicht unterscheiden, was in dem Tone dieser Stimme lag: ob stiller Vorwurf, oder resignirtes Selbstbewußtsein.

— Ist Marja Timofejewna zu sprechen? fragte er, als er bemerkte, daß Panschin mit noch größerer Würde die Karten zu mischen begann. Vom Künstler war nicht die geringste Spur mehr an ihm zu bemerken.

— Ich glaube wohl. Sie ist in ihrem Zimmer, oben, erwiederte Marja Dmitriewna: — erkundigen Sie sich.

Lawretzky begab sich hinauf. Auch Marja Timofejewna traf er beim Kartenspiel an: sie spielte Schafskopf mit Nastaßja Karpowna. Roska bellte ihn an; die beiden Alten empfingen ihn jedoch freundlich, besonders Marja Timofejewna schien gut gelaunt.

— Ah! Fedja! willkommen, sagte sie: — setze Dich, mein Alterchen. Wir sind gleich fertig. Willst Du Eingemachtes? Schurotschka, hole doch die Büchse mit Gartenerdbeeren. Du willst Keines? Nun dann bleib' sitzen; aber rauchen — nichts davon; ich kann das abscheuliche Zeug nicht ausstehen: und dann reizt es auch den Matros zum Niesen.

Lawretzky beeilte sich ihr zu versichern, er beabsichtige durchaus nicht zu rauchen.

— Bist Du unten gewesen? fuhr die Alte fort: — wen hast Du dort gesehen? Panschin steckt immer dort. Hast Du auch Lisa gesehen? Nein? Sie wollte heraufkommen . . . Da ist sie schon; sie kommt wie gerufen.

Lisa trat in's Zimmer und erröthete, als sie Lawretzky gewahr wurde.

— Ich komme auf einen Augenblick, Marfa Timofejewna, sagte sie . . .

— Warum auf einen Augenblick? fragte die Alte. — Daß ihr jungen Mädchen aber auch nirgends ruhig sitzen bleiben könnt! Du siehst ja, ich habe einen Gast: plaudere mit ihm, unterhalte ihn.

Lisa ließ sich auf den Rand eines Stuhles nieder, sie blickte Lawretzky an — und fühlte, daß sie ihm das Resultat ihrer Zusammenkunft mit Panschin nicht vorenthalten dürfe. Wie aber? Sie empfand Scham und Verlegenheit zugleich. Seit wann war sie denn mit ihm so bekannt geworden, mit ihm, der die Kirche nicht besucht, und den Tod seiner Frau mit solcher Gleichgiltigkeit erträgt — und schon vertraut sie ihm ihre Geheimnisse an . . . Es ist wahr, er hat ihr Theilnahme erwiesen; sie selbst hat Zutrauen, fühlt Zuneigung zu ihm; und doch überkam sie eine gewisse Scham, als wenn ein Fremder in ihr jungfräuliches, reines Stübchen eingedrungen wäre.

Marfa Timofejewna kam ihr zu Hülfe.

— Wenn Du ihn nicht unterhalten willst, sagte sie, wer wird sich denn des Armen annehmen? Ich bin für ihn zu alt, er ist für mich zu klug, und für Nastaßja Karpowna ist er wieder zu alt; sie will immer nur junge Herren haben.

— Womit soll ich denn Fedor Iwanitsch unterhalten? entgegnete Lisa. Wenn er es wünscht, will ich ihm Etwas auf dem Clavier vorspielen, setzte sie unschlüssig hinzu.

— Vortrefflich; Du bist doch ein kluges Ding, erwiederte Marfa Timofejewna. — Geht, meine Lieben, hinunter; wenn Ihr fertig seid, kommt herauf; und da bin ich richtig Schafskopf geblieben, das ist doch hart, ich fordere Revanche.

Lisa erhob sich. Lawretzky folgte ihr. Beim Hinuntergehen blieb Lisa auf der Treppe stehen.

— Es ist doch wahr, begann sie: — wenn es heißt, daß das Herz des Menschen voll Widersprüche ist. Ihr

Beispiel hätte mich abschrecken, mich mißtrauisch gegen Heirath aus Liebe machen sollen, und doch habe ich . . .

— Sie haben ihm abgesagt? unterbrach sie Lawretzky.

— Nein; aber auch meine Zustimmung nicht gegeben. Ich habe ihm Alles gesagt, Alles, was ich fühlte, und habe ihn gebeten zu warten. Sind Sie zufrieden, setzte sie mit einem flüchtigen Lächeln hinzu — und das Geländer nur obenhin mit der Hand berührend, lief sie die Treppe hinunter.

— Was soll ich Ihnen vorspielen? fragte sie, den Deckel des Claviers aufschlagend.

— Was Sie wollen, erwiederte Lawretzky und setzte sich so, daß er sie betrachten konnte.

Lisa begann und verwandte lange den Blick nicht von den Tasten. Zuletzt ließ sie einen Blick auf Lawretzky fallen und hielt inne: so eigenthümlich und sonderbar erschien ihr dessen Gesicht.

— Was haben Sie? fragte sie.

— Nichts, gab er zur Antwort: — ich fühle mich sehr wohl; freue mich für Sie, bin froh, Sie zu sehen, — fahren Sie fort.

— Mir scheint, sagte Lisa einige Minuten darauf: — wenn er mich wirklich liebte, so hätte er mir den Brief nicht geschrieben; er hätte fühlen müssen, daß ich ihm jetzt nicht antworten kann.

— Das hat nicht viel zu bedeuten, sagte Lawretzky: — das Wichtige dabei bleibt, daß Sie ihn nicht lieben.

— Hören Sie auf, was für ein Gespräch ist das! Mir schwebt beständig Ihre selige Frau vor Augen und ich habe Angst vor Ihnen.

— Nicht wahr, Woldemar, meine Lisa spielt recht hübsch? sagte gerade in diesem Augenblicke Marja Dmitriewna zu Panschin.

— Ja, sehr hübsch, antwortete Panschin.

Mit zärtlichem Blicke betrachtete Marja Dmitriewna ihren jungen Mitspieler; er jedoch nahm eine noch wichtigere und besorgtere Miene an und declarirte vierzehn Könige.

XXXI.

Lawretzky war kein Jüngling mehr; das Gefühl, das Lisa ihm eingeflößt hatte, konnte für ihn nicht zweifelhaft bleiben; noch am selben Tage gewann er die volle Ueberzeugung, daß er sie liebe. Diese Ueberzeugung machte ihm nicht viel Freude. „Habe ich denn, dachte er, mit meinen fünfunddreißig Jahren nichts Besseres zu thun, als mein Herz abermals einem Weibe in die Hand zu legen? Doch Lisa ist nicht, was Jene war: sie würde von mir keine schimpflichen Opfer fordern; mich nicht von meinen Arbeiten zurückhalten; sie würde mich vielmehr selbst zu ehrlicher, ernster Arbeit aufmuntern und wir würden Beide zusammen einem herrlichen Ziele entgegen gehen. Ja, das ist Alles nicht übel, beschloß er seine Betrachtungen — schlimm ist's aber, daß sie mich nicht wird heirathen wollen. Sagte sie mir ja doch, sie habe Angst vor mir. Den Panschin liebt sie aber doch nicht . . . Ein schwacher Trost!

Lawretzky fuhr nach Wassiljewskoe zurück; blieb aber nicht vier Tage, so langweilig däuchte es ihm dort. Auch quälte ihn die Erwartung: die Nachricht, welche Herr Jules in Umlauf gebracht hatte, bedurfte der Bestätigung und es kamen keine Briefe für ihn an. Er kehrte wieder in die Stadt zurück und blieb den Abend bei Kalitin's. Es war ihm nicht schwer gefallen, zu bemerken, daß Marja Dmitriewna gegen ihn eingenommen war; es gelang ihm indessen, sie etwas günstiger zu stimmen, indem er gegen funfzehn Rubel im Piquet an sie verlor — und brachte wohl eine halbe Stunde fast allein mit Lisa zu, obgleich die Mutter ihrer Tochter noch am Vorabende den Rath gegeben hatte, nicht gar zu familiär zu thun mit diesem Menschen »qui a un si grand ridicule«. Er fand sie verändert: sie schien nachdenklicher geworden zu sein, machte ihm einige Vorwürfe darüber, daß er sich entfernt hatte und fragte ihn — ob er nicht den folgenden Tag zur Messe gehen werde? (der morgende Tag war ein Sonntag).

— Gehen Sie hin, sagte sie, ehe er ihr zu antworten vermochte: — wir wollen zusammen für das Wohl ihrer Seele beten. — Dann setzte sie hinzu, wisse sie nicht, was sie thun solle — sie sei in Zweifel, ob sie ein Recht habe, Panschin noch länger auf ihre Entscheidung warten zu lassen.

— Aus welchem Grunde? fragte Lawretzky.

— Weil ich, sagte sie: — jetzt schon voraussehe, wie die Entscheidung ausfallen wird.

Sie erklärte, sie habe Kopfweh und ging hinauf auf ihr Zimmer, indem sie Lawretzky unentschlossen die Spitzen ihrer Finger reichte.

Den folgenden Tag ging Lawretzky zur Messe. Lisa war bereits in der Kirche, als er dahin kam. Sie bemerkte ihn, obgleich sie sich nicht nach ihm umwandte. Sie betete inbrünstig: still und tief leuchtete ihr Blick, still beugte und hob sie ihren Kopf. Er fühlte, daß sie für ihn bete — und eine eigenthümliche Rührung erfüllte seine Seele. Er fühlte sich wohl und zugleich etwas beschämt. Die andächtige Menge, alle die heimathlichen Gesichter, der harmonische Gesang, der Duft des Weihrauchs, die langen, schrägen Lichtstreifen, welche durch die Fenster fielen, ja selbst die Schatten der Wände und Wölbungen — Alles sprach zu seinem Herzen. Schon lange war er nicht in einer Kirche gewesen, hatte sein Herz nicht zu Gott erhoben: auch in diesem Augenblicke

kamen nicht Worte des Gebetes über seine Lippen —
auch innerlich, ohne Worte, betete er nicht — doch für
einen Augenblick warf er sich, wenn auch nicht mit dem
Körper, so doch in Gedanken, in den Staub und drückte
demüthig das Haupt an den Boden. Er erinnerte sich,
wie er als Kind in der Kirche jedesmal so lange gebetet
hatte, bis er gleichsam einen kühlen Hauch seine Stirne
berühren fühlte; das muß, so dachte er damals, mein
Schutzengel sein, der mich umfängt und mir das Siegel
der Gnade aufdrückt. Er warf einen Blick auf Lisa . . .
„Du bist es, die mich hierher geführt hat," dachte er,
„so berühre mich denn, berühre meine Seele." Sie fuhr
fort still zu beten; ihr Gesicht war heiter und wieder
wurde er weich, er flehte für eine andere Seele um —
Frieden, für die eigene um — Vergebung.

In der Vorhalle trafen sie zusammen; sie begrüßte ihn
mit fröhlichem und sinnigem Ernste. Die Sonne beleuchtete
hell das junge Gras auf dem Kirchhofe und die bunten
Kleider und Kopftücher der Weiber; Glockengeläute von
den benachbarten Kirchthürmen tönte durch die Luft, auf
den Zäunen zwitscherten Sperlinge. Lawretzky stand mit
entblößtem Kopfe und lächelte; ein leichter Wind spielte
mit seinem Haare und den Bändern auf Lisa's Hute.
Er half Lisa und Lenotschka, die gleichfalls da war, in
die Kutsche, vertheilte alles Geld, welches er bei sich hatte,
unter die Armen und kehrte langsam nach Hause zurück.

XXXII.

Es rückte eine schwere Zeit für Fedor Iwanitsch heran. Er befand sich ununterbrochen wie im Fiebertaumel. Jeden Morgen ging er auf die Post, öffnete erwartungsvoll Briefe und Zeitungspackete — und fand jedesmal Nichts, was das verhängnißvolle Gerücht bestätigt oder widerlegt hätte. Zu gewissen Zeiten kam er sich selbst garstig vor: „warum warte ich denn — dachte er — wie der Aas= geier auf Beute, auf die Bestätigung des Todes meiner Frau!" Jeden Tag war er bei Kalitin's, aber auch dort wurde ihm nicht leichter: die Frau vom Hause zeigte ihm saure Gesichter, empfing ihn aus bloßer Gefälligkeit; Panschin benahm sich gegen ihn übertrieben=höflich; Lemm hatte ein menschenscheues Wesen angenommen und grüßte ihn kaum: und was die Hauptsache war: Lisa schien ihm ausweichen zu wollen. Wenn sie jedoch zufälliger Weise mit ihm allein blieb, so zeigte sich bei ihr an Stelle der früheren Zutraulichkeit — Befangenheit; sie wußte nicht, was sie ihm sagen sollte, und er selbst war verlegen. In wenigen Tagen war Lisa eine andere geworden, als er sie gekannt hatte: in ihrem Benehmen, in ihrer Stimme, ja selbst in ihrem Lachen lag eine geheime Aengstlichkeit, eine bisher nicht dagewesene Unsicherheit. Marja Dmi= triewna, als echte Egoistin, ahnete nichts; Marfa Timofe=

jewna hingegen fing an, auf ihren Liebling aufmerksamer zu werden. Mehr als ein Mal machte Lawretzky sich Vorwürfe, daß er Lisa das Zeitungsblatt gezeigt hatte: er mußte sich gestehen, daß eine reine Seele in seinem gegenwärtigen Gemüthszustande etwas Abstoßendes finden könne. Dann wieder dünkte ihm, die Veränderung in Lisa wäre die Folge ihres Kampfes mit sich selbst, ihrer Unentschlossenheit in Betreff der Antwort, welche sie Pan= schin zu geben habe. Einmal brachte sie ihm ein Buch, einen Roman von Walter Scott, um welches sie ihn selbst gebeten hatte.

— Haben Sie dies Buch gelesen? fragte er.

— Nein; jetzt habe ich Anderes zu denken, erwiederte sie und wollte fort.

— Bleiben Sie einen Augenblick; schon lange bin ich nicht allein mit Ihnen gewesen. — Sie scheinen sich vor mir zu fürchten!

— Ja.

— Weßhalb denn, ich bitte Sie?

— Ich weiß es nicht.

Lawretzky verstummte.

— Sagen Sie doch, begann er wieder: — Sie haben noch keinen Entschluß gefaßt?

— Was meinen Sie damit? fragte sie, ohne die Augen zu erheben.

— Sie verstehen mich . . .

Lisa wurde plötzlich feuerroth.

— Fragen Sie mich nicht, sagte sie lebhaft: — ich weiß Nichts, weiß selbst nicht, was in mir vorgeht ... Und sie entfernte sich eilig.

Den folgenden Tag kam Lawretzky zu Kalitin's nach dem Essen und fand daselbst Alles zu einem Abendgottesdienste eingerichtet. In einer Ecke des Speisesaales, auf einem viereckigen, mit einem reinen Tischtuche bedeckten Tische standen bereits, an die Wände gelehnt, kleine Heiligenbilder in vergoldeten Beschlägen mit kleinen, matten Diamanten auf den Krönchen. Ein alter Diener in grauem Fracke und Schuhen ging gemessenen Schrittes geräuschlos durch das Zimmer, steckte zwei Wachskerzen in die dünnen Leuchter vor den Bildern, schlug ein Kreuz, machte eine Verbeugung und entfernte sich still. Das nicht erhellte Gastzimmer war leer. Lawretzky ging im Speisesaale auf und ab und erkundigte sich — ob etwa Jemandes Namenstag sei. Es ward ihm halblaut die Antwort gegeben, der Abendgottesdienst finde auf Lisaweta Michailowna's und Marfa Timofejewna's Verlangen statt; man habe anfänglich ein wunderthätiges Bild herschaffen wollen, doch es sei dasselbe dreißig Werst fort zu einem Kranken getragen worden. Bald darauf erschien in Begleitung zweier Küster der Priester, ein nicht mehr junger Mann mit breiter Glatze, dessen Räuspern im Vorzimmer zu hören war; die Damen gingen sogleich, eine hinter der anderen, aus dem Kabinete dem Priester entgegen, den Segen von ihm zu empfangen; schweigend grüßte sie Lawretzky und schweigend grüßten auch sie ihn. Nach einer kurzen Pause und abermaligem Räuspern fragte der Priester mit gedämpfter Baßstimme: — Soll angefangen werden?

— Fangen Sie an, lieber Vater, sagte Marja Dmitriewna.

Er legte seine Amtskleidung an, während ein Küster im Chorrocke mit unterwürfiger Miene um etwas Kohlen bat; es verbreitete sich Weihrauchduft. Aus dem Vorzimmer kamen Kammermädchen und Diener heran und drängten sich in dichten Haufen an der Saalthür zusammen. Roska, der niemals herunterzukommen pflegte, erschien plötzlich im Speisesaale: man wollte ihn forttreiben — er wurde scheu, lief umher und duckte sich nieder; ein Diener ergriff ihn und trug ihn davon. Der Gottesdienst begann. Lawretzky drückte sich in einen Winkel; seine Empfindungen waren eigenthümlicher Art, fast schwermüthig; er konnte sich von seinen Gefühlen selbst keine Rechenschaft geben. Marja Dmitriewna hatte sich, den Uebrigen voran, vor einen Lehnstuhl gestellt; mit affectirter Nachlässigkeit machte sie das Zeichen des Kreuzes vor ihrer Brust, — blickte nach Art der vornehmen Welt bald um sich, bald hob sie die Augen gen Himmel: sie fühlte Langeweile. Marfa Timofejewna schien bekümmert zu sein; Nastaßja Karpowna verrichtete ihre Kniebeugungen mit einem gewissen bescheidenen und weichen Geräusch; Lisa blieb, wo sie Platz genommen hatte, ruhig stehen; dem ernsthaften Ausdrucke ihres Gesichtes nach zu urtheilen, mußte sie eifrig und inbrünstig beten. Als sie nach Beendigung des Gottesdienstes das Kreuz küßte, küßte sie gleichfalls die breite, rothe Hand des Priesters. Marja Dmitriewna bat ihn, zum Thee zu bleiben; er legte das Epitrachilion ab, nahm eine etwas weltlichere Miene an und trat mit den Damen in's Gastzimmer. Es entspann sich darauf eine nicht besonders lebhafte Unterhaltung. Der Priester trank vier Tassen Thee, wischte sich dabei beständig die Glatze mit dem Taschentuche und erzählte unter Anderem, der Kaufmann Awoschnikow habe siebenhundert Rubel für die Vergoldungen der Kirchen „kumpel" dargebracht, und theilte ferner ein unfehlbares Mittel gegen Sommerflecken mit. Lawretzky hatte sich zu Lisa gesetzt, sie verhielt sich aber kalt, fast streng und richtete nicht ein einziges Mal den Blick auf ihn. Sie schien ihn fast geflissentlich nicht zu beachten; es lag eine gewisse feierliche Entzückung in ihrem ernsten, zurückhaltenden Wesen. Lawretzky hätte, er wußte selbst nicht warum, immer lächeln und etwas Erheiterndes vorbringen mögen, war aber im Innern verstimmt und entfernte sich zuletzt mit einer Art stiller Befremdung . . . Er fühlte, es war ein Etwas in

Lisa's Herz, wo er nicht hineinzubringen, ja, was er nicht zu verstehen vermochte.

Ein anderes Mal, als Lawretzky im Gastzimmer saß und das einschmeichelnde, aber belästigende Gerede Gedeonowsky's anhörte, drehte er sich plötzlich unwillkürlich um und ertappte Lisa auf einem tiefen, aufmerksamen, prüfenden Blick . . . dieser räthselhafte Blick war auf ihn gerichtet gewesen. Die ganze darauf folgende Nacht dachte Lawretzky über diesen Blick nach. Seine Liebe war nicht die eines Knaben, seufzen und schmachten stand ihm nicht zu und dann erregte auch Lisa keine Liebe dieser Art; die Liebe hat jedoch für jedes Lebensalter ihre Qualen — und er empfand dieselben in vollem Maße.

XXXIII.

Eines Abends saß Lawretzky, seiner Gewohnheit gemäß, bei Kalitin's. Nach der erschlaffenden Hitze des Tages war ein so erquickender Abend gefolgt, daß Marfa Dmitriewna, ungeachtet ihrer Scheu vor Zugwind, alle Fenster und Thüren nach dem Garten hatte öffnen lassen und erklärte, sie werde nicht Karten spielen; an einem solchen Tage Karten in die Hand zu nehmen, sei eine Sünde, man müsse die Natur genießen. Von Gästen war nur Panschin zugegen. Unter dem Einflusse des Abends und nicht aufgelegt, in Lawretzky's Gegenwart

Etwas zu fingen, dabei aber doch von künstlerischer Wallung erfüllt, gerieth Panschin in die Poesie hinein: er las nun, zwar gut, jedoch mit gar zu großer Selbstbefriedigung und unnütz gesuchter Betonung einige Gedichte Lermontow's vor (Puschkin war noch nicht wieder in Aufnahme gekommen) — und ließ sich dann sogleich, als schämte er sich seines Gefühlaufwandes, in Betreff der bekannten „Duma," in Tadel und Vorwürfen gegen die jüngste Generation aus und unterließ dabei nicht, anzudeuten, wie er Alles nach seinem Sinne umdrehen würde, wenn er die Gewalt in Händen hätte. „Rußland — sagte er — ist hinter Europa zurückgeblieben; man müßte es vorwärts treiben. Es wird behauptet, wir seien jung — Unsinn; wir sind ein altes Volk, aber an Erfindungsgeist fehlt es uns; Chomäkow*) selbst giebt zu, wir hätten nicht einmal eine Mäusefalle erfunden. Folglich müssen wir nothgedrungen anderweitig in die Lehre gehen. Wir sind krank, sagte Lermontow, — ich gebe es zu; wir sind es aber, weil wir nur zur Hälfte Europäer geworden sind; was uns Wunden geschlagen hat, muß uns ein Heilmittel werden (»le cadastre,« dachte Lawretzky). — Unsere besten Köpfe, — fuhr er fort, — les meilleures têtes — sind längst darüber einig; alle Völker sind im Wesentlichen einander gleich; gebt ihnen nur eine gute

---

*) Ein jetzt verstorbener Anführer der sog. Slavophiten.

Verfassung — und die Sache ist fertig. Es könnte allenfalls auf bestehendes Volksthum Rücksicht genommen werden; das wäre nun unsere Sache, die Sache ... (fast hätte er gesagt: der Staatsmänner) der Beamten; indeß, seien Sie unbesorgt: im Nothfalle verändern Gesetze, Institutionen, das Volksthum selbst." Mit wahrer Rührung stimmte Marja Dmitriewna Panschin bei. „Ist das nun nicht," dachte sie, „ein gescheidter Kopf, den ich da bei mir habe?" Lisa, an den Fensterstock gelehnt, schwieg; Lawretzky schwieg gleichfalls; Marfa Timofejewna, die in einer Ecke mit ihrer Freundin Karten spielte, brummte Etwas vor sich hin. Panschin ging im Zimmer auf und ab und sprach recht schön, doch mit einer gewissen heimlichen Erbitterung: es hatte den Anschein, als gälte sein Schelten nicht einer ganzen Generation, sondern einigen, ihm bekannten Personen. In Kalitin's Garten, in einem großen Fliederbusche, hatte eine Nachtigall ihren Aufenthalt; sie war mit den ersten Tönen ihres Abendliedes dem Redner in das Wort gefallen; die ersten Sternchen flimmerten amgerötheten Himmel über den ruhigen Gipfeln der Lindenbäume. Lawretzky erhob sich und begann Panschin zu widerlegen; ein Wortstreit entspann sich. Lawretzky vertheidigte Rußlands Jugend und Selbständigkeit; er gab sich und seine Generation Preis, — nahm aber das neue Geschlecht mit dessen Ueberzeugungen und Bestrebungen in Schutz; Panschin erwiederte in gereiztem, scharfem Tone, er behauptete, die klugen Köpfe müßten Alles umschaffen, und verstieg sich zuletzt so weit, daß er, sein Kammerjunkerthum und seine Beamtenwürde vergessend, Lawretzky einen conservativen Rückschrittsmenschen nannte und sogar — wenn auch mit Umschweifen — eine Anspielung auf dessen zweideutige Stellung in der Gesellschaft machte. Lawretzky wurde nicht böse, sprach nicht lauter (es fiel ihm ein, daß auch Michalewitsch ihn einen Retrograden — und noch dazu Voltairianer, genannt hatte) — und schlug mit Ruhe alle Beweisgründe Panschin's nieder. Er bewies ihm die Unmöglichkeit rascher Umschwünge und eigenmächtiger Reformen seitens einer anmaßenden Beamtenwelt, — solcher Reformen, die weder durch Kenntniß des Landes, noch durch festen Glauben an ein Ideal, und wäre es auch ein negatives, gerechtfertigt würden; er stellte dann als Beispiel seine eigene Erziehung hin, forderte vor Allem Anerkennung der Rechte des Volkes und Unterwerfung unter dieselben, — jene willige Unterwerfung, jene Demuth vor dem Volksgeiste, ohne welche es sogar unmöglich wird, der Lüge die Stirn zu bieten, und lehnte endlich den, seiner Ansicht nach wohlverdienten Vorwurf leichtsinniger Zeit- und Kraftverschwendung nicht von sich ab.

— Das ist Alles recht schön! rief schon erbitterter Panschin: — gut, Sie sind jetzt nach Rußland zurückgekehrt — was gedenken Sie nun zu thun?

— Das Land pflügen, erwiederte Lawretzky: — und mich bestreben, dasselbe bestmöglichst zu pflügen.

— Das ist unstreitig höchst lobenswerth, entgegnete Panschin: — auch ist mir zu Ohren gekommen, daß Sie bereits erhebliche Fortschritte in diesem Fache gemacht haben; Sie müssen aber zugeben, daß nicht Jedermann sich für eine solche Beschäftigung eignet . . .

— Une nature poëtique, fiel Marja Dmitriewna ein, — könnte natürlich nicht pflügen . . . et puis, Wladimir Nikolaitsch, sind Sie dazu berufen, Alles en grand zu thun.

Das war selbst für Panschin zu stark: er wurde verlegen und brach seine Rede ab. Er versuchte, das Gespräch auf die Pracht des gestirnten Himmels, auf Schubert'sche Musik zu lenken — das wollte aber Alles nicht wirken; er schloß damit, daß er Marja Dmitriewna eine Partie Piquet vorschlug.

— Wie! an einem solchen Abende? erwiederte sie mit schwacher Stimme — und ließ sich die Karten bringen.

Mit Gekrach riß Panschin ein neues Spiel Karten auf, während Lisa und Lawretzky wie verabredet aufstanden und sich zu Marja Timofejewna setzten. Es war ihnen Beiden so wohl zu Muthe geworden, daß sie sich sogar fürchteten, allein bei einander zu bleiben — und zu gleicher Zeit fühlten Beide, daß die Verwirrung, die sie während der letzten Tage empfunden hatten, vergangen war und nicht mehr wiederkehren werde. Die Alte klopfte Lawretzky still auf die Wange, blinzelte ihn schlau an, schüttelte einige Mal den Kopf und sagte dabei leise: „Du hast den Klügling abgefertigt, das war recht." Es war ganz still geworden im Zimmer; man hörte nur das schwache Kniſtern der Wachskerzen, von Zeit zu Zeit auch ein Anſchlagen mit der Hand an den Tiſch, oder Ausrufen und Zählen der Points und dann — den mächtigen, bis zum Uebermuthe klangvollen Sang der Nachtigall, der sich gleich einer breiten Welle zugleich mit der thaugetränkten Kühle durch die Fenſter in das Zimmer ergoß.

XXXIV.

Während Lawretzky's und Panſchin's Wortſtreit war keine Silbe über Liſa's Lippen gekommen, sie war aber dem Gespräche gefolgt und hatte für Lawretzky Partei genommen. Politik interessirte sie nicht, es hatte aber der zuverſichtliche Ton des weltmänniſchen Beamten, der sich bisher noch nie in dieser Weise ausgesprochen hatte, sie abgestoßen; seine Verachtung Rußlands — sie beleidigt. Es war Liſa nicht in den Sinn gekommen, daß sie Patriotin sei, sie fühlte sich aber wohl unter ihren Landsleuten, die ruſſiſche Denkungsart sprach sie an; wenn der

Dorfälteste vom Gute ihrer Mutter zur Stadt kam, pflegte sie stundenlang und ohne Ziererei sich mit ihm zu unterhalten und benahm sich dabei gegen ihn wie gegen Ihresgleichen, ohne die geringste Vornehmthuerei oder Herablassung. Lawretzky fühlte das Alles: er würde auch Panschin nicht persönlich widersprochen haben; seine Rede galt nur Lisa allein. Sie hatten nichts mit einander gesprochen, auch ihre Blicke sich nur selten begegnet, und dennoch war ihnen Beiden klar geworden, daß sie an diesem Abende einen innigen Bund geschlossen hatten und daß sie Beide dasselbe liebten und haßten. In einem Punkte nur — in der Religion — gingen sie auseinander; Lisa hoffte indessen im Stillen, ihn wieder zu Gott zurückzuführen. Sie saßen neben Marfa Timofejewna und schienen dem Spiele der Alten zu folgen; und in der That folgten sie auch demselben — doch schwoll dabei Beiden das Herz in der Brust und Nichts ging für sie verloren: für sie schlug die Nachtigall, für sie flimmerten die Sterne und flüsterten leise die von sommerlicher Wonne und Wärme in Schlaf gewiegten Bäume. Lawretzky gab sich völlig dem Strome, der ihn davonriß, preis — und war froh; keine Sprache jedoch wäre im Stande, das wiederzugeben, was in der reinen Seele des Mädchens vorging: es war das ein Geheimniß selbst für sie; und so mag es denn auch Geheimniß für Alle bleiben. Niemand weiß, Niemand sah und wird jemals sehen, wie das zum Leben und Aufblühen berufene Korn im Schooße der Erde schwillt und heranreift.

Es schlug zehn Uhr. Marfa Timofejewna begab sich mit Nastaßja Karpowna hinauf; Lawretzky und Lisa gingen im Zimmer auf und ab, blieben vor der offenen Gartenthür stehen, warfen einen Blick hinaus in das Dunkel, dann sahen sie einander an — und lächelten; wie so gerne hätte Eines die Hand des Anderen ergriffen und sich satt geplaudert. Sie kehrten zu Marja Dmitriewna und Panschin zurück, deren Piquetpartie sich in die Länge gezogen hatte. Der letzte „König" war endlich gemacht und die Dame vom Hause erhob sich seufzend und ächzend von ihrem mit Kissen belegten Armstuhle; Panschin nahm seinen Hut, küßte Marja Dmitriewna die Hand, warf die Bemerkung hin, daß Andere, Glückliche, nichts hindere schlafen zu gehen oder sich an der Schönheit der Nacht zu erquicken, während er bis zum Morgen vor abgeschmackten Acten sitzen müsse, nahm kalt Abschied von Lisa (er hatte nicht erwartet, daß sie als Antwort auf seinen Antrag ihn bitten werde, zu warten — und schmollte deßhalb mit ihr) — und verließ das Zimmer. Lawretzky entfernte sich gleich nach ihm. Am Thore trennten sich Beide; Panschin weckte seinen Kutscher, indem er ihm mit der Spitze seines Stockes an den Hals stieß, bestieg seine Droschke und fuhr davon. Lawretzky wollte noch nicht nach Hause gehen: er nahm seinen Weg zur Stadt hinaus in's Freie. Die Nacht war still und hell, doch monblos; lange schlenderte er auf dem bethauten Grase dahin: er stieß auf einen schmalen Fußweg und ging auf demselben weiter. Er führte ihn zu einem Pförtchen in einem langen Zaune; er versuchte, ohne selbst zu wissen warum, es aufzustoßen: mit leisem Knarren gab es nach, als hätte es die Berührung seiner Hand erwartet. Lawretzky befand sich in einem Garten, er that ein paar Schritte in einer Lindenallee und stand plötzlich erstaunt still: er erkannte den Garten Kalitin's.

Sogleich zog er sich in den schwarzen Schatten eines dichten Nußgehölzes zurück und blieb lange verwundert und achselzuckend stehen. „Ohne Bedeutung ist das nicht", dachte er.

Alles war ruhig rings umher; vom Hause her war kein Laut zu vernehmen. Vorsichtig schritt er weiter. Plötzlich, bei einer Wendung der Allee, stand das ganze Haus mit seiner dunklen Façade vor seinen Augen; nur zwei Fenster des oberen Stockes waren erhellt: in Lisa's Zimmer war es ein Licht, das hinter dem weißen Vorhange brannte, und in Marfa Timofejewna's Schlaf= kabinet das Lämpchen vor dem Heiligenbilde, dessen Strahlen, vom goldenen Beschlag zurückgeworfen, einen gleichmäßig röthlichen Schein verbreiteten; unten stand die Thür des Balkons weit offen. Lawretzky setzte sich auf eine Bank, stützte den Kopf in die Hand und richtete seine Blicke bald auf die Balkonthür, bald auf Lisa's Fenster. Es schlug Mitternacht in der Stadt; auch im Hause verkündete der feine Schlag einer kleinen Uhr die zwölfte Stunde; der Wächter trommelte auf dem Brette. Lawretzky dachte an Nichts, erwartete Nichts; es war ihm angenehm, sich in Lisa's Nähe zu wissen, in ihrem Garten auf der Bank zu sitzen, auf welcher auch sie mehr als ein Mal gesessen hatte . . . das Licht in Lisa's Zimmer verschwand.

„Gute Nacht, mein liebes Mädchen," flüsterte Lawretzky und blieb unbeweglich sitzen, den Blick auf das dunkle Fenster gerichtet.

Auf einmal zeigte sich Licht in einem der Fenster des unteren Stockes, dann in einem zweiten und dritten . . . Es ging Jemand mit Licht durch die Zimmer. „Wäre es Lisa? Unmöglich" . . . Lawretzky richtete sich etwas empor . . . Ein bekanntes Gesicht ging vorüber, Lisa war in's Gastzimmer getreten. In weißem Kleide, mit un= gelösten, auf die Schultern herabhängenden Flechten trat sie leise an den Tisch, beugte sich über denselben, stellte das Licht hin und suchte nach Etwas; dann, das Gesicht nach dem Garten gekehrt, näherte sie sich der offenen Thür und blieb, weiß, leicht, schlank, auf der Schwelle stehen. Freu= diger Schauer fuhr durch Lawretzky's Glieder.

— Lisa! entschlüpfte es kaum hörbar seinen Lippen.

Sie fuhr zusammen und heftete forschend den Blick auf das Dunkel.

— Lisa! wiederholte Lawretzky lauter und trat aus dem Schatten der Allee.

Erschreckt streckte Lisa den Kopf vor und taumelte zurück: sie hatte ihn erkannt. Er rief noch zum dritten Male ihren Namen und breitete die Arme nach ihr aus. Sie verließ die Thür und trat in den Garten.

— Sie? Sie hier? sagte sie.

— Ich . . . ich bin's . . . hören Sie mich an, flüsterte ihr Lawretzky zu und, ihre Hand erfassend, führte er sie zur Bank.

Sie folgte ihm ohne Widerstand; ihr bleiches Gesicht, ihr unbeweglicher Blick, ihre ganze Haltung erriethen unbeschreibliches Erstaunen. Lawretzky ließ sie auf der Bank Platz nehmen und blieb vor ihr stehen.

— Ich glaubte nicht herzukommen, begann er: — mich hat es hergeführt . . . Ich . . . ich liebe Sie, brachte er unwillkürlich bebend hervor.

Lisa blickte ihn langsam an; es schien ihr erst in diesem Augenblicke klar geworden zu sein, wo sie sich befand und was mit ihr vorging. Sie wollte aufstehen, vermochte es aber nicht und bedeckte das Gesicht mit den Händen.

— Lisa, sagte Lawretzky: — Lisa, wiederholte er und ließ sich zu ihren Füßen nieder . . .

Ein leichtes Zucken bewegte ihre Schultern und die Finger ihrer blassen Hände drückten sich fester an ihr Gesicht.

— Was haben Sie? fragte Lawretzky, und stilles Schluchzen schlug an sein Ohr. Sein Herz bebte ... er hatte verstanden, was diese Thränen bedeuteten. — Lieben Sie mich wirklich? flüsterte er ihr zu und berührte ihre Kniee.

— Stehen Sie auf, sagte sie: — stehen Sie auf, Fedor Iwanitsch. Was thun wir Beide!

Er erhob sich und nahm neben ihr auf der Bank Platz. Sie weinte nicht mehr und sah ihn mit feuchten Augen an.

— Mir ist angst; was machen wir hier? wiederholte sie.

— Ich liebe Sie, wiederholte er: — ich bin bereit, mein Leben für Sie hinzugeben.

Sie schrak von Neuem zusammen, wie wenn ein giftiges Thier sie gestochen hätte und hob den Blick gen Himmel.

— Das liegt Alles in Gottes Hand, sagte sie.

— Sie lieben mich aber, Lisa? Wir werden glücklich sein?

Sie senkte den Blick; er zog sie leise an sich und ihr Kopf sank an seine Schulter ... Er bog etwas seinen Kopf vor und küßte sie auf die bleichen Lippen.

Eine halbe Stunde darauf stand Lawretzky wieder am Gartenpförtchen. Er fand es verschlossen und war gezwungen, über den Zaun zu springen. Er kehrte in die in Schlaf versunkene Stadt zurück. Die Empfindung einer unerwarteten, außerordentlichen Freude erfüllte seine Brust; alle Zweifel waren in ihm erstorben. "Fliehe Vergangenheit, düsteres Gespenst," dachte er, "sie liebt mich, sie wird die Meine sein!" Plötzlich däuchte es ihm, als erklängen hoch in der Luft über seinem Kopfe wunderbare Siegestöne; er blieb stehen: die Töne erklangen noch herrlicher; wie ein mächtiger Tonregen strömten sie auf ihn herab, ihm dünkte, sie verkündeten und besängen sein großes Glück. Er blickte sich um, die Töne kamen aus den zwei oberen Fenstern eines kleinen Hauses.

— Lemm! rief Lawretzky und eilte auf das Haus zu.
— Lemm! Lemm! wiederholte er mit lauter Stimme.

Die Töne verstummten und am Fenster erschien die Gestalt des Alten im Schlafrocke, mit entblößter Brust und verwühlten Haaren.

— Aha! sagte er mit Würde: — das sind Sie?
— Christophor Fedoritsch was für eine herrliche Musik war das! Um Gottes Willen, lassen Sie mich ein.

Ohne ein Wort zu sagen und mit majestätischer Bewegung des Armes warf der Alte den Hausschlüssel auf die Gasse. Lawretzky lief behend hinauf, trat in's Zimmer und wollte sich Lemm um den Hals werfen; dieser jedoch wies gebieterisch auf einen Stuhl und sagte abgebrochen in schlechtem Russisch: "Setzen Sie sich und hören Sie;" setzte sich dann selbst an's Clavier, blickte stolz und streng um sich und begann zu spielen. Seit lange hatte Lawretzky nichts Aehnliches gehört; gleich bei den ersten Tönen drang die sanfte und leidenschaftliche Melodie tief in sein Herz hinein, sie quoll über von Begeisterung, Glück und Schönheit, sie mahnte an Alles, was es auf Erden Theures, Reines und Heiliges giebt, unendliches Sehnen, unendliche Wehmuth entströmte ihr und sie erstarb gleichsam in himmlischen Höhen. Lawretzky hatte sich erhoben und stand erstarrt und bleich vor Entzücken. Seine eben erst vom Glücke der Liebe erschütterte Seele sog diese liebeglühenden Töne gierig auf. „Noch einmal," bat er leise, als der letzte Accord verklungen war. Der Alte warf einen Adlerblick auf ihn, schlug mit der Hand an seine Brust und sagte dann langsam auf deutsch: „Das habe ich gemacht, denn ich bin ein großer Musiker," und spielte dann noch ein Mal seine wundervolle Composition. Im Zimmer war kein Licht; das Licht des aufgegangenen Mondes aber fiel schräg durch die Fenster; tönend vibrirte die bewegliche Luft; das ärmliche, kleine Zimmer schien ein Heiligthum geworden zu sein, hoch und begeistert thronte in demselben der Kopf des Alten im silberklaren Halbschatten. Lawretzky trat an ihn heran und schloß ihn in seine Arme. Anfangs erwiederte Lemm Lawretzky's Umarmung nicht, ja er suchte sogar dieselbe mit dem Ellenbogen abzuwehren; lange, ohne ein Glied zu regen, blickte er strenge, fast wild, vor sich hin und brummte nur zweimal: aha!

Zuletzt ward sein verstörtes Gesicht ruhiger, nahm seinen gewöhnlichen Ausdruck wieder an und als Antwort auf die feurige Beifallsbezeigung Lawretzky's lächelte der Alte anfangs schwach, dann brach er in Thränen aus und schluchzte leise wie ein Kind.

— Es ist sonderbar, sagte er: — daß Sie eben jetzt kommen mußten; ich weiß aber, weiß Alles.

— Sie wissen Alles? fragte Lawretzky bestürzt.

— Sie haben mich gehört, erwiederte Lemm: — haben Sie denn nicht verstanden, daß ich Alles weiß?

Bis zum Morgen konnte Lawretzky nicht einschlafen; die ganze Nacht verbrachte er sitzend auf seinem Bette. Auch Lisa schlief nicht: sie betete.

XXXV.

Dem Leser ist es bekannt, wie Lawretzky aufgewachsen war und sich herangebildet hatte; wir wollen jetzt einige Worte über Lisa's Erziehung sagen. Sie war 10 Jahr alt, als ihr Vater starb; er hatte sich wenig um sie bekümmert. Mit Arbeiten überhäuft, beständig auf Vermehrung seines Vermögens bedacht, reizbar, barsch, ungeduldig, gab er ohne Knickerei das nöthige Geld für Lehrer, Wärter, Kleidung und sonstige Bedürfnisse der Kinder hin; mochte sich aber durchaus nicht mit den Schreihälsen, wie er sie nannte, abgeben — und bann hatte er auch keine Zeit dazu: er mußte arbeiten, hatte vollauf zu thun, schlief wenig, spielte selten Karten und ging wieder an die Arbeit; er verglich sich selbst mit einem, in eine Dreschmaschine gespannten Pferde. „Etwas schnell ist mir das Leben entschwunden," sagte er auf seinem Sterbelager, mit bitterem Lächeln auf den trockenen Lippen. Marja Dmitriewna hatte sich, die Wahrheit zu sagen, nicht viel mehr als ihr Mann mit Lisa beschäftigt, obgleich sie vor Lawretzki damit prahlte, daß sie allein die Erziehung ihres Kindes vollendet habe: sie kleidete Lisa wie eine Puppe, streichelte ihr, wenn Gäste da waren, den Kopf und nannte sie gerade in's Gesicht ein kluges Mädchen, ein Herzchen — und das war Alles: jede anhaltende Anstrengung ermüdete die träge Edeldame. So lange der Vater lebte, war Lisa den Händen einer Gouvernante, einer Demoiselle Moreau aus Paris, anvertraut gewesen; nach dessen Tode ward sie Marfa Timofejewna's Leitung übergeben. Der Leser kennt bereits Marfa Timofejewna; die Demoiselle Moreau aber war eine kleine zusammengeschrumpfte Person mit Vogelmanieren und Vogelverstand. In ihren jüngeren Jahren hatte sie ein ziemlich lockeres Leben geführt und im reiferen Alter nur zwei Leidenschaften — für Naschwerk und Karten — behalten. Wenn sie satt war, nicht Karten spielte und nicht schwatzte — bekam ihr Gesicht sogleich etwas Todtenhaftes: sie saß dann da, stierte vor sich hin, athmete — aber man sah, daß kein einziger Gedanke in ihrem Kopfe haftete. Man konnte sie nicht einmal gut nennen: kann man überhaupt von Vögeln sagen, daß sie gut sind? War es nur eine Folge ihrer leichtfertig verbrachten Jugend, oder war die Pariser Luft daran schuld, in welcher sie von Kindheit an geathmet hatte — genug, es hatte sich eine Art allgemeinen, wohlfeilen Skepticismus ihrer bemächtigt, der sich gewöhnlich in den Worten: „tout ça c'est des bètises" zu äußern pflegte. Sie sprach ein unrichtiges, aber echt Pariser Kauderwälsch, machte keine Klatschereien und war auch nicht launisch — was konnte man mehr von einer Gouvernante verlangen? Auf Lisa hatte sie geringen Einfluß; desto größeren aber hatte ihre Amme, Agàsja Wlàßjewna, auf sie gehabt.

Das Leben dieser Frau ist bemerkenswerth. Sie stammte aus einer Bauernfamilie; wurde, 16 Jahr alt, an einen Bauer verheirathet, zeichnete sich jedoch vor ihren ländlichen Schwestern auffallend aus. Ihr Vater war zwanzig Jahre Dorfältester gewesen, hatte sich eine hübsche Summe zusammengeschlagen und verhätschelte sie. Sie war außerordentlich schön, die Putzsüchtigste in der ganzen Umgegend, aufgeweckt, beredt, dreist. Ihr Gutsherr, Dmitri Pestow, Marja Dmitriewna's Vater, ein bescheidener, ruhiger Mann, wurde sie einst während der Dreschzeit gewahr, ließ sich in ein Gespräch mit ihr ein und verliebte sich leidenschaftlich in sie. Bald darauf starb ihr Mann, und Pestow, obwohl verheirathet, nahm sie zu sich in's Haus und ließ sie nach Art des Hausgesindes kleiden. Agafja fand sich sogleich in ihre neue Stellung, als wenn sie ihr ganzes Leben hindurch nicht anders gelebt hätte. Ihre Gesichtsfarbe wurde weißer, sie selbst voller; sogar ihre Hände wurden in den Mousselinärmeln weiß wie „Semmelteig," ganz wie bei Kaufmannsfrauen; die Theemaschine kam nicht von ihrem Tische; außer Seide und Sammet wollte sie nichts tragen, und schlief nur auf Daunenpfühlen. Fünf Jahre währte dieses herrliche Leben, da starb Dmitri Pestow; seine Wittwe, eine gute Dame, wollte, aus Rücksicht für ihren seligen Gatten, schonend gegen ihre Nebenbuhlerin verfahren, um so mehr, als Agafja sich nie gegen sie vergessen hatte; sie gab dieselbe aber doch einem Stallknechte zur Frau, damit sie ihr aus den Augen käme. Drei Jahre waren vergangen. An einem heißen Sommertage besuchte einmal die Edelfrau ihren Viehhof. Agafja bewirthete sie mit so ausgezeichneter kalter Sahne, hielt sich dabei so sittsam und war an sich selbst so sauber, heiter und zufrieden, daß die Edeldame ihr erklärte, sie habe ihr verziehen, und ihr die Erlaubniß gab, sich wieder im herrschaftlichen Hause sehen zu lassen; sechs Monate darauf hatte dieselbe sich bereits so sehr an sie gewöhnt, daß sie ihr den Haushalt und die ganze Hauswirthschaft übertrug. Agafja war nun wieder oben auf; sie nahm wieder zu und wurde weiß; die Frau vom Hause schenkte ihr volles Vertrauen. So vergingen andere fünf Jahre. Ein neues Unglück sollte Agafja treffen. Ihr Mann, der durch ihre Vermittelung zum Diener hinaufgerückt war, fing an, sich dem Trunke zu ergeben, aus dem Hause zu bleiben und stahl zum Beschluß sechs herrschaftliche silberne Löffel, die er — bis zu gelegener Zeit — in den Koffer seiner Frau verbarg. Dies kam heraus. Er wurde wieder zum Stallknecht degradirt, und auch Agafja fiel in Ungnade; man trieb sie zwar nicht aus dem Hause, doch ward sie ihres Haushälterinamtes entsetzt und zur Nähterin gemacht und ihr der Befehl ertheilt, statt der Haube ein Tuch um den Kopf zu tragen. Zu Aller Erstaunen ertrug Agafja den Schlag, der sie getroffen hatte, mit demüthiger Ergebung. Sie war zu dieser Zeit schon über die dreißig hinaus, die Kinder, die sie gehabt hatte, waren alle gestorben, und auch ihr Mann lebte nicht lange mehr. Es war für sie Zeit, in sich zu gehen, und sie that es. Sie wurde sehr schweigsam und andächtig, versäumte keinen Frühgottesdienst, keine Messe, und verschenkte alle ihre guten Kleidungsstücke. Fünfzehn Jahre verbrachte sie still, schweigsam und ehrbar, hatte mit Niemandem Streit und gab Jedem nach. War Jemand grob gegen sie — so verbeugte sie sich und dankte für die Lehre. Die Edelfrau hatte ihr schon längst vergeben, und sie wieder in Gnaden aufgenommen, ja ihr sogar eine Haube vom eigenen Kopfe geschenkt; Agafja wollte aber nicht ihr Kopftuch ablegen und trug beständig ein dunkeles Kleid; nach dem Ableben der Edelfrau wurde sie noch stiller und zurückgezogener. Der Russe fühlt ebenso leicht Scheu als Zuneigung; es fällt aber schwer, dessen Achtung zu gewinnen: er schenkt dieselbe nicht schnell und nicht Jedermann. Agafja wurde von Allen im Hause sehr geachtet; Niemand erwähnte ihrer früheren Vergehen, als wären dieselben mit dem alten Gutsherrn zu Grabe getragen worden. —

Als Kalitin Marja Dmitriewna heirathete, beabsichtigte er, Agafja die Haushaltung zu übertragen; sie lehnte dies Amt jedoch „Versuchung halber" ab; er schrie sie an: sie machte ihm eine tiefe Verbeugung und ging hinaus. Der kluge Kalitin kannte die Menschen; er verstand auch Agafja und vergaß sie nicht. Als er nach der Stadt zog, nahm er sie mit ihrer Zustimmung als Wärterin Lisa's, die damals in ihr fünftes Jahr getreten war, mit sich.

Lisa empfand anfangs Furcht vor dem ernsten und strengen Gesichte der neuen Wärterin; doch bald gewöhnte sie sich an dieselbe und gewann sie überaus lieb. Sie war selbst ein ernsthaftes Kind: ihre Züge erinnerten an das scharfe und regelmäßige Gesicht ihres Vaters; nur die Augen hatte sie nicht von ihm; es lag in ihnen ein ruhig prüfender und gutmüthiger Ausdruck, was selten bei Kindern vorkommt. Mit Puppen liebte sie nicht zu spielen, sie lachte weder laut noch anhaltend und hielt sich sittsam. Wenn auch selten, so war sie doch fast nie ohne Grund in Nachdenken versunken; hatte sie eine Weile geschwiegen, dann pflegte sie gewöhnlich an Jemand von den älteren Personen Fragen zu stellen, die den Beweis lieferten, daß sie über irgend einen Eindruck nachgedacht hatte. Sehr bald hörte sie beim Sprechen zu schnarren auf und, noch nicht vier Jahre alt, hatte sie schon eine vollkommen reine Aussprache erlangt. Vor ihrem Vater empfand sie Furcht: der Mutter gegenüber ein unbestimmtes Gefühl — sie fürchtete sich nicht vor ihr, war aber auch nicht zärtlich gegen sie; sie war es übrigens auch nicht gegen Agafja, obgleich sie nur für sie allein Liebe empfand. Agafja war beständig bei ihr. Einen sonderbaren Anblick gewährte es, sie beisammen zu sehen. Agafja ganz in Schwarz gekleidet, ein dunkeles Umschlagetuch um den Kopf gebunden, mit ihrem bereits hagerer gewordenen, wie Wachs durchscheinenden, immer aber noch schönen und ausdrucksvollen Gesichte, saß gewöhnlich kerzengerade und strickte ihren Strumpf, während auf niedrigem Stühlchen zu ihren Füßen Lisa hockte und sich ebenfalls an irgend einer Arbeit zu schaffen machte, oder die hellen Aeuglein auf die Wärterin geheftet, mit wichtiger Miene den Erzählungen derselben lauschte; Agafja aber erzählte ihr keine Märchen: sie erzählte ihr mit gemessenem, gleichmäßigem Tone das Leben der heiligen Jungfrau, das Leben der Einsiedler, gottgefälliger Männer, heiliger Märtyrer; sie erzählte Lisa, wie die Heiligen in Wüsten gelebt, Buße gethan, Hunger und Noth erduldet — sich vor Königen nicht gefürchtet und Christus bekannt hätten; wie Vögel vom Himmel ihnen Speise zutrugen, Thiere ihnen gehorchten, und wie den Stellen, die der Heiligen Blut genetzt hatte, Blumen entsproßten. „Goldlack"? fragte Lisa einmal, sie hatte Blumen sehr lieb . . . Agafja erzählte immer mit wichtiger und gesammelter Miene, als wenn sie gefühlt hätte, daß solche hohe und heilige Reden eigentlich nicht über ihre Lippen kommen dürften. Lisa horchte auf — und das Bild des allgegenwärtigen, allwissenden Gottes prägte sich mit eigenthümlich wohlthuender Kraft ihrer Seele ein; Christus däuchte ihr wie Etwas ihr Nahestehendes, Bekanntes, fast Verwandtes. Agafja hatte sie auch beten gelehrt. Zuweilen weckte sie Lisa mit dem frühen Morgenrothe, kleidete sie eilig an und führte sie heimlich zum Frühgottesdienste; Lisa ging auf den Zehen hinter ihr her und wagte kaum zu athmen: die Kälte und das Zwielicht des Morgens, die Kühle und Einsamkeit der Kirche, das Geheimnißvolle solcher unerwarteten Ausflüge, die behutsame Rückkehr nach Hause, in ihr Bettchen — dieses ganze Gemisch von Verbotenem, Sonderbarem, Heiligem, regte die Kleine auf und drang tief in ihre Seele. Agafja ließ sich niemals gegen Jemand in Tadel aus und schalt Lisa nicht, wenn diese unartig war. War sie über etwas unzufrieden, dann schwieg sie, und Lisa verstand dies Schweigen; mit raschem kindlichem Scharfblick verstand sie auch recht gut, wenn Agafja über Andere unzufrieden war — mochte es nun Marja Dmitriewna oder Kalitin sein. Etwas über drei Jahre befand sich Lisa unter Agafja's Aufsicht; an deren Stelle trat Demoiselle Moreau; die leichtfertige Französin mit ihrem trockenen Benehmen und dem tout ça c'est des bêtises — vermochte nicht aus Lisa's Herzen die liebe Wärterin zu verdrängen: der ausgestreute Same hatte zu tief Wurzel geschlagen. Auch blieb Agafja, obgleich sie aufgehört hatte, Lisa's Wärterin zu sein, im Hause und kam oft mit ihrem Pfleglinge, der ihr nach wie vor zugethan blieb, in Berührung.

Dennoch vertrug sich Agafja mit Marfa Timofejewna nicht, als Letztere in's Kalitin'sche Haus gezogen war. Die strenge Ehrbarkeit der früheren „Bäuerin" gefiel der ungeduldigen und eigenmächtigen Alten nicht. Agafja erbat sich die Erlaubniß, eine Wallfahrt zu unternehmen und kehrte nicht mehr zurück. Es ging ein dunkeles Gerücht, sie habe sich in ein Sectantenkloster zurückgezogen. Der Eindruck jedoch, den sie in Lisa's Seele zurückließ, verwischte sich nicht. Wie zuvor ging sie in die Messe, wie zu einem Feste, betete mit Freude im Herzen, mit einer gewissen gesammelten und scheuen Inbrunst, worüber Marja Dmitriewna insgeheim nicht wenig verwundert war; und Marfa Timofejewna, die niemals Lisa Zwang anthat, suchte doch den Eifer derselben zu dämpfen und erlaubte ihr nicht, mehr Kniebeugungen, als erforderlich waren, zu verrichten: das sei, meinte sie, kein adeliger Brauch. Lisa lernte gut, das heißt, mit Ausdauer; der Himmel hatte sie mit keinen besonders hervorragenden Fähigkeiten und keinem allzuscharfen Verstande begabt; ohne Mühe gelang ihr nichts. Sie spielte gut Clavier, Lemm jedoch wußte, was für Mühe ihr das gekostet hatte. Sie las nicht viel; „eigene Worte" hatte sie nicht, doch hatte sie eigene Gedanken und ging ihren eigenen Weg. Auch darin war sie dem Vater ähnlich: auch er fragte Andere nicht um Rath, was er zu thun habe. So wuchs sie auf, ruhig, nach und nach, und erreichte ihr neunzehntes Jahr. Sie war sehr anmuthig, ohne es selbst zu wissen. In jeder ihrer Bewegungen lag eine unwillkürliche, etwas linkische Grazie; ihre Stimme hatte den Silberklang der reinen Jugend, die geringste Empfindung von Freude lockte ein reizendes Lächeln auf ihre Lippen und verlieh ihrem leuchtenden Blicke tiefen Glanz und innige Freundlichkeit. Ganz durchdrungen vom Gefühle des Rechts, stets besorgt, Niemanden, wer er auch sei, zu verletzen, und begabt mit einem guten und sanften Herzen, umfaßte sie in ihrer Liebe Alle und doch Keinen besonders; mit Begeisterung, Scheu, Innigkeit liebte sie nur Gott allein. Lawretzky war der Erste, der in ihrem inneren Stillleben eine Störung hervorrief.

So war Lisa.

XXXVI.

Am folgenden Tage gegen zwölf Uhr begab sich Lawretzky zu Kalitin's. Unterwegs begegnete ihm Panschin zu Pferde; den Hut tief in die Stirn gedrückt, ritt derselbe an ihm vorüber. Lawretzky ward nicht angenommen — das war das erste Mal, seit er mit Kalitin's bekannt war. Marja Dmitriewna „belieben" auszuruhen, berichtete der Diener; „sie haben" Kopfweh. Marfa Timofejewna und Lisaweta Michailowna seien nicht zu Hause. In der Hoffnung, möglicherweise Lisa zu treffen, ging Lawretzky einige Zeit in der Nähe des Gartens umher, begegnete jedoch Niemandem. Zwei Stunden später kehrte er wieder und bekam dieselbe Antwort und dabei blickte ihn der Diener etwas schief an. Lawretzky hielt es für unschicklich, noch ein drittes Mal an demselben Tage vorzusprechen — und beschloß, nach Wassiljewskoje zu fahren, wohin ohnehin Geschäfte ihn riefen. Auf dem Wege dahin entwarf er verschiedene Pläne, einen schöner als den anderen. Auf dem Gütchen seiner Tante angekommen, überfiel ihn Schwermuth; er ließ sich in ein Gespräch mit Anton ein; der Alte war aber auch, wie zum Trotz, nichts weniger als heiter gestimmt. Er erzählte Lawretzky, wie Glafyra Petrowna sich vor ihrem Tode in die Hand gebissen habe, — und setzte nach einer Pause mit einem Seufzer hinzu: „jeder Mensch, gnädiger Herr, ist sich selbst zum Fraße überlassen." Es war schon spät, als Lawretzky den Rückweg einschlug. Die gestrigen Töne hielten ihn umfangen, Lisa's Bild stieg in seiner ganzen sanften Klarheit vor seiner Seele auf; es überfiel ihn Rührung bei dem Gedanken, daß sie ihn liebe — und beruhigt und glücklich kam er bei seiner Wohnung in der Stadt an.

Das Erste, was ihn bei seinem Eintritte in's Vorzimmer befremdete, war ein Duft von Patschuli, der ihm höchst zuwider war; auch standen dort große Koffer und Kasten umher. Das Gesicht des ihm entgegenspringenden Dieners kam ihm sonderbar vor. Ohne sich von seinen Eindrücken Rechenschaft zu geben, trat er über die Schwelle des Gastzimmers . . . Ihm entgegen erhob sich vom Divan eine Dame in schwarzseidenem Kleide mit Volants, und ein battistenes Tuch vor das bleiche Gesicht haltend, that sie ein paar Schritte, neigte den sorgfältig gescheitelten und parfümirten Kopf — und fiel ihm zu Füßen . . . Jetzt erst erkannte er sie; diese Dame war seine Frau.

Ihm verging der Athem . . . er stützte sich gegen die Wand.

— Theodor, stoßen Sie mich nicht zurück! sagte sie auf französisch und ihre Stimme fuhr wie ein Messerstich durch sein Herz.

Sinnlos blickte er sie an und wurde doch sogleich unwillkürlich gewahr, daß sie weißer und voller geworden war.

— Theodor! fuhr sie fort, von Zeit zu Zeit einen flüchtigen Blick auf ihn werfend und die wunderschönen Finger mit polirten, rosigen Nägeln brechend, — Theodor, ich habe mich an Ihnen vergangen, tief vergangen — ja, noch mehr, ich habe mich eines Verbrechens schuldig gemacht; hören Sie mich aber an: von Reue gequält, bin ich mir selbst zur Last, länger konnte ich diesen Zustand nicht ertragen; wie oft habe ich zu Ihnen flüchten wollen, ich fürchtete aber Ihren Zorn; ich entschloß mich, jedes Band, das mich an die Vergangenheit gefesselt hielt, zu sprengen . . . puis j'ai été si malade — ich bin so krank gewesen, setzte sie hinzu und fuhr mit der Hand über Stirn und Wange, — ich machte mir das Gerücht von meinem Tode zu Nutzen, habe Alles aufgegeben; bin ohne Aufenthalt Tag und Nacht hierher geeilt; habe lange geschwankt, vor Sie, meinen Richter, zu treten — de paraitre devant vous, mon juge; endlich, Ihrer unerschöpflichen Güte eingedenk, faßte ich den Entschluß, zu Ihnen zu kommen; Ihre Adresse habe ich in Moskau erfahren. Glauben Sie mir, fuhr sie fort, sich sachte vom Boden erhebend und auf den Rand eines Stuhles setzend,

— ich habe oft an den Tod gedacht und würde hinlänglich Kraft in mir gefunden haben, meinem Leben ein Ende zu machen — ach, das Leben ist in diesem Augenblicke eine unerträgliche Last für mich! — aber der Gedanke an meine Tochter, an meine Adotschka, hat mich zurückgehalten; sie ist hier, sie schläft im Zimmer nebenan, die arme Kleine! Sie ist ermüdet — Sie werden sie sehen: sie wenigstens ist schuldlos Ihnen gegenüber, und doch so unglücklich, ach, so unglücklich! rief Mme. Lawretzky aus und zerfloß in Thränen.

Lawretzky kam endlich zu sich; von der Wand, an die er sich gestützt hatte, wandte er sich nach der Thür.

— Sie wollen fort? fragte mit verzweiflungsvollem Tone seine Frau: — oh, das ist hart! Ohne mir ein Wort gesagt, ohne mir selbst einen Vorwurf gemacht zu haben . . . Diese Verachtung bringt mich um, das ist schrecklich!

Lawretzky blieb stehen.

— Was wollen Sie von mir hören? fragte er mit tonloser Stimme.

— Nichts, nichts, fiel sie rasch ihm in's Wort: — ich weiß, ich habe kein Recht, Etwas zu fordern; ich bin nicht von Sinnen, glauben Sie mir; ich hoffe nicht, ich darf mich der Hoffnung nicht hingeben, daß Sie mir verzeihen werden; ich erdreiste mich nur, Sie zu bitten, Sie möchten mir befehlen, was ich zu thun habe, wo ich leben soll? Ich werde wie eine Sclavin Ihren Befehl erfüllen, worin er auch bestehen möge.

— Ich habe Ihnen nichts zu befehlen, erwiederte Lawretzky in demselben Tone: — Sie wissen — es ist Alles aus zwischen uns ... und jetzt mehr als jemals. Sie können leben, wo es Ihnen gefällt; und sollte für Sie die Summe nicht hinreichen ...

— Ach, reden Sie nicht so schreckliche Worte, unterbrach ihn Warwara Pawlowna: — haben Sie Mitleid mit mir, und wenn auch ... wenn auch nur um jenes Engels Willen ...! Und kaum hatte Warwara Pawlowna diese Worte gesagt, so stürzte sie hastig in's andere Zimmer und kam auch sogleich mit einem sehr zierlich gekleideten Mädchen auf dem Arme wieder heraus. Volles, braunes Lockenhaar fiel auf das rosige Gesichtchen und über die großen schlaftrunkenen Augen herab; die Kleine lächelte und drückte die Augenlider vor dem Lichte zusammen und stemmte ihr rundes Händchen gegen der Mutter Hals.

— Ada, vois, c'est ton père, sagte Warwara Pawlowna, indem sie der Kleinen das Haar aus den Augen strich und sie heftig küßte: — prie le avec moi.

— C'est ça, papa? stammelte schnarrend die Kleine.

— Oui, mon enfant, n'est ce pas, que tu l'aimes? Länger hielt es Lawretzky nicht aus.

— In welchem Melodrama giebt es doch eine ganz ähnliche Scene? brummte er vor sich hin — und verließ das Zimmer.

Warwara Pawlowna blieb einige Zeit auf derselben Stelle stehen, machte dann eine leichte Bewegung mit den Schultern, trug die Kleine in's andere Zimmer zurück, kleidete dieselbe aus und legte sie in's Bett. Darauf holte sie ein Buch hervor, setzte sich an die Lampe, wartete etwa eine Stunde und begab sich dann selbst zur Ruhe.

— Eh bien, madame? fragte ihre Kammerjungfer, eine Französin, die sie aus Paris mitgebracht hatte, indem dieselbe ihr den Schnürleib abnahm.

— Eh bien, Justine, gab sie zur Antwort; — er hat merklich gealtert, doch scheint es mir, daß er derselbe gute Mensch geblieben ist. Geben Sie mir meine Schlafhandschuhe, legen Sie mir zu Morgen das graue, bis oben anschließende Kleid zurecht; vergessen Sie auch nicht die Hammelcotelettes für Ada . . . Freilich wird das hier schwer aufzutreiben sein.

— A la guerre, comme à la guerre, entgegnete Justine und löschte das Licht aus.

XXXVII.

Wohl zwei Stunden strich Lawretzky in den Gassen der Stadt umher. Er erinnerte sich jener Nacht, die er vor den Thoren von Paris verbracht hatte. Das Herz wollte ihm brechen und in dem wüsten und wie betäubten Kopfe kreisten beständig dieselben düsteren, unsinnigen, boshaften Gedanken. „Sie lebt, sie ist hier," wiederholte er mit immer größerem Erstaunen. Er fühlte, daß Lisa für ihn verloren war. Wuth schnürte ihm fast die Kehle zusammen, gar zu unerwartet hatte ihn dieser Schlag getroffen. Wie konnte er so leicht dem albernen Geschwätz eines Feuilletons, eines Papierfetzens, Glauben schenken? „Nun, wenn ich demselben nicht geglaubt hätte," dachte er, „was dann? Ich würde nicht wissen, daß Lisa mich liebt, sie selbst würde es nicht wissen." Er vermochte nicht, das Bild, die Stimme, den Blick seiner Frau hinwegzuscheuchen ... er verwünschte sich, verwünschte Alles auf der Welt.

Abgemattet kam er gegen Morgen zu Lemm. Er mußte lange klopfen; endlich zeigte sich am Fenster der Kopf des Alten in einer Schlafmütze, ein saures, eingeschrumpftes Gesicht, nicht im Entferntesten dem ernstbegeisterten Antlitze ähnlich, das Tages zuvor von dem

Gipfel seiner künstlerischen Höhe, seinen Herrscherblick auf Lawretzky hatte fallen lassen.

— Was wollen Sie? — fragte Lemm: ich kann nicht jede Nacht spielen, ich habe Decoct genommen. Lawretzky's Gesicht mußte aber doch ganz ungewöhnlich gewesen sein: der Alte hielt die Hand als Schirm vor die Augen, blickte den nächtlichen Gast prüfend an und ließ ihn ein.

Lawretzky trat in's Zimmer und fiel auf einen Stuhl; der Alte blieb vor ihm stehen und hielt, sich krümmend und kauernd, den bunten, abgetragenen Schlafrock fest um den Leib zusammen.

— Meine Frau ist angekommen, sagte Lawretzky und, den Kopf erhebend, lachte er unwillkürlich auf.

Lemm's Gesicht drückte Erstaunen aus, er lächelte aber nicht einmal, sondern hüllte sich noch fester in seinen Schlafrock.

— Sie wissen wohl nicht, fuhr Lawretzky fort: — ich hatte geglaubt . . . ich hatte in einer Zeitung gelesen, sie sei nicht mehr am Leben.

— Oh — oh, Sie haben das vor Kurzem gelesen? fragte Lemm.

— Vor Kurzem.

— Oh — oh, wiederholte der Alte und zog die Augenbrauen hoch. — Und angekommen ist sie?

— Sie ist angekommen. Sie ist jetzt in meiner Wohnung, und ich . . . ich bin ein unglücklicher Mensch.

Und er lachte wieder.

— Sie sind ein unglücklicher Mensch, sagte Lemm langsam.

— Christophor Fedoritsch, begann Lawretzky: — würden Sie einen Zettel überbringen wollen?

— Hm. Darf man fragen, an wen?

— An Lisaw . . .

— Ah — ja, ja, ich verstehe. Ganz gut. Und wann soll der Zettel abgegeben werden.

— Morgen, so früh wie möglich.

— Hm. Man könnte Kathrine, meine Köchin, hinschicken. Nein, ich werde selbst hingehen.

— Und Sie werden mir die Antwort bringen?

— Werde auch die Antwort bringen.

Lemm stieß einen Seufzer aus.

— Ja, mein armer, junger Freund; Sie sind in der That — ein unglücklicher junger Mann.

Lawretzky warf ein paar Worte an Lisa auf's Papier: er benachrichtigte sie von der Ankunft seiner Frau, bat sie, ihm eine Zusammenkunft zu bestimmen, und streckte sich dann auf den schmalen Divan hin, das Gesicht gegen die Wand gekehrt; der Alte aber legte sich zu Bett und drehte sich lange, hustend und Decoct schlürfend, von einer Seite auf die andere.

Der Morgen brach an; sie standen Beide auf, mit sonderbaren Blicken sich betrachtend. Lawretzky hätte sich

in dieser Secunde umbringen mögen. Die Köchin Ka=
tharine brachte ihnen abscheulichen Kaffee. Die Uhr schlug
acht. Lemm setzte den Hut auf und nachdem er erklärt
hatte, er gebe zwar bei Kalitin's um zehn Uhr eine
Stunde, werde aber einen plausiblen Vorwand finden,
schon jetzt hinzugehen, entfernte er sich. Lawretzky warf
sich wiederum auf den Divan und abermals stieg aus
dem Innersten seiner Seele das kummervolle Lachen auf.
Er dachte daran, wie seine Frau ihn aus dem Hause
verscheucht hatte; er stellte sich Lisa's Lage vor, schloß
die Augen und legte die Arme unter den Kopf. Endlich
kam Lemm zurück und brachte ihm ein Stückchen Papier,
auf welches Lisa mit Bleistift folgende Worte geschrieben
hatte: „Heute können wir uns nicht sprechen; vielleicht
— morgen Abend. Leben Sie wohl." Trocken und zer=
streut dankte Lawretzky Lemm und begab sich nach Hause.

Er traf seine Frau beim Frühstück; Ada, den ganzen
Kopf in Locken, in weißem Kleid mit blauen Bändern,
speiste eine Hammelcotelette. Warwara Pawlowna stand
sogleich auf, als Lawretzky in's Zimmer trat und ging
ihm mit unterwürfiger Miene entgegen. Er bat sie, ihm
in's Kabinet zu folgen, schloß hinter sich die Thür zu
und begann auf= und abzugehen; sie setzte sich hin, legte
sittsam eine Hand über die andere und folgte ihm mit
ihren immer noch schönen, wenn auch etwas untermalten
Augen.

Lange vermochte Lawretzky kein Wort hervorzubringen: er fühlte, daß er seiner nicht Herr war; er sah deutlich, daß Warwara Pawlowna nicht die geringste Furcht vor ihm hatte, sich aber anstellte, als wollte sie sogleich in Ohnmacht fallen.

— Hören Sie mich, Madame, begann er zuletzt, holte schwer Athem und preßte von Zeit zu Zeit die Zähne zusammen: — wir brauchen uns nicht vor einander zu verstellen; ich glaube nicht an Ihre Reue; und wenn dieselbe auch aufrichtig wäre — ist es mir doch unmöglich, wieder mit Ihnen Gemeinschaft zu haben, wieder mit Ihnen zu leben.

Warwara Pawlowna biß sich in die Lippen und preßte die Augenlider zusammen. „Das ist Verachtung," dachte sie, „Alles ist aus: ich bin in seinen Augen nicht einmal ein Weib."

— Unmöglich, wiederholte Lawretzky und knöpfte den Rock bis an den Hals zu. — Ich weiß nicht, warum es Ihnen gefallen hat, herzukommen: vermuthlich sind Sie am Geld zu kurz gekommen.

— Ach! Sie beleidigen mich, sagte Warwara mit gedämpfter Stimme.

— Wie dem auch sei — Sie sind einmal unglücklicherweise meine Frau. — Fortjagen kann ich Sie nicht . . . ich mache Ihnen folgenden Vorschlag. Sie können heute noch, wenn es Ihnen gefällt, nach Lawriki fahren und daselbst wohnen; Sie wissen, das Haus ist in gutem Stande; Sie sollen zu Ihrem Jahrgelde noch alles Nöthige erhalten . . . Gehen Sie darauf ein?

Warwara Pawlowna drückte ihr gesticktes Taschentuch an das Gesicht.

— Ich habe Ihnen schon gesagt, entgegnete sie mit convulsivischem Zucken der Lippen: — daß ich mit Allem, was Sie mit mir vorzunehmen gedenken, zufrieden sein werde; für jetzt bleibt mir nur, Sie zu fragen, ob Sie mir wenigstens erlauben werden, Ihnen für Ihre Großmuth zu danken?

— Sparen Sie sich den Dank, ich bitte — so wird es besser sein, sagte schnell Lawretzky. — Ich kann also, fuhr er, sich der Thür nähernd, fort: — ich kann also darauf rechnen . . .

— Morgen werde ich unfehlbar in Lawriki sein, sagte Warwara Pawlowna, sich ehrerbietig von ihrem Platze erhebend. — Aber Fedor Iwanitsch . . . (sie nannte ihn nicht mehr Theodor).

— Was wünschen Sie?

— Ich weiß, ich habe mich noch durch Nichts Ihrer Verzeihung würdig gemacht; darf ich wenigstens hoffen, daß mit der Zeit . . .

— Ei, Warwara Pawlowna, unterbrach sie Lawretzky: — Sie sind ja ein kluges Weib, und ich bin doch auch nicht auf den Kopf gefallen; ich weiß, daß Ihnen an meiner Verzeihung nichts gelegen ist. Verziehen habe ich Ihnen schon längst, zwischen uns aber liegt eine Kluft!

— Ich werde mich zu fügen verstehen, erwiederte Warwara Pawlowna und neigte den Kopf. — Ich habe mein Vergehen nicht vergessen; es würde mich auch nicht wundern, wenn ich erführe, daß die Nachricht von meinem Tode Ihnen sogar angenehm gewesen wäre, setzte sie sanft hinzu, indem sie mit einer leichten Bewegung der Hand auf das von Lawretzky vergessene, auf dem Tische liegen gebliebene Zeitungsblatt deutete.

Fedor Iwanitsch fuhr zusammen: das Feuilleton war mit Bleistift angestrichen. Mit noch größerer Unterwürfigkeit blickte ihn Warwara Pawlowna an. Sie war sehr schön in diesem Augenblicke. Das graue pariser Kleid umschloß harmonisch ihren schlanken, fast jungfräulich-jugendlichen Leib, ihren feinen, zarten Hals mit dem weißen Kragen, ihre ruhig sich hebende Brust, ihre Hände ohne Armbänder und Ringe, — ihre ganze Gestalt, vom glänzenden Haare bis hinab an die Spitze des kaum merklich vorgeschobenen Halbstiefels, war so reizvoll . . .

Lawretzky ließ einen Blick voll Verachtung über sie hingleiten und hätte ihr beinahe Bravo zugerufen, sie mit der Faust auf den Kopf geschlagen — und ging hinaus. Eine Stunde darauf war er schon in Wassiljewskoje, und zwei Stunden später ließ Warwara Pawlowna sich die beste Kutsche, die in der Stadt war, holen, setzte einen einfachen Strohhut mit schwarzem Schleier auf, warf eine anspruchslose Mantille über, empfahl Ada Justinen und fuhr zu Kalitin's: aus Fragen, die sie an die Dienerschaft gerichtet hatte, war ihr bekannt geworden, daß ihr Gatte jenes Haus täglich besuche.

XXXVIII.

Warwara Pawlowna's Eintreffen in der Stadt O. brachte Lawretzky keine Freude und war auch für Lisa ein drückendes Ereigniß. Sie war eben heruntergekommen und hatte der Mutter guten Morgen gewünscht, als unter den Fenstern Hufschlag ertönte und sie mit heimlichem Schauer Panschin in den Hof reiten sah. „Er kommt so früh, um eine bestimmte Antwort zu holen." dachte sie und sie täuschte sich nicht; nachdem Panschin sich eine Zeit lang im Gastzimmer umhergedreht hatte, machte er ihr den Vorschlag, mit ihm in den Garten zu gehen und forderte von ihr eine Entscheidung seines Schicksals. Lisa faßte sich ein Herz und erklärte ihm, sie könne nicht seine Frau werden. Er hörte sie bis zu Ende an, seitwärts zu ihr gekehrt und den Hut in die Augen gedrückt; höflich, jedoch mit veränderter Stimme fragte er sie: ob das ihr letztes Wort sei und er ihr vielleicht irgendwie Grund zu einer solchen Sinnesänderung gegeben habe. Dann drückte er die Hand an die Augen, stieß einen kurzen, abgebrochenen Seufzer aus und zog rasch die Hand vom Gesichte.

— Ich 'wollte nicht den alten Weg gehen, sagte er dumpf: — ich wollte mir eine Gefährtin nach dem Herzen wählen; doch muß es wohl nicht so bestimmt sein. Lebe wohl, du Traum! Er verneigte sich tief vor Lisa und kehrte in's Haus zurück.

Sie hatte geglaubt, er werde sogleich fortreiten; er begab sich jedoch in's Kabinet zu Marja Dmitriewna und blieb fast eine Stunde bei ihr. Beim Fortgehen sagte er zu Lisa: — vôtre mère vous appelle; adieu à jamais . . . bestieg sein Pferd und ritt in vollem Galopp davon. Lisa ging zu der Mutter und fand sie in Thränen: Panschin hatte derselben sein Mißgeschick mitgetheilt.

— Warum willst Du mich umbringen? Warum willst Du mich umbringen? begann die gekränkte Mutter ihre Klagen. — Wen willst Du denn eigentlich? Warum paßt er Dir nicht? Kammerjunker! uneigennützig! Könnte in Petersburg nach Gefallen ein Hoffräulein zur Gattin bekommen. Und ich, ich hatte mich der Hoffnung hingegeben! Und seit wann bist Du anderen Sinnes geworden? Das muß Dir von Jemandem eingeblasen worden sein, aus Dir selbst ist es nicht gekommen. Vielleicht kommt es von jenem Pinsel? Das ist ein guter Rathgeber!

— Und er, der Herzensjunge, fuhr Marja Dmitriewna fort: — wie ist er ehrerbietig, wie aufmerksam in seiner Trauer! Er hat mir das Versprechen gegeben, mich nicht zu verlassen. Ach, ich werde das nicht ertragen! Ach, mein Kopf möchte mir vor Schmerz zerspringen! Schicke Palaschka zu mir. Du bringst mich um, wenn Du Dich nicht besinnst, — hörst Du? Und nachdem Marja Dmitriewna Lisa zweimal eine Undankbare gescholten hatte, schickte sie dieselbe fort.

Sie begab sich auf ihr Zimmer. Noch hatte sie sich von ihrer Erklärung gegen Panschin und ihrer Mutter nicht erholt, als ein neues Gewitter über sie losbrach, und zwar von einer Seite, von welcher sie es am Wenigsten erwartet hatte. Marja Timofejewna trat zu ihr in's Zimmer und warf sogleich die Thüre hinter sich zu. Das Gesicht der Alten war bleich, die Haube verschoben, die Augen blitzten, Hände und Lippen zitterten. Lisa war ganz erstaunt; sie hatte ihre kluge und bedächtige Tante noch niemals in solchem Zustande gesehen.

— Vortrefflich, mein Fräulein, begann Marja Timofejewna mit bebender und abgebrochener Stimme halblaut: — vortrefflich! Von wem Du das gelernt hast, meine Liebe . . . Gieb mir Wasser; die Stimme versagt mir.

— Beruhigen Sie sich doch, liebe Tante; was fehlt Ihnen? sagte Lisa, indem sie ihr ein Glas Wasser reichte.

Hat Ihnen selbst ja, däucht mir, Herr Panschin nicht gefallen?

Marfa Timofejewna setzte das Glas ab.

— Ich kann nicht trinken: werde mir noch die letzten Zähne ausschlagen. Was hat hier Panschin zu schaffen? Ist denn von Panschin die Rede? Sage mir lieber, wer hat Dich gelehrt, nächtlich Rendez-vous zu geben? — wie? meine Liebe!

Lisa wurde bleich.

— Daß Dir's nicht einfällt, mich täuschen zu wollen, fuhr Marfa Timofejewna fort. — Schurotschka hat mit eigenen Augen Alles gesehen und mir hinterbracht. Ich habe ihr das Schwatzen verboten und lügen wird sie nicht.

— Ich will Sie ja auch nicht täuschen, liebe Tante, brachte Lisa kaum hörbar hervor.

— Ah, so! meine Liebe; Du hast ihm also ein Rendez-vous gegeben, diesem alten Verführer, diesem Mucker?

— Nein.

— Wie denn nicht?

— Ich war in's Gastzimmer hinunter gegangen, ein Buch zu holen: er war im Garten — und hat mich gerufen.

— Und Du bist zu ihm gegangen? Vortrefflich. Du liebst ihn wohl gar, was?

— Ich liebe ihn, antwortete Lisa still.

— Ach, du mein Leben! Sie liebt ihn! Marja Timofejewna riß ihre Haube ab.

— Einen verheiratheten Mann liebt sie! wahrhaftig! sie liebt ihn!

— Er sagte mir, wandte Lisa ein . . .

— Was hat er Dir gesagt, dieser lose Bube, nun?

— Er sagte mir, seine Frau sei gestorben.

Marja Timofejewna bekreuzigte sich. — Gott habe sie selig, murmelte sie: — ein eitles Ding war das Weib — wir wollen es ihr nicht nachtragen. Also so; er ist also Wittwer. Nun, ich sehe aber, er hat es hinter den Ohren. Eine Frau ist er los geworden, gleich hat er eine andere weg. Ach, dieser Duckmäuser! Das will ich Dir aber sagen, mein Nichtchen: zu meiner Zeit, als ich noch jung war, hatten die Jüngferchen für solche Streiche hart zu büßen. Du mußt mir nicht böse sein, mein Herz; nur Narren ertragen die Wahrheit nicht. Ich habe ihm heute absagen lassen. Ich habe ihn zwar lieb, das kann ich ihm aber nicht verzeihen. Also Wittwer! Gieb mir doch das Wasser. Daß Du den Panschin mit langer Nase hast abziehen lassen, das hast Du klug gemacht; bleibe Du mir aber nicht die Nächte lang mit diesem Bocksgeschlecht, den Mannspersonen, sitzen; mache mir Alten das Herz nicht schwer! Denn wenn ich auch freundlich bin — so kann ich doch auch bei Gelegenheit kratzen . . . Wittwer!

Marja Timofejewna ging fort, Lisa aber setzte sich in einen Winkel und fing an zu weinen. Es wurde ihr schwer um's Herz; solch eine Erniedrigung hatte sie nicht verdient. Ihr hatte die Liebe keine freundliche Aussicht eröffnet: seit dem gestrigen Abende war es das zweite Mal, daß sie Thränen vergoß. Kaum war in ihrem Herzen das neue, ungeahnte Gefühl aufgegangen und wie schwer mußte sie schon dafür büßen, wie unzart berührte eine fremde Hand ihr unverbrüchliches Geheimniß! Scham, Kummer, Schmerz befielen sie: aber weder Zweifel noch Furcht wurden in ihr rege — und noch theurer ward ihr Lawretzky. Sie hatte geschwankt, so lange sie sich selbst nicht klar gewesen war; nach jener Zusammenkunft aber, nach jenem Kusse — konnte sie nicht mehr im Unklaren sein; sie hatte erkannt, daß sie liebte — und mit aller Reinheit des Herzens, ohne Rückhalt, treu und für's ganze Leben gab sie sich ihrem Gefühle hin — und fürchtete keine Drohung; sie fühlte, daß keine Gewalt diesen Bund zu sprengen im Stande sei.

XXXIX.

Marja Dmitriewna war sehr bestürzt, als man ihr den Besuch Warwara Pawlowna Lawretzky's meldete; sie wußte nicht einmal, ob sie dieselbe empfangen sollte: sie fürchtete, Fedor Iwanitsch zu beleidigen. Die Neugier behielt zuletzt die Oberhand. Was ist es denn weiter, dachte sie, sie ist ja doch auch meine Verwandte — und nachdem sie in einem Lehnstuhle Platz genommen hatte, sagte sie zu dem Diener: bitte die Dame einzutreten! Nach einigen Minuten ging die Thür auf; mit raschem, kaum hörbarem Schritte trat Warwara Pawlowna zu Marja Dmitriewna heran und ohne ihr Zeit zu lassen aufzustehen, ließ sie sich fast bis auf's Knie vor ihr nieder.

— Ich danke Ihnen, liebe Tante, sagte sie mit gerührter und leiser Stimme auf russisch: — ich danke Ihnen; ich hatte auf solche Nachsicht von Ihrer Seite nicht gerechnet; Sie sind gut wie ein Engel.

Nach diesen Worten faßte Warwara Pawlowna unerwartet eine Hand Marja Dmitriewna's, drückte dieselbe sanft in ihren blaßvioletten, Jouvinschen Handschuhen, und führte sie ehrerbietig an ihre vollen, rosigen Lippen. Marja Dmitriewna wurde ganz verwirrt, als sie das schöne, reizend gekleidete Weib fast zu ihren Füßen sah; sie wußte nicht, was sie machen sollte: sie wollte ihre Hand zurückziehen, wollte die Dame Platz nehmen lassen, wollte ihr etwas Verbindliches sagen, und schloß damit, daß sie selbst aufstand und Warwara Pawlowna auf die glatte und parfümirte Stirn küßte. Warwara Pawlowna verging fast vor Entzücken unter diesem Kuß.

— Guten Tag; bon jour, sagte Marja Dmitriewna — ich erwartete freilich nicht . . . bin aber in der That erfreut, Sie zu sehen. Sie begreifen, meine Liebe — es steht mir nicht zu, zwischen Frau und Mann den Schiedsrichter zu spielen . . .

— Das Recht ist ganz auf der Seite meines Mannes; unterbrach sie Warwara Pawlowna: — ich allein bin schuld.

— Das ist ein sehr lobenswerthes Bekenntniß, entgegnete Marja Dmitriewna: — sehr lobenswerth. Wann sind Sie angekommen? Haben Sie ihn gesehen? So nehmen Sie doch Platz, ich bitte.

— Ich bin gestern angekommen, erwiederte Warwara Pawlowna, und ließ sich bescheiden auf einen Stuhl nieder; ich habe Fedor Iwanitsch gesehen, habe mit ihm gesprochen.

— So! Nun, wie war er denn?

— Ich hatte befürchtet, meine unerwartete Ankunft würde seinen Zorn erregen, fuhr Warwara Pawlowna fort: — aber er zog sich nicht von mir zurück.

— Das heißt, er hat Sie nicht . . . Ja, ja, ich verstehe, sagte Marja Dmitriewna. Er ist nur in seinem Aeußeren etwas rauh, hat aber eine gefühlvolle Seele.

— Fedor Iwanitsch hat mir nicht verziehen; er wollte mich nicht anhören . . . Er ist aber doch so gut gewesen, mir Lawriki zum Aufenthaltsorte zu bestimmen.

— So! ein herrliches Gut!

— Morgen schon fahre ich dahin, um seinem Willen gehorsam zu sein; habe es aber für meine Schuldigkeit gehalten, Ihnen vorher meinen Besuch abzustatten.

— Ich bin Ihnen sehr, sehr verbunden. Man soll seine Verwandten niemals vergessen. Aber wissen Sie, ich bin erstaunt, wie gut Sie russisch sprechen. C'est étonnant.

Warwara Pawlowna seufzte.

— Ich habe mich gar zu lange im Auslande aufgehalten, Marja Dmitriewna, ich weiß es: mein Herz ist aber immer russisch geblieben, und ich habe mein Vaterland nicht vergessen.

— Ja wohl, ja wohl; das ist die Hauptsache. Fedor Iwanitsch hat Sie indessen durchaus nicht erwartet... Ja, glauben Sie meiner Erfahrung: — la patrie avant tout. Ach, lassen Sie doch sehen, was für eine reizende Mantille Sie da haben?

— Sie gefällt Ihnen? Warwara Pawlowna ließ die Mantille geschickt von ihren Schultern gleiten. — Sehr einfach, von Madame Bourdran.

— Das sieht man gleich. Von Madame Bourdran ... wie nett und wie viel Geschmack! Sie haben gewiß eine Menge reizender Sachen mitgebracht. Ich möchte mir's ansehen.

— Meine ganze Toilette steht zu Ihren Diensten, geliebtes Tantchen. Wenn Sie erlauben, könnte ich Einiges

Ihrer Kammerfrau zeigen. Ich habe ein Kammermädchen aus Paris mitgebracht — eine ausgezeichnete Nähterin.

— Sie sind sehr gütig, meine Liebe. Aber wirklich, es macht mich verlegen . . .

— Verlegen . . . wiederholte Warwara Pawlowna mit zartem Vorwurf. Wollen Sie mich glücklich machen — dann verfügen Sie über mich, wie über Ihr Eigenthum.

Marja Dmitriewna war ganz hingerissen.

— Vous êtes charmante, sagte sie. — Warum nehmen Sie aber nicht Hut und Handschuhe ab?

— Wie? Sie erlauben mir's? fragte Warwara Pawlowna und legte wie gerührt die Hände zusammen.

— Versteht sich; ich hoffe, Sie speisen mit uns. Ich . . . will Ihnen meine . . . meine Tochter vorstellen. Marja Dmitriewna wurde etwas verlegen. „Nun, was ist denn dabei!" dachte sie. — Sie ist aber heute nicht ganz wohl.

— Oh, ma tante, wie sind Sie gut! rief Warwara Pawlowna aus und berührte die Augen mit dem Taschentuche.

Ein Laufbursche meldete Gedeonowsky. Schmunzelnd und Bücklinge machend trat der alte Schwätzer herein. Marja Dmitriewna stellte ihn Warwara Pawlowna vor. Er verlor anfangs ein wenig die Fassung; Warwara Pawlowna benahm sich jedoch gegen ihn so coquett-achtungsvoll, daß er ganz warm wurde und Einfälle, Klatschereien,

Schmeicheleien wie Honigseim aus seinem Munde flossen. Warwara Pawlowna hörte ihm zu, lächelte bescheiden und wurde allmählich gesprächig. Sie erzählte in ungekünstelter Rede von Paris, von ihren Reisen, von Baden; brachte zwei Mal Marja Dmitriewna zum Lachen und stieß beide Male sogleich einen kurzen Seufzer aus, als machte sie sich innerlich Vorwürfe über ihre unzeitige Heiterkeit; bat um die Erlaubniß, Ada herzubringen; nahm ihre Handschuhe ab und zeigte mit ihren glatten, mit Seife à la guimaure gewaschenen Händen, — wie und wo man Volants, Rüches, Spitzen und Choux trägt; versprach ein Gläschen neuer, wohlriechender englischer Essenz mitzubringen: Victoria's Essence und freute sich wie ein Kind, als Marja Dmitriewna einwilligte, dieselbe als Geschenk anzunehmen; auch ließ sie einige Thränen fallen, als sie des Eindrucks gedachte! den das russische Glockengeläute auf sie gemacht hatte, als sie dasselbe zum ersten Male hörte: „bis tief in die Seele hat es mich gerührt," sagte sie.

In diesem Augenblicke trat Lisa in's Zimmer.

Seit dem Morgen, seit der Minute, als sie, vor Schrecken erstarrt, den Zettel Lawretzky's gelesen hatte, bereitete sie sich auf eine Zusammenkunft mit dessen Frau vor, sie hatte ein Vorgefühl, daß sie dieselbe sehen werde. Zur Strafe für ihre verbrecherischen Hoffnungen, wie sie es nannte, war sie entschlossen, derselben nicht auszuweichen.

Die plötzliche Wendung, die in ihrem Schicksale einge=
treten war, hatte sie auf's Tiefste erschüttert; in zwei
Stunden hatte ihr Aeußeres abgenommen; doch war nicht
eine einzige Thräne ihren Augen entquollen. „Das ist
mir recht!" sagte sie zu sich selbst und dabei bemühte sie
sich, in ihrer Aufregung gewisse bittere, boshafte und ihr
selbst Schrecken einflößende Regungen ihrer Seele nieder=
zuhalten.

„Ich muß hin!" dachte sie, als sie die Ankunft der
Mme. Lawretzky erfuhr, und sie begab sich dahin . . .
Lange blieb sie vor der Thür des Gastzimmers stehen,
bevor sie es über sich gewann, dieselbe zu öffnen; mit dem
Gedanken: „ich habe mich gegen sie vergangen" — trat
sie über die Schwelle und zwang sich, den Gast anzu=
sehen, zwang sich zu lächeln. Warwara Pawlowna kam
ihr entgegen, sobald sie ihrer ansichtig ward und ver=
beugte sich leicht, aber mit Achtung.

— Erlauben Sie, daß ich mich vorstelle, sagte sie
mit einschmeichelndem Tone: — Ihre maman erweist mir
so viel Nachsicht, daß ich auch von Ihrer Seite auf . . .
Güte hoffen zu dürfen glaube. Der Ausdruck im Gesichte
Warwara Pawlowna's bei diesen Worten, ihr schlaues
Lächeln, der kalte und zugleich sanfte Blick, die Bewegung
ihrer Arme und Schultern, ihr Kleid selbst, ihr ganzes
Wesen — erregte bei Lisa ein solches Gefühl von Wider=
willen, daß sie nicht im Stande war, ihr zu antworten,

und es ihr Ueberwindung kostete, ihr die Hand zu reichen. „Dieses junge Mädchen empfindet Abscheu vor mir," dachte Warwara Pawlowna, indem sie die kalten Finger Lisa's kräftig drückte, und sagte darauf zu Marja Dmitriewna gewendet halblaut: mais elle est délicieuse! Lisa erröthete leicht: diese Worte däuchten ihr wie Spott und Beleidigung; sie war jedoch entschlossen, ihren Eindrücken nicht zu trauen und setzte sich an das Fenster vor den Stickrahmen. Aber auch dort gönnte ihr Warwara Pawlowna nicht Ruhe: sie näherte sich ihr und ließ sich in Lobeserhebung über ihren Geschmack und ihre Kunstfertigkeit aus . . . Heftig und schmerzhaft pochte Lisa das Herz; mit Mühe behielt sie die Fassung und blieb auf ihrem Stuhle sitzen. Es dünkte sie, Warwara Pawlowna wisse Alles und triumphire und spotte insgeheim über sie. Zu ihrem Glücke richtete Gedeonowsky das Wort an Warwara Pawlowna und lenkte die Aufmerksamkeit derselben ab. Lisa neigte sich über den Rahmen und beobachtete sie verstohlen. „Dieses Weib — dachte sie — hat Er geliebt." Doch gleich darauf verscheuchte sie sogar den Gedanken an Lawretzky aus ihrem Sinne: sie fürchtete, die Herrschaft über sich zu verlieren, sie fühlte, wie ein leichter Schwindel sie ergriff. Marja Dmitriewna brachte das Gespräch auf Musik.

— Ich habe gehört, meine Liebe, begann sie: — Sie sollen eine ausgezeichnete Virtuosin sein?

— Ich habe schon lange nicht gespielt, erwiederte Warwara Pawlowna und setzte sich sogleich an's Clavier. Ihre Finger glitten leicht über die Tasten hin. — Befehlen Sie?

— Haben Sie die Güte.

Meisterhaft trug Warwara Pawlowna eine brillante und schwierige Etüde von Herz vor. Ihr Spiel hatte viel Kraft und Gewandtheit.

— Eine Sylphide! rief Gedeonowsky.

— Bezaubernd! bestätigte Marja Dmitriewna. — Nun, Warwara Pawlowna, ich muß gestehen, sagte sie, zum ersten Male dieselbe beim Namen nennend: — Sie haben mich in Erstaunen gesetzt; Sie könnten wahrhaftig Concerte geben. Wir haben hier einen Musikanten, einen alten Deutschen, einen originellen Kauz, sehr gelehrt, er giebt Lisa Unterricht, der wird ganz entzückt von Ihnen sein.

— Lisaweta Michailowna ist auch Musikfreundin? fragte Warwara Pawlowna, den Kopf etwas nach ihrer Seite gewendet.

— Ja, sie spielt nicht schlecht und liebt Musik; was ist das aber im Vergleich zu Ihnen? Wir haben hier aber auch noch einen jungen Mann; Sie müssen durchaus seine Bekanntschaft machen. In der Seele ist er Künstler und componirt allerliebst. Er allein kann Sie vollkommen würdigen.

— Ein junger Mann? äußerte Warwara Pawlowna. Wer ist das? Vielleicht ein armer Schlucker?

— Oh ich bitte, der erste Cavalier hier, und nicht bloß hier bei uns — et à Petersbourg. Kammerjunker, in die besten Gesellschaften aufgenommen. Sie haben gewiß schon von ihm gehört: Panschin, Wladimir Nikolaitsch. Er ist hier im Auftrage der Regierung . . . ein zukünftiger Minister, was denken Sie!

— Und Künstler?

— In der Seele Künstler und ein liebenswürdiger Mensch. Sie werden ihn sehen. Diese ganze Zeit war er sehr oft bei uns; ich habe ihn auf den heutigen Abend eingeladen; ich hoffe, er wird kommen, setzte Marja Dmitriewna mit einem kurzen Seufzer und bitterem Lächeln hinzu.

Lisa verstand die Bedeutung dieses Lächelns; das rührte sie jedoch nicht.

— Und jung? wiederholte Warwara Pawlowna, leicht auf dem Piano modulirend.

— Achtundzwanzig Jahre alt — und von sehr einnehmendem Aeußern. Un jeune homme accompli, oh gewiß.

— Ein Muster von jungem Manne, kann man wohl sagen, bemerkte Gedeonowsky.

Warwara Pawlowna stimmte sofort einen rauschenden Walzer von Strauß an, der mit einem so gewaltigen und raschen Triller anfing, daß Gedeonowsky sogar zusammenschrak; mitten im Walzer ging sie plötzlich in ein schmachtendes Motiv über, und schloß mit der Arie: Fra poco aus „Lucia" . . . es war ihr eingefallen, daß heitere Musik zu ihrer Stellung nicht passe. Die Arie aus der „Lucia," mit besonderem Nachdruck auf den gefühlvollen Stellen, verursachte bei Marja Dmitriewna unendliche Rührung.

— Wie viel Seele, flüsterte sie Gedeonowsky zu.

— Eine Sylphide! wiederholte Gedeonowsky und hob die Augen gen Himmel.

Die Mittagsstunde war gekommen. Marfa Timofejewna kam herunter, als die Suppe bereits servirt war. Sie benahm sich sehr trocken gegen Warwara Pawlowna, erwiederte deren Liebenswürdigkeiten nur mit halben Worten, und blickte sie nicht an. Warwara Pawlowna erkannte bald, daß aus dieser Alten nichts herauszubringen sei, und hörte auf, das Wort an sie zu richten; dagegen war Marja Dmitriewna um so liebenswürdiger gegen ihren Gast: das unhöfliche Benehmen der Tante ärgerte sie. Uebrigens war es nicht Warwara Pawlowna allein, welche Marfa Timofejewna nicht anblickte, auch Lisa würdigte sie keines Blickes, obgleich ihre alten Augen Funken sprüheten. Sie saß da wie ein Steinbild, gelb, blaß, mit zusammengekniffenen Lippen — und aß nichts. Lisa schien ruhig; und wirklich: in ihrer Seele war es ruhiger geworden;

eine eigenthümliche Gefühllosigkeit, die Gefühllosigkeit zum Tode Verurtheilter, war über sie gekommen. Bei Tische sprach Warwara Pawlowna wenig: sie schien schüchtern geworden zu sein und ihrem Gesichte den Ausdruck bescheidener Schwermuth gegeben zu haben. Gedeonowsky allein brachte durch seine Erzählungen Leben in die Unterhaltung, obgleich er beständig ängstliche Blicke auf Marfa Timofejewna warf und sich räusperte — das Räuspern befiel ihn jedes Mal, wenn er sich vornahm, in ihrem Beisein Lügen vorzubringen — sie kehrte sich jedoch nicht an ihn und unterbrach nicht sein Geschwätz. Nach Tische stellte es sich heraus, daß Warwara Pawlowna eine große Liebhaberin von Preference war; diese Entdeckung erfreute und rührte Marja Dmitriewna dermaßen, daß ihr sogar der Gedanke kam: „was für ein Dummkopf muß aber doch der Fedor Iwanitsch sein, daß er eine solche Frau nicht zu schätzen gewußt hat."

Sie setzte sich mit ihr und Gedeonowsky an den Kartentisch, während Marfa Timofejewna Lisa mit sich hinaufführte, indem sie sagte, sie sehe so bleich aus, und müsse gewiß Kopfweh haben.

— Ja, sie hat furchtbaren Kopfschmerz, sagte Marja Dmitriewna zu Warwara Pawlowna und rollte mit den Augen. — Ich selbst leide oft an schrecklicher Migräne…

— Ist es möglich! entgegnete Warwara Pawlowna.

Lisa trat in das Zimmer ihrer Tante und sank vor Entkräftung auf einen Stuhl. Marfa Timofejewna blickte sie lange schweigend an, ließ sich dann leise vor ihr auf das Knie nieder — und begann nun, gleichfalls schweigend, bald die eine, bald die andere ihrer Hände zu küssen. Lisa beugte sich vor, erröthete — und brach in Thränen aus, hob jedoch Marfa Timofejewna nicht vom Boden auf und zog auch die Hände nicht zurück: sie fühlte, daß sie kein Recht hatte, dieselben zurückzuziehen, kein Recht hatte, die Alte zu verhindern, ihre Reue und Theilnahme zu bezeigen, sie um das gestern Vorgefallene um Verzeihung zu bitten; und Marfa Timofejewna konnte diese bleichen, kraftlosen, armen Hände nicht genug mit Küssen bedecken — und schweigsame Thränen entströmten ihren Augen und den Augen Lisa's; der Kater Matros aber schnurrte auf dem breiten Lehnstuhle neben dem Knäuel und dem Strickstrumpfe, das spitze Flämmchen in der Lampe vor dem Heiligenbilde bewegte sich kaum — und im Nebenzimmer, hinter der Thür, stand Nastaßja Karpowna und wischte sich die Augen mit ihrem zum Knäuel zusammengerollten, quadrirten Schnupftuche.

XL.

Inzwischen war unten im Gastzimmer die Preference-partie im besten Gange; Marja Dmitriewna gewann und war bei Laune. Ein Diener trat in's Zimmer und meldete Panschin.

Marja Dmitriewna ließ die Karten fallen und machte sich auf ihrem Stuhle zu schaffen; Warwara Pawlowna sah ihr mit halbspöttischem Lächeln zu, und richtete dann den Blick nach der Thür. In schwarzem Frack, bis oben zugeknöpft und hohem, englischem Kragen, trat Panschin herein. „Es wurde mir schwer, Folge zu leisten, ich bin aber hier, wie Sie sehen": das war es, was auf seinem melancholischen, frisch rasirten Gesichte zu lesen war.

— Aber mein lieber Wolbemar, rief Marja Dmitriewna: — früher kamen Sie ohne sich anmelden zu lassen?

Panschin antwortete Marja Dmitriewna nur mit dem Blick, grüßte sie höflich, küßte ihr jedoch nicht die Hand. Sie stellte ihn Warwara Pawlowna vor; er trat einen Schritt zurück, grüßte sie gleichfalls höflich, doch mit einer Nüance von Eleganz und Achtung, und nahm darauf am Kartentische Platz. Die Preference war bald zu Ende. Panschin erkundigte sich nach Lisaweta Michailowna, erfuhr, daß sie unwohl sei, und drückte sein Bedauern aus; darauf knüpfte er mit Warwara Pawlowna ein Gespräch an, jedes Wort diplomatisch abwägend und abrundend, und ihre Erwiederungen ehrerbietig anhörend. Die diplomatische Wichtigkeit seiner Rede hatte jedoch keine Wirkung auf Warwara Pawlowna, sie wurde nicht von derselben angesteckt. Im Gegentheil, sie blickte ihm mit heiterem Interesse in die Augen, sprach ungezwungen, und ein leichtes Zucken, wie von zurückgehaltener Lachlust, bewegte ihre Nasenflügel. Marja Dmitriewna begann das Talent ihres Gastes herauszustreichen; höflich und, soviel es ihm seine Hemdkragen erlaubten, sich verneigend, erklärte Panschin, er „wäre davon schon im Voraus überzeugt gewesen" — und immer wichtigere Gegenstände berührend, verstieg er sich in seiner Rede sogar bis zu Metternich. Warwara Pawlowna drückte ihre schönen Augen halb zu, sagte halblaut zu ihm: Sie sind ja auch Künstler, un confrère, und fügte dann, mit einer Neigung des Kopfes gegen das Clavier, noch leiser hinzu: venez! — Dieses einzige Wörtchen: venez! änderte augenblicklich, wie durch Zauber, Panschin's ganzes Wesen. Seine melancholische Miene war verschwunden; er lächelte, bekam Leben, knöpfte seinen Frack auf und beständig betheuernd: „ich, ein Künstler, ach! ja Sie, höre ich, sind eine wirkliche Künstlerin" — folgte er Warwara Pawlowna zum Clavier.

— Lassen Sie ihn die Romanze singen — wie der Mond dahinzieht, rief Marja Dmitriewna.

— Sie singen? fragte Warwara Pawlowna und ließ einen leuchtenden, raschen Blick über ihn gleiten. — Setzen Sie sich.

Panschin machte Umstände.

— Setzen Sie sich, wiederholte sie, ungeduldig an die Lehne des Stuhles schlagend.

Er setzte sich, hüstelte, zog seinen Kragen zurecht und sang die Romanze.

— Charmant, äußerte Warwara Pawlowna: — Sie singen vortrefflich, vous avez du style, — wiederholen Sie es.

Sie ging um das Clavier herum und blieb Panschin gerade gegenüber stehen. Er wiederholte die Romanze, indem er seiner Stimme ein melodramatisches Zittern verlieh. Auf das Clavier gestützt und die weißen Hände in der Höhe der Lippen haltend, blickte ihn Warwara Pawlowna fest in's Gesicht. Panschin war zu Ende.

— Charmant, charmante idée — sagte sie mit dem ruhigen sicheren Tone einer Kennerin. — Sagen Sie doch, haben Sie vielleicht Etwas für eine weibliche Stimme, für mezzo-soprano geschrieben?

— Ich componire fast nichts, entgegnete Panschin: — ich habe dies bloß leichthin, in einer freien Stunde . . . Sie singen wohl?

— Ja, ich singe.

— Oh! singen Sie uns etwas vor, sagte Marja Dmitriewna.

Warwara Pawlowna strich ihr Haar von den sich röthenden Wangen und schüttelte den Kopf.

— Unsere Stimmen müssen zu einander passen, sagte sie, zu Panschin gewandt: — wollen wir ein Duett singen? Können Sie Son geloso, oder La ci darem, oder Mira la bianca luna?

— Ich habe früher Mira la bianca luna gesungen, entgegnete Panschin; es ist aber schon lange her, hab' es vergessen.

— Thut nichts, wir wollen es leise repetiren. Erlauben Sie.

Warwara Pawlowna setzte sich an's Clavier. Panschin blieb neben ihr stehen. Sie sangen das Duett mit halber Stimme, wobei Warwara Pawlowna ihn einige Male verbesserte, darauf sangen sie laut und wiederholten zweimal: Mira la bianca lu ... u ... una. Warwara Pawlowna's Stimme hatte ihre Frische verloren, sie wußte dieselbe aber doch sehr geschickt zu gebrauchen. Panschin war anfangs schüchtern und sang etwas falsch, wurde indessen bald warm, und wenn er auch nicht fehlerfrei sang, so bewegte er doch die Schultern, schaukelte den ganzen Oberleib und streckte zu Zeiten den Arm aus, ganz wie ein echter Sänger. Warwara Pawlowna trug noch ein paar Piecen von Thalberg vor und „recitirte"

coquett eine französische Ariette. Marja Dmitriewna
wußte nicht mehr, wie sie ihr Vergnügen ausdrücken sollte;
einige Male hatte sie Lisa rufen wollen; Gedeonowsky fand
gleichfalls keine Worte und schüttelte bloß den Kopf —
mußte jedoch plötzlich unwillkürlich gähnen und hatte kaum
Zeit, den Mund mit der Hand zu bedecken. Dies Gähnen
war Warwara Pawlowna nicht entgangen: sie drehte rasch
dem Claviere den Rücken, sagte: „assez de musique comme
ça; wir wollen plaudern" — und schlug die Hände über
einander. „Oui, assez de musique," wiederholte Panschin heiter und knüpfte mit ihr ein lebhaftes, leichtes
Gespräch in französischer Sprache an. „Ganz wie im
besten Pariser Salon," dachte Marja Dmitriewna, den
geschmeidigen und hüpfenden Reden zuhörend. Panschin
empfand vollkommenes Vergnügen; seine Augen glänzten,
er lächelte; anfangs, wenn sein Blick Marja Dmitriewna
traf, war er mit der Hand über sein Gesicht gefahren,
hatte die Augenbrauen zusammengezogen und kurze Seufzer
ausgestoßen, nachher aber wurde sie ganz von ihm übersehen und er gab sich dem Genusse des halb weltmänni-
schen, halb künstlerischen Geschwätzes vollständig hin. Es
erwies sich, daß Warwara Pawlowna eine große Philosophin
war: sie hatte auf Alles eine Antwort gleich bei der Hand,
war niemals in Verlegenheit, zweifelte an Nichts; man
konnte bemerken, daß sie viel und oft mit gebildeten Leuten
jeder Gattung disputirt hatte. Ihr ganzes Sinnen und

Trachten war auf Paris gerichtet. Panschin lenkte das Gespräch auf Literatur: es ergab sich, daß sie, gleich ihm, nur leichte französische Sachen gelesen hatte: Georges Sand erregte ihren Unwillen, Balzac schätzte sie, obgleich er sie ermüdete, Sue und Scribe hielt sie für große Kenner des menschlichen Herzens, Dumas und Feval verehrte sie sehr; doch vor Allem gab sie in ihrem Innern Paul de Kock den Vorzug, obwohl sie, begreiflicherweise, nicht einmal dessen Namen über ihre Lippen kommen ließ. Im Grunde genommen, interessirte sie Literatur nicht sehr. Warwara Pawlowna wußte sehr geschickt Alles zu vermeiden, was auch nur entfernt an ihre Stellung hätte erinnern können; von Liebe kam Nichts in ihren Gesprächen vor: im Gegentheil, in ihren Reden blickte eher Strenge gegen Verirrungen der Leidenschaft, Enttäuschung und Demuth durch. Panschin widersprach ihr; sie beharrte bei ihrer Meinung . . . und sonderbar! gerade in den Augenblicken, wann ihren Lippen Worte des Tadels, und oft strengen Tadels entschlüpften, lag in dem Tone dieser Worte etwas Schmeichelndes, Liebkosendes und sprach aus ihren Augen . . . ja, was aus diesen reizenden Augen sprach — wäre schwer zu bestimmen gewesen; es war aber keine strenge, es war eine feine und zärtliche Sprache. Panschin bemühte sich, den geheimen Sinn derselben zu erfassen, bemühte sich selbst, seine Augen reden zu lassen, er fühlte indessen, daß es bei ihm nicht damit gehen wollte; er gewann die Ueberzeugung, daß Warwara Pawlowna als wirkliche, im Auslande geschulte Weltdame ihn überragte; und darum fühlte er sich auch nicht ganz frei. Warwara Pawlowna hatte die Gewohnheit, wenn sie sprach, den Arm ihres Gesellschafters leicht zu berühren; diese augenblicklichen Berührungen regten Wladimir Nikolaitsch sehr auf. Warwara Pawlowna besaß das Talent, mit Jedermann schnell bekannt zu werden; zwei Stunden waren noch nicht verstrichen, und schon däuchte es Panschin, er kenne sie lange, und Lisa, jene Lisa, für welche er doch einen gewissen Grad von Liebe empfunden, welcher er Tags zuvor einen Antrag gemacht hatte — sie begann wie in Nebel zu verschwinden. Der Thee wurde servirt, die Unterhaltung noch ungezwungener. Marja Dmitriewna schellte nach dem Dienstburschen und ließ Lisa sagen, sie möchte herunterkommen, wenn sie nicht mehr so heftiges Kopfweh habe. Bei Erwähnung Lisa's begann Panschin sich über Selbstaufopferung und Untersuchungen darüber auszulassen, wer eines Opfers fähiger sei — der Mann oder das Weib. Marja Dmitriewna wurde gleich warm und erklärte, das Weib wäre dazu fähiger, sie wolle ihre Behauptung mit zwei Worten beweisen, verwickelte sich aber und schloß mit einem ziemlich ungeschickten Vergleiche. Warwara Pawlowna nahm ein Notenheft in die Hand, bedeckte damit zur Hälfte ihr Gesicht und warf, an einem Bisquit nagend, zu Panschin gewandt, mit ruhigem Lächeln auf den Lippen und im Blick die halblaute Bemerkung hin: „elle n'a pas inventé la poudre, la bonne dame." Panschin erschrak etwas und war über die Kühnheit Warwara Pawlowna's erstaunt; er fühlte aber nicht, wie viel Verachtung gegen ihn selbst in dieser unerwarteten Mittheilung lag, und alle Freundlichkeiten und Gunstbezeigungen Marja Dmitriewna's, alle Diners, die sie ihm gegeben, alle Summen, die sie ihm geborgt hatte, vergessend — erwiederte er mit gleichem Lächeln und in gleichem Tone (der Unglückliche!): „je crois bien" — und nicht einmal „je crois bien," sondern — „j'crois ben!" Warwara Pawlowna warf ihm einen wohlwollenden Blick zu und stand auf. Lisa trat in's Zimmer. Marfa Timofejewna hatte sie vergebens zurückzuhalten versucht: sie war entschlossen, sich der Prüfung bis zum Ende zu unterziehen. Warwara Pawlowna und Panschin, dessen Gesicht den anfänglichen diplomatischen Ausdruck wieder angenommen hatte, gingen ihr entgegen.

— Wie ist Ihr Befinden? fragte er Lisa.

— Ich danke Ihnen, ich fühle mich jetzt besser, gab sie zur Antwort.

— Wir haben hier unterdessen etwas musicirt; es ist schade, daß Sie Warwara Pawlowna nicht gehört haben. Sie singt ausgezeichnet, en artiste consommée.

— Kommen Sie doch her, ma chère, ließ sich Marja Dmitriewna's Stimme vernehmen.

Augenblicklich, mit jugendlicher Behendigkeit, begab sich Warwara Pawlowna zu ihr und ließ sich auf ein niedriges Taburet zu ihren Füßen nieder. Marja Dmitriewna hatte sie zu sich gerufen, damit ihre Tochter, wenn auch nur einige Minuten, mit Panschin allein bliebe: sie hoffte noch immer insgeheim, sie werde sich eines Anderen besinnen. Dann war ihr außerdem noch ein Gedanke in den Kopf gestiegen, den sie durchaus sogleich an den Mann bringen mußte.

— Wissen Sie, flüsterte sie Warwara Pawlowna zu: — ich will versuchen, Sie mit Ihrem Manne zu versöhnen; für den Erfolg stehe ich nicht, versuchen will ich es aber. Er hat, wie Sie wissen, große Achtung für mich.

Warwara Pawlowna hob langsam den Blick zu Marja Dmitriewna und faltete malerisch die Hände.

— Sie würden meine Retterin werden, ma tante, sagte sie mit betrübter Stimme: — ich weiß nicht, wie ich Ihnen für alle Ihre Freundlichkeiten danken soll; mein Vergehen gegen Fedor Iwanitsch ist aber gar zu bedeutend; er kann mir nicht verzeihen.

— Sind Sie ihm denn . . . wirklich . . . forschte Marja Dmitriewna neugierig . . .

— Fragen Sie mich nicht, unterbrach sie Warwara Pawlowna und senkte den Blick zu Boden. — Ich war jung, leichtsinnig . . . Ich will mich auch gar nicht rechtfertigen.

— Nun, aber doch, warum sollte man es nicht versuchen? Verzweifeln Sie nicht, fuhr Marja Dmitriewna fort und wollte ihr eben die Wange streicheln, sah ihr aber in das Gesicht — und zog die Hand zurück. „Sittsam, sittsam," dachte sie, „aber doch eine lionne, eine Löwin."

— Sie sind unwohl? fragte Panschin unterdessen Lisa.

— Ja, ich bin nicht wohl.

— Ich verstehe Sie, sagte er nach längerem Schweigen.

— Ja, ich verstehe Sie.

— Wie das?

— Ich verstehe Sie, wiederholte Panschin bedeutungsvoll, er wußte eben nicht, was er sagen sollte.

Lisa wurde verlegen und dachte gleich darauf: „immerhin!" Panschin nahm eine geheimnißvolle Miene an und blickte ernsthaft zur Seite.

— Es hat, glaube ich, schon elf geschlagen, bemerkte Marja Dmitriewna.

Die Gäste verstanden den Wink und schickten sich zum Aufbruch an. Warwara Pawlowna mußte das Versprechen geben, den folgenden Tag zu Mittag wieder zu kommen und Ada mitzubringen; Gedeonowsky, der, in einem Winkel sitzend, fast eingeschlafen war, erbot sich, sie nach Hause zu begleiten. Panschin nahm ceremoniös Abschied von Allen, half an der Thür Warwara Pawlowna in die Kutsche, drückte ihr die Hand und rief ihr au revoir! nach. Gedeonowsky nahm neben ihr Platz; während der Fahrt machte sie sich den Spaß, ihre Fußspitzen wie zufällig auf seinen Fuß zu setzen; er wurde verwirrt, machte ihr Schmeicheleien; sie kicherte und liebäugelte mit ihm, wenn das Innere der Kutsche von den Straßenlaternen erleuchtet wurde. Der Walzer, den sie gespielt hatte, tönte noch fort in ihren Ohren und regte sie auf; wo sie auch sein mochte, bedurfte es nur der Vorstellung eines glänzend erleuchteten Ballsaales, des wirbelnden Tempos beim Schall des Orchesters — und augenblicklich gerieth ihr Inneres in Feuer, es umwölkte sich auf eigenthümliche Weise ihr Blick, ein Lächeln umspielte ihre Lippen und ein anmuthig-bacchantisches Etwas ergoß sich über ihre ganze Gestalt. An ihrer Wohnung angekommen, sprang Warwara Pawlowna gewandt aus der Kutsche — wie es nur Damen von Welt verstehen — drehte sich nach Gedeonowsky um und brach ihm gerade in's Gesicht in helles Lachen aus.

„Ein liebenswürdiges Wesen," dachte der Staatsrath, indem er in seine Wohnung trat, wo ihn sein Diener mit einer Büchse Opodeldok erwartete, „ein Glück, daß ich ein gesetzter Mann bin . . . worüber mag sie denn aber gelacht haben?"

Marfa Timofejewna blieb die ganze Nacht am Bette Lisa's sitzen.

XLI.

Etwas über einen Tag blieb Lawretzky in Wassiljewskoje und durchirrte fast die ganze Zeit die Umgegend. Es war ihm unmöglich, lange an einer Stelle zu bleiben: Schwermuth verzehrte ihn; er erduldete alle Qualen unaufhörlicher, ungestümer und kraftloser, unnützer Aufregungen. Er erinnerte sich des Gefühls, das sich seiner Seele bemächtigt hatte am Tage nach seiner Ankunft auf dem Gute; er erinnerte sich seiner damaligen Vorsätze und wurde überaus unwillig über sich selbst. Was hatte ihn von Dem, was er für seine Pflicht, für die alleinige Aufgabe seines zukünftigen Lebens gehalten hatte, abwendig machen können? Das Streben nach Glück — wieder und wieder dasselbe Streben nach Glück! — „Michalewitsch hat doch Recht," dachte er. „Dich hat ein zweites Mal in Deinem Leben gelüstet, vom Glücke zu kosten," redete er zu sich selbst, „und Du hast vergessen, daß es schon Luxus und unverdiente Gnade ist, wenn dasselbe dem Menschen nur ein Mal zu Theil wird. Es war kein wahres, es war ein falsches Glück, wirst Du sagen; so zeige doch Deine Vollmacht auf ein volles und wahres Glück! Schaue umher! wer um Dich herum sitzt im Schooße des Glückes, wer hat Genuß vom Leben? Siehe, da fährt ein Bauer, sein Gras zu mähen; vielleicht ist er mit seinem Geschicke zufrieden . . . Nun? möchtest Du wohl mit ihm tauschen? Denke an Deine Mutter: wie so gering waren ihre Ansprüche, und was ward ihr vom Schicksale beschieden? Es war wohl nur Prahlerei von Dir, als Du zu Panschin sagtest, Du wärst nach Rußland gekommen, um den Acker zu pflügen; Du bist hergekommen, um in Deinen alten Tagen jungen Mädchen den Hof zu machen. Du erfuhrst, daß Du Deine Freiheit wieder erlangt habest, und hast Alles liegen lassen, Alles aus dem Sinn geschlagen und hast das Freie gesucht, um wie eine Knabe dem Schmetterlinge nachzujagen" . . . Lisa's Bild schwebte beständig vor seiner Seele; es kostete ihm Mühe, es hinwegzuscheuchen, ebenso ein anderes, sich ihm aufdrängendes Bild, andere, unbefangen-hinterlistige, schöne und verhaßte Züge. Der alte Anton bemerkte, daß mit seinem Gebieter Etwas vorgegangen sei; nachdem er einige Male hinter der Thür und dann noch auf der Schwelle einige Seufzer ausgestoßen hatte, nahm er sich ein Herz, heranzutreten und ihm den Rath zu geben, er möge doch ein warmes Tränkchen zu sich nehmen. Lawretzky fuhr ihn unwillig an, hieß ihn sich packen, und bat ihn darauf um Entschuldigung; das machte Anton nur trauriger. Lawretzky konnte nicht mehr im Gastzimmer bleiben: ihm däuchte, sein Ahn Andreas blickte verächtlich aus seinem Rahmen herab auf seinen schwächlichen Nachkommen; — „He, Du schwimmst nicht tief!" dünkten ihm die seitwärts verzogenen Lippen des Bildes zu sagen. „Sollte ich denn nicht — Herr über mich werden," dachte er, „sollte ich mich solchem ... Nichts unterwerfen?" (Die im Kriege schwer Verwundeten nennen ihre Wunden immer ein „Nichts." Ohne Selbsttäuschung — giebt's für den Menschen kein Leben auf dieser Welt.) „Bin ich denn etwa ein Knabe? Nun ja: das Glück war mir nahe, fast in den Händen habe ich die Möglichkeit eines Glückes für's ganze Leben gehalten — plötzlich ist es entschwunden; so ist es ja in der Lotterie — noch ein kleiner Schwung des Rades und der Arme könnte ein reicher Mann werden. Was nicht sein soll, wird nicht sein — und damit ist es abgemacht. Ich will an's Werk gehen, will die Zähne zusammenbeißen, will mir Schweigen gebieten; ist es ja doch nicht das erste Mal, daß ich mich in Zucht nehme. Und warum habe ich die Flucht ergriffen, warum sitze ich hier und stecke den Kopf, wie der Strauß, in den Busch? Es fehlt an Muth, der Gefahr in's Auge zu schauen — Unsinn!" — Anton! rief er laut, — laß sogleich den Tarantaß anspannen. — „Ja," dachte er dann wieder, „ich muß mir Schweigen auferlegen, muß mich in strenge Zucht nehmen" ...

Durch solche Betrachtungen suchte Lawretzky seinen Schmerz zu betäuben; er war aber groß und heftig, und sogar die weniger von Sinnen gekommene als vielmehr für jegliche Regung abgestorbene Apraxia schüttelte den Kopf und folgte ihm mit traurigen Blicken, als er in den Tarantaß stieg, um in die Stadt zu fahren. Die Pferde trabten rasch davon; er saß unbeweglich und gerade da und starrte unverwandten Blickes hinaus auf den Weg.

XLII.

Tags zuvor hatte Lisa Lawretzky geschrieben, er möchte Abends zu ihnen kommen; er begab sich indessen zuerst in seine Wohnung. Er traf weder sein Frau noch seine Tochter zu Hause: von den Dienstboten erfuhr er, sie seien Beide zu Kalitin's gefahren. Diese Nachricht setzte ihn in Erstaunen und brachte ihn auf. „Es scheint, Warwara Pawlowna will mir das Leben gar nicht gönnen," dachte er mit einer Aufwallung von Zorn im Herzen. Er begann im Zimmer auf und ab zu gehen und stieß bei jedem Schritte mit Füßen und Händen die ihm in den Weg kommenden Spielsachen, Bücher und weiblichen Geräthschaften allerlei Art fort; er rief Justine und befahl ihr, all diesen „Tröbel" fortzuschaffen. — Oui, Monsieur, sagte sie mit zimperlicher Geberde und begann im Zimmer aufzuräumen, dabei bückte sie sich graziös und ließ Lawretzky durch jede ihrer Bewegungen fühlen, daß sie ihn für einen ungehobelten Kerl halte. Mit Abscheu betrachtete er das verlebte, aber noch immer "piquante," hämische, pariser Gesicht, die weißen Aermelchen, die seidene Schürze und die leichte Haube. Zuletzt schickte er sie fort und entschloß sich nach langem Schwanken (Warwara Pawlowna kehrte immer noch nicht zurück), zu Kalitin's zu gehen — nicht zu Marja Dmitriewna (für Nichts in der Welt würde er das Gastzimmer derselben, jenes Gastzimmer, in welchem sich seine Gattin befand, betreten haben), sondern zu Marfa Timofejewna begab er sich; er erinnerte sich, daß die Hintertreppe durch das Dienstmädchenzimmer gerade hinaufführte. Lawretzky machte sich auf. Der Zufall begünstigte ihn: er begegnete Schurotschka auf dem Hofe; sie führte ihn zu Marfa Timofejewna. Er traf die Alte, gegen ihre Gewohnheit, allein; sie saß in einer Ecke, ohne Haube auf dem Kopfe, zusammengefallen, mit über der Brust gekreuzten Armen. Als sie Lawretzky gewahrte, wurde sie sehr verwirrt, erhob sich rasch von ihrem Platze und begann im Zimmer umherzugehen, als suche sie ihre Haube.

— Ah, da bist Du, da bist Du, redete sie ihn an und bemühte sich, umhersuchend seinen Blicken auszuweichen: — nun, guten Abend. Nun, was ist's weiter? Was ist dabei zu machen? Wo bist Du gestern gewesen? Nun, sie ist angekommen, nun ja. Nun, Du mußt schon . . . irgendwie.

Lawretzky sank auf einen Stuhl.

— Nun, setze Dich, setze Dich, fuhr die Alte fort. — Du bist gerade heraufgekommen? Nun ja, versteht sich. Was giebt es denn? bist wohl hergekommen, mich zu besuchen? Danke Dir.

Die Alte schwieg; Lawretzky wußte nicht, was er ihr sagen sollte; sie verstand ihn jedoch.

— Lisa . . . ja wohl, Lisa war soeben hier, fuhr Marfa Timofejewna, indem sie die Schnüre ihres Strickbeutels bald zuzog, bald löste. — Sie ist nicht ganz wohl. Schurotschka, wo bist Du? Komm her, meine Liebe, kannst Du denn nicht sitzen bleiben? Ich habe auch Kopfweh. Das kommt wohl von dem Gesinge und Musiciren da unten.

— Von welchem Singen, liebe Tante?

— Je nun; die dort unten haben ja, wie nennt Ihr denn das — Duetts zum Besten gegeben. Und Alles italienisch: tschi — tschi und tscha — tscha, wie die Elstern. Sie ziehen die Noten, daß sich Einem die Seele im Leibe herumdreht. Der Panschin war's und dann Deine. Und wie sich das Alles rasch gemacht hat; ganz ohne Umstände, wie im Familienzirkel. Nun, man muß übrigens nicht vergessen: — selbst der Hund sucht sich einen Zufluchtsort; man will doch nicht auf der Straße bleiben, wenn es noch gute Leute giebt, die Einen aufnehmen.

— Dennoch, muß ich gestehen, hätte ich das nicht erwartet, entgegnete Lawretzky: — es gehört doch viel Dreistigkeit dazu.

— Nein, mein Herzensjunge, da ist Nichts von Dreistigkeit, nur Berechnung. Nun, Gott mit ihr! Du schickst sie, sagt man, nach Lawriki, ist es wahr?

— Ja, ich habe dieses Gut Warwara Pawlowna zur Verfügung gestellt.

— Hat sie um Geld gebeten?

— Bis jetzt noch nicht.

— Nun, das wird schon kommen. Erst jetzt sehe ich Dir recht in's Gesicht. Bist Du gesund?

— Ganz gesund.

— Schurotschka, rief Marfa Timofejewna plötzlich: — geh', sagte Lisaweta Michailowna — doch nein, ich will sagen, frage sie ... sie muß wohl unten sein?

— Sie ist unten.

— Nun ja, frage sie doch: wohin sie denn mein Büchlein gesteckt hat? sie weiß schon.

— Sogleich.

Die Alte machte sich wieder zu schaffen und begann die Schubladen der Commode hervorzuziehen. Lawretzky saß regungslos auf seinem Stuhle.

Plötzlich ließen sich leichte Schritte auf der Treppe hören — und Lisa trat herein.

Lawretzky erhob sich und grüßte sie; Lisa blieb an der Thür stehen.

— Lisa, Lisotschka, redete sie Marfa Timofejewna geschäftig an: — mein Büchelchen, wohin hast Du denn mein Büchelchen verlegt?

— Was für ein Büchelchen, liebe Tante?

— Je nun, das kleine Buch, du mein Gott! Ich habe Dich übrigens nicht rufen lassen . . . Nun, das ist gleich. Was treibt Ihr denn da unten? Da, sieh' einmal, Fedor Iwanitsch ist angekommen. — Wie geht es mit Deinem Kopfe?

— Das hat nichts zu bedeuten!

— Du sagst beständig so! Was habt Ihr dort unten — wieder Musik?

— Nein — es wird Karten gespielt.

— Nun ja, Die ist zu Allem geschickt. Schurotschka, Du willst, wir ich sehe im Garten umherlaufen. Kannst gehen.

— Ach nein, Marfa Timofejewna . . .

— Sprich mir nicht dagegen, ich bitte Dich, gehe nur. Nastaßja Karpowna ist allein in den Garten gegangen: leiste ihr Gesellschaft. Thue der Alten da die Liebe. — Schurotschka ging hinaus. — Wo ist denn aber meine Haube? Wo mag sie nur sein?

— Erlauben Sie, ich werde sie suchen.

— Sitze nur, bleib sitzen; noch versagen mir meine Kniee nicht den Dienst. Ich werde sie wohl dort im Schlafzimmer gelassen haben.

Und nachdem Marfa Timofejewna einen Seitenblick auf Lawretzky geworfen hatte, verließ sie das Zimmer. Sie hatte die Thür offen gelassen, kehrte jedoch plötzlich zurück und machte sie zu.

Lisa lehnte an der Rücklehne des Sessels und führte langsam die Hände zum Gesicht; Lawretzky blieb, wo er war.

— So müssen wir uns wiedersehen, sagte er nach einer Pause. Lisa zog die Hände vom Gesichte ab.

— Ja, sagte sie dumpf: — die Strafe hat uns rasch ereilt.

— Strafe, wiederholte Lawretzky . . . Wofür hätten Sie denn Strafe verdient?

Lisa erhob ihre Augen zu ihm. Weder Kummer noch Angst war in denselben zu lesen, doch schienen sie kleiner und matter geworden zu sein. Ihr Gesicht war blaß; die halbgeöffneten Lippen waren gleichfalls bleich.

Lawretzky's Herz bebte vor Mitleid und Liebe.

— Sie haben mir geschrieben: Alles ist beendet, — sagte er leise: — ja, Alles ist beendet — bevor es angefangen hatte.

— Das muß Alles vergessen sein — sagte Lisa: — ich freue mich, daß Sie hergekommen sind; ich wollte Ihnen schreiben, so ist es aber besser. Wir müssen aber rasch diese Augenblicke nützen. Wir haben Beide eine Pflicht zu erfüllen. Sie, Fedor Iwanitsch, müssen sich mit Ihrer Gattin versöhnen.

— Lisa!

— Ich bitte Sie darum, nur dadurch allein läßt sich . . . Alles Vergangene sühnen. Sie werden darüber nachdenken — und mir nachgeben.

— Lisa, um Gottes willen — Sie verlangen Unmögliches. Ich bin bereit, Alles zu thun, was Sie befehlen; aber jetzt mich mit ihr versöhnen? . . . Ich bin zu Allem bereit, habe Alles vergessen; kann ich denn aber meinem Herzen gebieten . . . Haben Sie doch Mitleid! Das ist grausam!

— Ich verlange auch nicht von Ihnen . . . das, wovon Sie sprechen; leben Sie nicht beständig mit ihr zusammen, wenn Sie es nicht können, entgegnete Lisa, und führte abermals die Hände an die Augen. — Denken Sie an Ihr Töchterchen; thuen Sie es für mich.

— Gut, sagte Lawretzky durch die Zähne: — ich werde es thun; damit wäre meine Pflicht erfüllt. Nun, Sie aber — worin besteht denn Ihre Pflicht?

— Das weiß ich.

Lawretzky fuhr plötzlich auf.

— Wären Sie etwa willens, Panschin zu heirathen? fragte er.

Lisa lächelte kaum merklich.

— Oh nein! sagte sie.

— Ach, Lisa, Lisa! rief Lawretzky; — wie glücklich hätten wir werden können!

Lisa blickte ihn wieder an.

— Jetzt sehen Sie selbst, Fedor Iwanitsch, daß das Glück nicht von uns, sondern von Gott kommt.

— Ja, weil Sie . . .

Die Thür des Nebenzimmers ging rasch auf und Marfa Timofejewna, mit der Haube in der Hand, trat herein.

— Endlich gefunden, sagte sie, und blieb zwischen Lawretzky und Lisa stehen. — Hatte sie selbst verlegt. Da haben wir das Alter, eine wahre Noth! Uebrigens taugt die Jugend auch nicht viel mehr. Sage doch, wirst Du Deine Frau selbst nach Lawriki begleiten? setzte sie, zu Fedor Iwanitsch gewendet, hinzu.

— Ich nach Lawriki? mit ihr? ich? Ich weiß nicht, sagte er nach einigen Minuten.

— Du wirst nicht hinuntergehen?

— Heute — nein!

— Nun gut, wie Du willst; Du aber, Lisa, denke ich, solltest doch hinuntergehen. Ach, Du mein lieber Gott, da habe ich ganz vergessen, dem Dompfaffen Futter zu geben. Wartet nur, in einem Augenblick bin ich . . .

Und Marfa Timofejewna lief hinaus, ohne die Haube aufgesetzt zu haben.

Rasch trat Lawretzky an Lisa heran.

— Lisa, sagte er mit flehender Stimme: — wir scheiden für immer von einander, mein Herz bricht — geben Sie mir zum Abschiede Ihre Hand.

Lisa erhob den Kopf. Ihr matter, fast erloschener Blick blieb auf ihm ruhen . . .

— Nein, sagte sie und zog die schon vorgestreckte Hand zurück: — nein, Lawretzky (zum ersten Male nannte sie ihn bei diesen Namen) — ich gebe Ihnen nicht meine Hand. Wozu? Treten Sie zurück, ich bitte Sie. Sie wissen, ich liebe Sie . . . ja, ich liebe Sie, setzte sie mit Anstrengung hinzu; doch nein . . . ich kann nicht.

Sie drückte ihr Tuch an die Lippen.

— Geben Sie mir wenigstens dieses Tuch . . .

Die Thür knarrte. Das Tuch glitt an ihren Knieen hinab. Lawretzky fing es auf, bevor es zu Boden gefallen war, steckte es geschwind in die Seitentasche und begegnete, sich umdrehend, den Blicken Marfa Timofejewna's.

— Lisotschka, mir scheint, Dich ruft die Mutter, sagte die Alte.

Lisa stand sogleich auf und entfernte sich.

Marfa Timofejewna nahm wieder ihren Platz in der Ecke ein. Lawretzky bereitete sich zum Abschied.

— Fedja, sagte sie plötzlich.

— Was wünschen Sie, liebe Tante?

— Bist Du ein ehrlicher Mann?

— Was wollen Sie damit sagen?

— Ich frage Dich: ob Du ein ehrlicher Mann bist?

— Ich hoffe doch.

— Hm. So gieb mir Dein Ehrenwort, daß Du es bist.

— Recht gern. — Doch wozu das?

— Das weiß ich schon, wozu. Auch Du, mein Herzensjunge, wenn Du es recht überlegst, bist ja doch bei Verstande, wirst es schon selbst begreifen, warum ich Dich darum gefragt habe. Jetzt aber lebe wohl, Alterchen. Danke Dir, daß Du mich besucht hast: und vergiß Dein Wort nicht, Fedja, und gieb mir nun einen Kuß. Ach, Du mein guter Junge, das Herz ist Dir schwer, ich weiß es; aber den Anderen ist es auch nicht leicht. Habe ich doch zu einer Zeit die Fliegen beneidet; na, dachte ich, haben die ein leichtes Leben; als ich aber ein Mal zur Nachtzeit hörte, wie eine Fliege in den Armen einer Spinne ihr Klagelied summte — nein, dachte ich, auch die haben ihr Herzeleid. Was ist dabei zu machen, Fedja; behalte aber Dein Wort im Gedächtniß. — Geh' nun, geh'.

Lawretzky entfernte sich durch die Hinterthür und war

schon dem Thore nahe gekommen ... als ihn ein Diener einholte.

— Marja Dmitriewna läßt Sie zu sich bitten, meldete der Diener Lawretzky.

— Sage, mein Lieber, ich könne jetzt nicht ... entgegnete Fedor Iwanitsch.

— Sie haben befohlen, recht sehr zu bitten, fuhr der Diener fort: — Sie haben befohlen zu sagen, Sie wären allein.

— Sind die Gäste denn fortgefahren? fragte Lawretzky.

— Sind Alle fort, erwiederte der Diener mit breitem Lächeln.

Lawretzky zuckte die Achseln und folgte ihm.

XLIII.

Marja Dmitriewna saß allein in ihrem Cabinet in einem Lehnstuhl à la Voltaire und roch an einem Riech‑ fläschchen; ein Glas Wasser mit Fleur d'orange stand neben ihr auf einem Tischchen. Sie war aufgeregt und schien etwas änglich zu sein.

Lawretzky trat herein.

— Sie wünschten mich zu sehen, sagte er mit einer kalten Verbeugung.

— Ja, sagte Marja Dmitriewna und trank einen Schluck aus dem Glase, — Man sagte mir, Sie wären geradeswegs zur Tante hinaufgegangen; ich ließ Sie zu mir bitten: ich muß mit Ihnen sprechen. Nehmen Sie Platz, ich bitte. — Marja Dmitriewna schnappte nach Luft. — Sie wissen, fuhr sie fort: — Ihre Frau ist zurückgekehrt.

— Ich weiß es, entgegnete Lawretzky.

— Nun, ja, das heißt, ich wollte sagen: sie hat mir einen Besuch gemacht und ich habe sie empfangen; darüber will ich jetzt mit Ihnen sprechen, Fedor Iwanitsch. Ich erfreue mich, Gott sei Dank, allgemeiner Achtung, kann ich wohl sagen, und werde mir um keinen Preis eine Unziemlichkeit erlauben. Obgleich ich voraussehen mußte, daß es Ihnen nicht lieb sein werde, konnte ich mich doch nicht entschließen, sie abzuweisen; durch Sie, Fedor Iwanitsch — ist sie mir verwandt: versetzen Sie sich in meine Lage, welches Recht hatte ich, sie nicht zu empfangen? — Sie werden das zugeben!

— Sie machen sich unnöthige Sorge, Marja Dmitriewna, erwiederte Lawretzky: — Sie haben sehr wohl gethan; ich nehme es durchaus nicht übel. Ich habe keinesweges die Absicht, Warwara Pawlowna der Möglichkeit zu berauben, ihre Bekannten zu besuchen; heute bin ich nur darum nicht zu Ihnen heruntergekommen, weil ich nicht — mit ihr zusammentreffen wollte — das ist Alles.

— Ach, wie freut es mich, diese Worte von Ihnen zu hören, Fedor Iwanitsch, rief Marja Dmitriewna: — übrigens habe ich es nicht anders von Ihrer edlen Denkungsweise erwartet. Daß ich mir aber Sorge mache — darf nicht befremden: ich bin Weib und Mutter. Ihre Gemahlin aber . . . nun, ich kann mich nicht zum Schiedsrichter aufwerfen zwischen Ihnen und ihr — das habe ich ihr auch selbst gesagt: sie ist aber eine so liebenswürdige Dame, daß sie nur Vergnügen zu bereiten im Stande ist.

Lawretzky lächelte und spielte mit seinem Hute.

— Und noch Etwas wollte ich Ihnen sagen, Fedor Iwanitsch, fuhr Marja Dmitriewna fort, ihm unmerklich näher rückend: — wenn Sie gesehen hätten, wie bescheiden, wie ehrerbietig sie sich benimmt! — Es ist, wahrhaftig, zum Rühren. Und wenn Sie gehört hätten, wie sie von Ihnen spricht! Ich habe mich tief gegen ihn vergangen, ich habe ihn nicht zu schätzen gewußt, sagte sie; das ist kein Mensch, sondern ein Engel. Wahrhaftig: ein Engel, das hat sie gesagt. Ihre Reue ist ganz außerordentlich . . . Ich habe, weiß Gott, nie solche Reue gesehen!

Erlauben Sie mir, Marja Dmitriewna, die Frage, sagte Lawretzky: — Warwara Pawlowna soll, wie ich hörte, hier gesungen haben; hat sie es während ihrer Reue gethan — oder wie?

— Ach, schämen Sie sich denn nicht, so zu sprechen! sie hat gesungen und gespielt nur, um mir einen Gefallen zu thun, denn ich habe sie inständigst darum gebeten, es ihr beinahe geboten. Ich sehe, es lastet ihr so schwer, so schwer auf der Seele; da denke ich, womit kann ich sie wohl zerstreuen — auch war mir zu Ohren gekommen, sie besitze ein ungewöhnliches musikalisches Talent! — Wohin denken Sie denn, Fedor Iwanitsch, sie ist völlig niedergeschmettert, fragen Sie meinethalben Sergei Petrowitsch; ganz zerknirscht ist das Weib, tout-à-fait, wahrhaftig.

Lawretzky zuckte bloß die Achseln.

— Und dann, was für ein Engel von Kind, die Adotschka, wie reizend! — Wie ist sie nett und gescheidt; wie hübsch sie französisch spricht, und auch das Russische versteht sie — hat mich Tantchen genannt. Und glauben Sie etwa, daß sie, wie fast alle Kinder ihres Alters, scheu thue — nicht im Geringsten. Sie gleicht Ihnen, Fedor Iwanitsch, ganz auffallend. Augen, Augenbrauen ... nun — Ihr Bild, ganz Ihr Bild. Ich habe solche kleine Dinger nicht gern, das muß ich gestehen; aber in Ihr Töchterchen bin ich ganz verliebt.

— Marja Dmitriewna, fragte plötzlich Lawretzky — dürfte ich Sie wohl fragen, weßhalb Sie mir dies Alles erzählen?

— Weßhalb? — Marja Dmitriewna führte abermals das Riechfläschchen an die Nase und trank einen Schluck. — Deßhalb, Fedor Iwanitsch, erzähle ich es Ihnen, weil ich . . . doch Ihre Verwandte bin, den wärmsten Antheil an Ihnen nehme . . . ich weiß, Sie haben ein vortreffliches Herz. Hören Sie mich, mon cousin — ich habe doch etwas Erfahrung, und werde nicht in's Blaue hinein reden: verzeihen Sie, verzeihen Sie Ihrer Frau. — Thränen traten plötzlich in Marja Dmitriewna's Augen. — Bedenken Sie die Jugend, Unerfahrenheit . . . nun, vielleicht schlechte Beispiele; es war keine Mutter da, die ihr die rechte Bahn hätte weisen können. Vergeben Sie ihr, Fedor Iwanitsch, sie ist genug gestraft worden.

Thränen rollten Marja Dmitriewna's Wangen hinab; sie wischte sie nicht ab: sie weinte gern. Lawretzky saß wie auf Kohlen. „Mein Gott, dachte er: — welche Folter, was für ein Tag für mich, der heutige!"

— Sie geben mir keine Antwort, begann Marja Dmitriewna von Neuem: — wie soll ich Sie verstehen? — Wären Sie wirklich so grausam? Nein, ich will es nicht glauben. Ich fühle, daß meine Worte Sie überzeugt haben. Fedor Iwanitsch, Gott wird Sie für Ihre Güte segnen, und so empfangen Sie nun aus meinen Händen die Gattin zurück . . .

Unwillkürlich erhob sich Lawretzky von seinem Stuhle; auch Marja Dmitriewna stand auf und rasch hinter einen Schirm tretend, führte sie Warwara Pawlowna von dort hervor. Bleich, halbtodt, mit gesenktem Blick, schien sie sich jedes eigenen Gedankens, jeder Willenskraft entäußert — und gänzlich den Händen Marja Dmitriewna's überlassen zu haben.

Lawretzky trat einen Schritt zurück.

— Sie waren hier! rief er aus.

— Beschuldigen Sie sie nicht, warf Marja Dmitriewna hastig ein: — sie hatte um keinen Preis bleiben wollen, ich befahl ihr zu bleiben, ich habe ihr den Platz hinter dem Schirme angewiesen. Sie versicherte mir, das werde Sie noch mehr aufbringen; ich habe ihr kein Gehör gegeben; ich kenne Sie besser als sie. So empfangen Sie denn aus meinen Händen Ihre Gattin; treten Sie vor, Marja, ohne Furcht, fallen Sie nieder vor ihrem Manne (sie zog sie bei der Hand heran) — und mein Segen . . .

— Warten Sie, Marja Dmitriewna, unterbrach sie Lawretzky mit dumpfer aber erschütternder Stimme. — Sie lieben vermuthlich rührende Auftritte (Lawretzky täuschte sich nicht: noch vom Fräuleinstifte her hatte Marja Dmitriewna eine Vorliebe für gewisse theatralische Effecthascherei nachbehalten); Ihnen macht es Vergnügen, Andere kommen schlecht dabei weg. Doch, nicht an Sie richte ich das

Wort: in diesem Auftritte sind nicht Sie die Hauptperson. Was wollen Sie von mir, Madame? setzte er, zu seiner Frau gewendet, hinzu. Habe ich nicht für Sie gethan, was ich thun konnte? Entgegnen Sie mir nicht, diese Zusammenkunft sei nicht durch Sie herbeigeführt worden; ich werde es nicht glauben — und Sie wissen, daß ich Ihnen nicht glauben kann. Was also wollen Sie? Sie sind klug — ohne Zweck thun Sie nichts. Sie müssen es begreifen: mit Ihnen leben, wie ich früher gelebt habe — das vermag ich nicht; nicht etwa, weil ich böse auf Sie wäre, sondern aus dem Grunde, weil ich ein anderer Mensch geworden bin. Das habe ich Ihnen bereits am Tage Ihrer Rückkehr erklärt, und Sie selbst waren in Ihrem Innern in jenem Augenblicke einverstanden mit mir. Sie wünschen sich aber in der öffentlichen Meinung wieder herzustellen; es genügt Ihnen nicht, daß Sie mein Haus bewohnen, Sie wollen unter einem Dache mit mir leben — ist es nicht das?

— Ich wünsche, daß Sie mir verzeihen, sagte Warwara Pawlowna, ohne die Augen zu erheben.

— Sie wünscht, daß Sie ihr verzeihen, wiederholte Marja Dmitriewna.

— Und nicht für mich, um Ada's willen, sagte Warwara Pawlowna leise.

— Nicht für sich, für Ihre Ada, wiederholte Marja Dmitriewna.

— Wohlan. Sie wünschen es? brachte Lawrezky mit Ueberwindung hervor. Gut, ich gehe auch hierauf ein.

Warwara Pawlowna warf einen raschen Blick auf ihn und Marja Dmitriewna rief laut: — Nun, Gott sei Lob! — und zog wieder Warwara Pawlowna bei der Hand heran. Empfangen Sie also jetzt von mir ...

— Warten Sie, sage ich Ihnen, warf Lawrezky ein. Ich bin bereit, mit Ihnen zu leben, Warwara Pawlowna — fuhr er fort — das heißt, ich will Sie nach Lawriki bringen und bei Ihnen bleiben, so lange ich es im Stande bin, auszuhalten — dann fahre ich davon — und komme von Zeit zu Zeit wieder. Sie sehen, ich will Sie nicht betrügen; Sie dürfen aber weiter nichts verlangen. Sie selbst müßten lachen, wenn ich dem Wunsche unserer achtungswerthen Verwandten nachkommen und Sie an mein Herz drücken, Ihnen versichern wollte, daß ... daß Vergangenes nicht dagewesen sei, daß der abgehauene Baum wiederum grünen werde. Ich sehe aber: ich muß mich unterwerfen. Dieses Wort werden Sie anders deuten ... mir ist es gleich. Nochmals also wiederhole ich, ich werde mit Ihnen leben ... oder nein, dies Versprechen kann ich nicht geben: ... Ich werde mit Ihnen zusammenkommen, werde Sie wieder als meine Frau behandeln ...

— Geben Sie ihr wenigstens die Hand darauf, sagte Marja Dmitriewna, deren Thränen längst versiegt waren.

— Ich habe mich bis jetzt gegen Warwara Pawlowna keines Betruges schuldig gemacht, erwiederte Lawretzky: — sie wird meinen Worten glauben. Ich werde sie nach Lawriki bringen — und denken Sie daran, Warwara Pawlowna: unsere Uebereinkunft wird gebrochen sein, sobald Sie jenen Ort verlassen. Jetzt aber erlauben Sie, daß ich mich entferne.

Er grüßte beide Damen und ging eilig hinaus.

— Sie nehmen Sie nicht mit, rief ihm Marja Dmitriewna nach . . . — Lassen Sie ihn, flüsterte ihr Warwara Pawlowna zu, und drückte sie sofort in ihre Arme, ergoß sich in Dankesbezeigungen, küßte ihr die Hände, nannte sie ihre Retterin.

Marja Dmitriewna ließ sich ihre Dankesbezeigungen geduldig gefallen; im Innern der Seele war sie jedoch weder mit Lawretzky, noch mit Warwara Pawlowna, noch auch mit dem ganzen, von ihr vorbereiteten Auftritte zufrieden. Es war wenig Gefühlserguß dabei gewesen; Warwara Pawlowna hätte sich, ihrer Meinung zufolge, dem Gatten zu Füßen werfen sollen.

— Wie konnten Sie mich denn nicht verstehen? bemerkte sie: — ich sagte Ihnen doch: fallen Sie . . .

— So war es besser, liebe Tante; machen Sie

sich keine Sorge — Alles geht vortrefflich, beruhigte sie Warwara Pawlowna.

— Nun, und er — ist auch kalt wie Eis, bemerkte Marja Dmitriewna. Sie haben zwar nicht geweint, dafür aber habe ich einen Strom von Thränen vor ihm vergossen. In Lawriki will er Sie einsperren. Das heißt also — Sie werden auch mich nicht besuchen können? Die Männer sind alle gefühllos, schloß sie zuletzt mit Kopfschütteln.

— Dagegen verstehen Frauen Güte und Großmuth zu schätzen, sagte Warwara Pawlowna, ließ sich langsam vor Marja Dmitriewna auf die Knie nieder, umfing mit den Armen ihren vollen Leib und schmiegte ihr Gesicht an denselben. Insgeheim lächelte dieses Gesicht, in Marja Dmitriewna's Augen aber perlten neue Thränen.

Lawretzky war unterdessen nach Hause gekommen, hatte sich in dem Stübchen seines Kammerdieners eingeschlossen, sich auf einen Divan geworfen und blieb so bis zum Morgen liegen.

XLIV.

Der folgende Tag war ein Sonntag. Das Läuten zur Frühmesse konnte Lawretzky nicht wecken — er hatte die ganze Nacht kein Auge geschlossen — es erinnerte ihn aber an einen andern Sonntag, als er auf Lisa's Wunsch in die Kirche gegangen war. Er stand rasch auf; eine geheime Stimme sagte ihm, er werde sie auch heute dort treffen. Ohne Geräusch verließ er das Haus, Warwara Pawlowna, die noch in den Armen des Schlafes lag, ließ er sagen, er werde zu Mittag wiederkehren und mit großen Schritten begab er sich an den Ort, wohin der eintönig-schwermüthige Glockenton ihn rief. Er war zeitig dort; die Kirche war noch fast leer; der Küster auf dem Sängerchor las die Horen ab; einförmig tönte seine Stimme, zuweilen von Husten unterbrochen, bald dumpfer, bald wieder lauter. Lawretzky blieb nicht weit von dem Eingange stehen. Die Andächtigen kamen, Einer nach dem Andern, standen einen Augenblick still, bekreuzigten sich und verneigten sich nach allen Seiten; ihre Schritte tönten laut in der Einsamkeit und Leere und hallten von den Bogenwölbungen wieder. Eine hinfällige Alte in abgetragenem Capot mit Kapuze knieete neben Lawretzky und betete andächtig; ihr zahnloses, gelbes, verschrumpftes Gesicht drückte gespannte Inbrunst aus; unverrückt blickten ihre gerötheten Augen hinauf zu den Heiligenbildern vor dem Altar; beständig streckte sie die fleischlose Hand aus dem Capot hervor und machte mit derselben langsam breite Zeichen des Kreuzes vor Stirn und Brust. Ein Bauer von verlebtem Aussehen, mit dichtem Bart, finsterem Blick und struppigem Haar, trat in die Kirche, fiel stracks auf beide Kniee zugleich und begann sich mit

Hast zu bekreuzigen, nach jeder Verneigung den Kopf
zurückwerfend. Es lag in seinem Gesichte und in allen
seinen Bewegungen ein so herber Kummer, daß Lawretzky
sich entschloß, ihn zu fragen, was ihm fehle. Aengstlich
und scheu wich der Bauer zurück, warf einen Blick auf
ihn, entgegnete schnell: . . . „Mein Sohn ist todt," —
und setzte seine Kniebeugungen fort . . . „Was könnte
diesen Leuten die Tröstungen der Kirche ersetzen" dachte
Lawretzky — und versuchte selbst zu beten; sein Herz war
aber starr, verstockt, und seine Gedanken schweiften in
die Ferne. Er wartete auf Lisa — Lisa kam aber nicht.
Allmählich füllte sich die Kirche; und immer noch erschien
sie nicht. Die Messe begann; schon hatte der Diakonus
das Evangelium gelesen; es wurde zum Hochwürdigsten
geläutet; Lawretzky trat einige Schritte vorwärts — und
wurde plötzlich Lisa gewahr. Sie war vor ihm in die
Kirche gekommen, er hatte sie aber nicht bemerkt; zwischen
der Wand und dem Chor in eine Ecke gedrückt, war sie,
ohne sich umzusehen, regungslos stehen geblieben. Bis
zum Ende der Messe verlor sie Lawretzky nicht aus den
Augen: er verneigte sich gegen sie zum Abschiede. Schon
verließ die Menge die Kirche, sie aber stand immer auf
derselben Stelle; es schien, als wartete sie, bis Lawretzky
sich entfernt haben würde. Endlich bekreuzigte sie sich
noch ein letztes Mal und verließ die Kirche, ohne um sich
zu blicken, in Begleitung eines Dienstmädchens. Law-

retzky ging gleich nach ihr hinaus und holte sie auf der Gasse ein; sie schritt rasch dahin, gesenkten Kopfes und den Schleier über das Gesicht herabgelassen.

— Guten Morgen, Lisaweta Michailowna, sagte er laut und bemühte sich, unbefangen zu scheinen: — darf ich Sie begleiten?

Sie sagte nichts; er ging neben ihr hin.

— Sind Sie mit mir zufrieden? fragte er sie mit gedämpfter Stimme. Sie haben gehört, was gestern geschehen ist?

— Ja, ja, sagte sie flüsternd: — das ist recht.
Und sie beschleunigte ihre Schritte.

— Sie sind zufrieden?
Lisa nickte bloß mit dem Kopfe.

— Fedor Iwanitsch, begann sie mit ruhiger, aber schwacher Stimme: — ich wollte Sie bitten: kommen Sie nicht mehr zu uns, fahren Sie recht bald fort: wir können einander späterhin sehen — ein anderes Mal, nach einem Jahre. Jetzt aber thun Sie es für mich; erfüllen Sie meine Bitte, um Gottes willen.

— Ich bin bereit, Ihnen in Allem zu gehorchen, Lisaweta Michailowna; sollen wir aber denn wirklich so von einander scheiden: werden Sie mir denn kein einziges Wörtchen sagen? . . .

— Fedor Iwanitsch, Sie gehen jetzt an meiner Seite

hin ... Und doch stehen Sie mir schon so fern, so fern. Und nicht bloß Sie allein, auch ...

— Reden Sie aus, ich bitte Sie! rief Lawretzky: — was wollten Sie sagen?

— Sie werden vielleicht erfahren ... was aber auch kommen mag, vergessen Sie ... nein, vergessen Sie mich nicht, denken Sie an mich.

— Ich sollte Sie vergessen ...

— Genug, leben Sie wohl. Folgen Sie mir nicht.

— Lisa, hob Lawretzky an ...

— Leben Sie wohl, leben Sie wohl! wiederholte sie, den Schleier noch tiefer herabziehend, und entfernte sich fast im Laufe.

Lawretzky sah ihr nach und kehrte gesenkten Kopfes die Straße zurück. Er begegnete Lemm, der gleichfalls, den Hut in die Stirn gedrückt, und den Blick auf das Pflaster geheftet, daherschritt.

Schweigend blickten Beide einander an.

— Nun, was sagen Sie? fragte endlich Lawretzky.

— Was soll ich sagen? entgegnete finster Lemm: — nichts werde ich sagen. Alles ist todt und wir sind todt. Ihr Weg führt rechts!

— Rechts?

— Der Meinige links. Ade!

Am nächsten Morgen reiste Fedor Iwanitsch mit seiner Gattin nach Lawriki. Sie fuhr mit Ada und Justine in einer Kutsche voraus; er folgte — im Tarantaß. Das hübsche Kind wich während der ganzen Fahrt nicht vom Kutschenfenster. Alles erregte ihr Erstaunen: die Bauern, Weiber, Hütten, Brunnen, Krummhölzer, Schellen und die Menge von Saatkrähen; Justine theilte ihr Erstaunen; Warwara Pawlowna lachte über die Bemerkungen und Ausrufe Beider. Sie war gut gelaunt; vor der Abreise aus der Stadt O. hatte sie eine Erklärung mit ihrem Manne gehabt.

— Ich begreife Ihre Lage — hatte sie zu ihm gesagt und, nach dem Ausdrucke ihrer klugen Augen zu schließen, konnte er sich überzeugen, daß sie seine Lage vollständig begriff. — Sie müssen mir aber wenigstens die Gerechtigkeit widerfahren lassen, daß es sich leicht mit mir leben läßt; ich werde mich Ihnen nicht aufdringen, Ihnen nicht im Wege stehen; Ada's Zukunft habe ich sicher stellen wollen; weiter brauche ich nichts.

— Ja, Sie haben alle Ihre Ziele erreicht, entgegnete Fedor Iwanitsch.

— Jetzt habe ich nur den einen Gedanken: mich für immer von der Welt zurückzuziehen; ewig Ihrer Wohlthaten eingedenk zu sein . . .

— Pfui! hören Sie doch auf, unterbrach er sie.

— Und werde Ihre Unabhängigkeit und Ihre Ruhe zu achten wissen, beschloß sie ihre vorbereitete Phrase.

Lawretzky machte ihr eine tiefe Verbeugung. Warwara Pawlowna hatte verstanden, daß ihr Mann ihr innerlich dankte.

Am folgenden Tage gegen Abend kamen sie in Lawriki an; eine Woche später fuhr Lawretzky nach Moskau, nachdem er seiner Frau gegen fünftausend Rubel zu ihrem Unterhalte zurückgelassen hatte — und am Tage nach Lawretzky's Abreise stellte sich Panschin ein, den Warwara Pawlowna gebeten hatte, sie in ihrer Zurückgezogenheit nicht zu vergessen. Sie empfing ihn auf's Beste und bis in die späte Nacht hinein hallten die hohen Gemächer des Hauses und sogar der Garten von Musik, Gesang und heiterem französischen Geplauder wieder. Drei Tage lang war Panschin Warwara Pawlowna's Gast; als er von ihr Abschied nahm und ihre schönen Hände kräftig drückte, versprach er, recht bald wiederzukommen — und er hielt Wort.

XLV.
und letztes.

Lisa bewohnte im Hause ihrer Mutter im oberen Geschosse ein abgesondertes, nicht großes, nettes, freundliches Zimmerchen mit weißem Bettchen, Blumentöpfchen in den

Ecken und vor den Fenstern, einem kleinen Schreibtische, einem Bücherbrette und einem Crucifix an der Wand. Dieses Zimmerchen wurde das Kinderstübchen genannt; in demselben war Lisa zur Welt gekommen. Aus der Kirche zurückgekehrt, wo Lawretzky sie gesehen hatte, brachte sie sorgfältiger als gewöhnlich Alles in ihrem Zimmer in Ordnung, wischte den Staub überall ab, durchsah alle ihre Hefte und die Briefe ihrer Freundinnen, umband Alles mit Bändchen, verschloß alle Schubladen, begoß ihre Blumen und berührte jede derselben mit der Hand. Sie machte dies Alles ohne Eile, ohne Geräusch. mit einer gewissen stillen Sorgfalt im Gesichte. Zuletzt blieb sie in der Mitte des Zimmers stehen, blickte langsam um sich herum, trat an den Tisch, über welchem das Crucifix hing, ließ sich auf die Kniee nieder, neigte den Kopf auf die gefalteten Hände und blieb regungslos.

Marfa Timofejewna trat herein und fand sie in dieser Stellung. Lisa bemerkte nicht ihren Eintritt. Die Alte zog sich auf den Zehen hinter die Thür zurück und hustete einige Male laut. Lisa stand hurtig auf und trocknete ihre Augen, in welchen noch helle, unvergossene Thränen perlten.

— Du hast ja, sehe ich, in Deiner Zelle wieder aufgeräumt, sagte Marfa Timofejewna, indem sie sich tief über einen jungen Rosenstock niederbückte. — Was für ein herrlicher Duft!

Gedankenvoll blickte Lisa ihre Tante an.

— Was für ein Wort sprachen Sie da aus? fragte sie leise.

— Was für ein Wort, was? fiel die Alte lebhaft ein. Was willst Du sagen? Das ist aber schrecklich, sagte sie, plötzlich die Haube fortschleudernd und sich auf Lisa's Bett niederlassend: — Das übersteigt meine Kräfte: heute ist es der vierte Tag, daß ich wie auf glühenden Kohlen sitze; ich kann mich nicht länger verstellen, als ob ich nichts bemerkte — ich kann es nicht ansehen, wie Du immer bleicher wirst, hinwelkst, weinst, ich kann es nicht, kann es nicht.

— Was haben Sie denn, liebe Tante? fragte Lisa: — ich habe ja nichts ...

— Nichts? rief Marfa Timofejewna: — sage das Anderen, nicht mir! Nichts! und wer lag eben auf den Knieen? Wessen Wimpern sind noch feucht von Thränen? Nichts! So sieh' Dich nur an, was hast Du aus Deinem Gesichte gemacht, wo hast Du Deine Augen gelassen? — Nichts! weiß ich denn nicht etwa Alles?

— Das wird vergehen, liebe Tante; gönnen Sie mir Zeit.

— Wird vergehen, aber wann? Herr, mein Gott! liebst Du ihn denn wirklich so sehr? er ist ja ein alter Kerl, Lisotschka. Nun, ich sage nichts dagegen, er ist ein braver Mensch; was ist denn aber Großes dabei? sind wir doch Alle brave Menschen; und die Welt ist ja nicht mit Brettern vernagelt, daß nicht noch Andere zu finden wären.

— Ich sage Ihnen, das wird Alles vergehen, ist schon Alles vergangen.

— Höre, Lisotschka, was ich Dir sagen will, sagte plötzlich Marfa Timofejewna, indem sie Lisa neben sich auf dem Bette Platz nehmen ließ und ihr bald das Haar bald das Busentuch ordnete. — Es scheint Dir nur jetzt in der ersten Aufregung, daß es für Dein Leid keinen Balsam gäbe! Bedenke, mein liebes Kind, nur gegen den Tod ist kein Kraut gewachsen! Sage Du nur so recht zu Dir selbst: „es soll mir nichts anhaben — hol' es der . . .!" und Du wirst nachher selbst Dein Wunder sehen — wie das schnell und leicht vergehen wird. Halte nur ein Wenig aus.

— Liebe Tante, entgegnete Lisa; — es ist schon vorbei, es ist Alles vorbei.

— Vorbei? Schön vorbei! Sieh' nur, wie Dein Näschen spitz geworden ist, und Du sagst noch: es ist Alles vorbei. Vorbei: mache mir das nicht weiß!

— Wirklich, Tantchen, es ist Alles vorbei, wenn Sie mir nur helfen wollen, sagte Lisa in plötzlicher Begeisterung und warf sich Marfa Timofejewna um den Hals. — Liebes Tantchen, seien Sie meine Freundin, helfen Sie mir, werden Sie mir nicht böse, verstehen Sie mich . . .

— Was ist es denn, was ist es denn? mein Herz! Mache mich nicht bange, ich bitte Dich, ich werde schreien, blicke mich nicht so an; sprich rasch, was ist es?

— Ich . . . ich will . . . Lisa verbarg ihr Gesicht an Marfa Timofejewna's Brust . . . — Ich will in's Kloster, sagte sie kaum hörbar.

Die Alte fuhr vom Bette empor.

— Schlage ein Kreuz, mein Herz, Lisotschka, komm' zur Besinnung! was kommt Dir, Gott sei bei mir, in den Sinn, stammelte sie endlich: — lege Dich hin, mein Herzblatt, schlafe ein wenig; das kommt Alles von Schlaflosigkeit her, meine Liebe.

Lisa erhob den Kopf, ihre Wangen glühten.

— Nein, liebe Tante, sagen Sie das nicht, entgegnete sie, — mein Entschluß ist gefaßt, ich habe gebetet, habe Gott um Rath angefleht, Alles ist aus, aus ist mein Leben mit Ihnen. Eine solche Lehre war nicht vergebens; auch ist es nicht das erste Mal, daß mir dies in den Sinn kommt. Glücklich sein — steht mir nicht zu Gesicht; selbst dann, als einige Hoffnung auf Glück mir lächelte, preßte mir's das Herz ab. Ich weiß Alles, kenne meine Sünden und die Sünden Anderer, weiß, wie der Vater sein Vermögen erworben hat; mir ist Alles bekannt. Das Alles muß gesühnt, abgebüßt werden. Sie thun mir leid, Mama, Lenotschka thun mir leid; dabei ist aber nichts zu machen; ich fühle es, hier ist meines Bleibens nicht;

ich habe von Allem bereits Abschied genommen, Allem, was sich im Hause befindet, Lebewohl gesagt; es ruft mich Etwas von hinnen; mir ist so schwer um's Herz, ich möchte mich auf ewig verbergen. Halten Sie mich nicht zurück, reden Sie es mir nicht aus dem Sinn, helfen Sie mir, sonst gehe ich allein fort . . .'.

Mit Entsetzen hörte Marfa Timofejewna ihre Nichte an.

„Sie ist krank, sie redet irre", dachte sie, „man muß nach dem Arzte schicken, aber nach welchem? Neulich sprach Gedeonowsky von einem, den er sehr lobte; er lügt aber immer — vielleicht hat er aber diesmal doch die Wahrheit gesagt." Als sie jedoch die Ueberzeugung gewann, daß Lisa nicht krank sei und auch nicht irre redete, und daß sie auf alle ihre Einwendungen immer dieselbe Antwort hatte, da wurde Marfa Timofejewna ernstlich erschrocken und bekümmert.

— Du weißt ja aber nicht, mein Herzchen, suchte sie dieselbe zu überreden: — was für ein Leben das ist in den Klöstern! Man wird Dir, mein Leben, ordinäres Hanföl zu essen geben, die allergröbste Wäsche wirst Du tragen müssen, der kalten Luft wirst Du ausgesetzt sein; das wirst Du Alles nicht aushalten können, Lisotschka. Das ist Dir noch von der Agascha kleben geblieben; sie hat Dir den Kopf verdreht. Sie hat es aber anders angefangen, hat vorher das Leben gekostet, koste auch Du es. Laß mich wenigstens ruhig sterben und dann thue, was Du willst. Ist es je vorgekommen, daß um eines solchen Ziegenbarts willen, Gott verzeihe mir's, um eines Mannes willen, ein Mädchen in's Kloster gegangen ist? Nun, wenn Dir das Herz so schwer wird, so kannst Du irgendwohin eine Wallfahrt machen und Gebete verrichten lassen, lege Dir aber doch die schwarze Kapuze nicht auf den Kopf, Herr, du mein Gott, barmherziger Himmel...

Und Marfa Timofejewna brach in bittere Thränen aus.

Lisa tröstete sie, wischte ihr die Thränen ab, weinte dabei selbst, blieb jedoch unerschütterlich. In ihrer Verzweiflung versuchte es Marfa Timofejewna mit Drohungen: sie werde Alles der Mutter sagen... aber auch das half nicht. Nur auf dringendes Bitten der Alten willigte Lisa ein, die Ausführung ihres Vorhabens noch ein halbes Jahr hinauszuschieben; dafür mußte Marfa Timofejewna ihr Ehrenwort geben, ihr selbst behülflich zu sein und die Einwilligung der Mutter zu erwirken, falls Lisa nach Ablauf des halben Jahres nicht andern Sinnes geworden sei.

Mit Anbruch der kälteren Jahreszeit reiste Warwara Pawlowna, trotz ihres gegebenen Versprechens: sich für immer von der Welt zurückzuziehen, gehörig mit Geld versorgt, nach Petersburg, wo sie eine bescheidene, doch nette Wohnung miethete, die Panschin, der vor ihr das O...sche Gouvernement verlassen, für sie aufgefunden hatte. Während der letzten Zeit seines Aufenthaltes in O. hatte er Marja Dmitriewna's Zuneigung gänzlich verloren; er hatte plötzlich seine Besuche bei ihr eingestellt und kam aus Lawriki gar nicht fort. Warwara Pawlowna hatte ihn zu ihrem Sclaven gemacht im wahren Sinne des Worts: anders ließe sich ihre unumschränkte und unerschütterliche Macht über ihn nicht bezeichnen.

Lawretzky verbrachte den Winter in Moskau, im Frühjahr darauf erfuhr er, Lisa habe im B......schen Kloster, in einer der entlegensten Gegenden Rußlands, den Schleier genommen.

Epilog.

Acht Jahre waren vergangen. Es war wieder Frühling . . . Doch wir wollen vorher in einigen Worten berichten, was aus Michalewitsch, Panschin, Mme. Lawretzky geworden — und von ihnen scheiden. Nach langem Umherirren hatte Michalewitsch endlich seinen wahren Beruf erkannt: er fand eine Anstellung als ältester Aufseher in einer Kronsanstalt. Er ist mit seinem Schicksale sehr zufrieden und wird von den Zöglingen, die sich gelegentlich über ihn lustig machen, auf den Händen getragen. Panschin ist die Stufenleiter der Würden weit hinangestiegen und eine Direktorstelle steht ihm in Aussicht; er geht etwas gebückt: das Wladimirkreuz, das er um den Hals trägt, zieht ihn wahrscheinlich etwas herunter. Der Beamte hat in ihm entschieden dem Künstler den Vorrang abgelaufen; sein immer noch jugendliches Gesicht ist gelb, sein Haar lichter geworden, er singt nicht mehr, zeichnet auch nicht mehr, beschäftigt sich jedoch im Stillen mit Literatur: er hat ein kleines Lustspiel, in der Art der französischen „proverbes" geschrieben — und da heut zu Tage alle Scribenten durchaus irgend Etwas oder irgend Jemand „zeichnen" müssen, so hat auch er in seinem Opos eine Coquette „gezeichnet" und liest sein Werk gelegentlich ein paar befreundeten Damen vor. Geheirathet hat er nicht, obgleich sich ihm mehrfach herrliche Gelegenheit dazu geboten hat; daran ist Warwara Pawlowna schuld. Was diese anbetrifft, so lebt sie, wie vormals, beständig in Paris: Fedor Iwanitsch hat ihr einen Wechsel auf sich ausgestellt, und sich von einem möglichen abermaligen unerwarteten Ueberfall losgekauft. Sie ist älter und voller geworden, aber immer noch liebenswürdig und graziös. Jedermann hat sein Ideal; Warwara Pawlowna hat das ihrige — in den dramatischen Schriften des Herrn Dümas-Sohn gefunden. Sie besucht fleißig das Theater, wenn schwindsüchtige und sentimentale Camellien den Zuschauern vorgeführt werden; eine Mme. Dosche zu sein, dünkt ihr der Gipfel menschlichen Glückes: sie erklärte ein Mal, sie wünsche ihrer Tochter kein besseres Loos. Wir wollen hoffen, das Schicksal werde Mademoiselle Ada vor einem solchen Glück bewahren. Aus dem rothwangigen, runden Kinde ist ein schwächliches, blasses Mädchen geworden; ihre Nerven sind bereits angegriffen. Die Zahl der Verehrer

Warwara Pawlowna's hat sich gelichtet, sie besitzt deren jedoch noch immer; einige derselben wird sie wohl bis an's Ende ihres Lebens behalten. Der Bevorzugteste von Allen war in letzter Zeit ein gewisser Sarkurdàlo-Skubirnikow, ein verabschiedeter Gardehaudegen, ein Mann von achtunddreißig Jahren und ungewöhnlich kräftiger Constitution. Die französischen Besucher des Salons der Mme. Lawretzky nennen ihn „le gros taureau de l'Ukraine;" zu ihren eleganten Soirèen ladet Warwara Pawlowna ihn niemals ein, er erfreut sich jedoch ihrer vollen Gunst.

Acht Jahre also waren vergangen. Wiederum strömte vom Himmel strahlende Frühlingsluft, wiederum lächelte der Lenz Erde und Menschen an; wiederum liebte, grünte und blühte Alles unter seinem lieblichen Hauche. Die Stadt O. hatte sich in diesen acht Jahren wenig verändert, nur Marja Dmitriewnas Haus schien gleichsam verjüngt: die vor Kurzem geweißten Wände gaben demselben ein einladendes Aeußere und die Scheiben der geöffneten Fenster schillerten im röthlichen Scheine der Abendsonne; aus diesen Fenstern schallten leichte, freudige Töne heller, jugendlicher Stimmen und fröhliches Lachen auf die Gasse herab; das Haus schien voll Leben und strömte von Heiterkeit über. Die Frau vom Hause war schon längst todt, sie war zwei Jahre nach Lisa's Einkleidung gestorben und Marfa Timofejewna überlebte ihre Nichte nicht lange; sie ruhen Beide neben einander auf dem

Stadtkirchhofe.' Auch Nastaßja Karpowna war nicht mehr am Leben; die treue Alte besuchte einige Jahre hintereinander allwöchentlich das Grab, welches die Asche ihrer Freundin deckte ... Dann traf auch sie die Reihe, und auch ihre irdische Hülle fand eine Ruhestätte in der kühlen Erde. Das Haus Marja Dmitriewna's war jedoch nicht in fremde Hände übergegangen, war nicht aus dem Besitz ihrer Familie gekommen, das Nest war unzerstört geblieben: Lenotschka, jetzt zu einem schlanken, hübschen Mädchen herangewachsen, und ihr Bräutigam — ein blonder Husarenoffizier, ferner der Sohn Marja Dmitriewna's, der vor Kurzem in Petersburg geheirathet hatte und mit seiner jungen Frau für die Frühlingsmonate nach O... gekommen war, seine Schwägerin, ein sechzehnjähriges Stiftsfräulein mit rosigen Wangen und hellen Aeuglein, und Schurotschka, die auch groß und hübsch geworden war — das war das junge Völkchen, von dessen Lachen und Stimmengewirr die Wände des Kalitin'schen Hauses wiederhallten. Alles in demselben war anders, Alles nach den Bedürfnissen der neuen Insassen eingerichtet worden. Bartlose Hofsburschen, spöttisches, muthwilliges Dienstvolk hatten die ehemaligen gesetzten, alten Diener verdrängt; dort, wo vor Zeiten die feiste Roßka wichtig einherschritt, trieben jetzt zwei Hühnerhunde ihr unbändiges Spiel und sprangen auf den Divans umher; in den Ställen standen sehnige Paßgänger, kräftige Gabelfeurige Seitenpferde mit eingeflochtenen Mähnen und donische Reitpferde. Die Zeit des Frühstücks, des Mittags- und Abendessens war ganz verdreht und verkehrt; es waren, wie sich die Nachbarn ausdrückten, „unerhörte Sitten" eingerissen.

An jenem Abende, von welchem die Rede ist, vertrieben sich die Bewohner des Kalitin'schen Hauses (der älteste unter ihnen, Lenotschka's Bräutigam, war erst 24 Jahre alt) die Zeit mit einem sehr einfachen, nach dem herzlichen Lachen aber zu schließen, sehr erheiterndem Spiele: sie liefen durch die Zimmer und haschten einander; die Hunde liefen gleichfalls umher und bellten und die Kanarien- vögel in den vor den Fenstern hängenden Käfigen schmet- terten aus voller Kehle und vergrößerten durch ihr un- bändiges, kreischendes Gezwitscher das allgemeine Getöse. Mitten im vollsten, ohrenbetäubenden Treiben hielt vor dem Thore ein beschmutzter Tarantaß und ein Mann von fünf und vierzig Jahren, im Reisecostüm, stieg heraus und blieb verwundert stehen. Einige Zeit blieb er unbeweglich, betrachtete das Haus mit aufmerksamem Blicke, trat durch das Pförtchen in den Hof und stieg langsam die Auf- gangstreppe hinan. Im Vorzimmer begegnete ihm Nie- mand; doch rasch flog die Thür des Saales auf — es stürzte, ganz roth im Gesichte, Schurotschka heraus — und gleich hinter ihr her kam der ganze junge Schwarm gelaufen. Sie blieben Alle plötzlich stehen und verstummten beim Anblicke des Fremden; aber die hellen Augen, die auf ihn gerichtet waren, blickten ebenso freundlich, die frischen Gesichter hörten nicht auf zu lächeln. — Marja Dmitriewna's Sohn näherte sich dem Gaste und fragte ihn verbindlich, was er wünsche.

— Ich bin Lawretzky, sagte der Gast.

Ein einstimmiger Jubel war die Antwort — und nicht etwa, weil dieser ganze junge Schwarm sich über die Ankunft des anwesenden, fast vergessenen Verwandten besonders gefreut hätte, sondern weil er bei jeder günstigen Gelegenheit bereit war, zu lärmen und seine Lebenslust zu bezeigen. Lawretzky ward sogleich umringt: Lenotschka, als alte Bekannte, gab sich ihm zuerst zu erkennen, sie versicherte ihm, schon nach einem Augenblick würde sie ihn unfehlbar erkannt haben, stellte ihm die übrige Gesellschaft vor und nannte Jeden, sogar ihren Bräutigam, beim Diminutivnamen. Der ganze Schwarm begab sich durch den Speisesaal in das Gastzimmer. Die Tapeten in beiden Zimmern waren verändert, das Ameublement jedoch dasselbe geblieben; Lawretzky erkannte das Clavier; am Fenster stand sogar derselbe Nährahmen in derselben Stellung — und vielleicht gar noch mit derselben unvollendeten Stickerei wie vor acht Jahren. Man nöthigte ihn, auf einem bequemen Sessel Platz zu nehmen; sittsam setzten sich Alle um ihn im Kreise herum. Fragen, Ausrufe, Erzählungen drängten einander um die Wette.

— Wir haben Sie lange nicht gesehen, bemerkte Lenotschka naiv; — und auch Warwara Pawlowna haben wir nicht gesehen.

— Das glaube ich wohl! fiel ihr der Bruder schnell in's Wort. — Ich brachte Dich nach Petersburg und Fedor Iwanitsch hat immer auf dem Lande gelebt.

— Ja, und seit jener Zeit ist auch Mama gestorben.

— Und Marfa Timofejewna, setzte Schurotschka hinzu.

— Und Nastaßja Karpowna, sagte Lenotschka: — und Monsieur Lemm auch . . .

— Wie? auch Lemm ist gestorben? fragte Lawretzky.

— Ja, erwiederte der junge Kalitin: — er ist von hier nach Odessa gereist; es soll ihn Jemand überredet haben, hinzukommen; und dort ist er gestorben.

— Sie wissen nicht — ist etwas von seinen Compositionen nachgeblieben?

— Ich weiß es nicht; glaube aber kaum.

Alle verstummten und warfen einander Blicke zu. Ein leichtes Wölkchen von Schwermuth zog über die jungen Gesichter.

— Matroska aber lebt noch — sagte Lenotschka plötzlich.

— Und Gedeonowsky lebt auch — setzte der Bruder hinzu.

Bei diesem Namen erschallte ein einstimmiges lautes Lachen.

— Ja, er lebt und lügt nach wie vor, fuhr Marja Dmitriewna's Sohn fort: — und, was sagen Sie dazu, dies muthwillige Ding da (er wies auf das Instituts= fräulein, die Schwester seiner Gattin) hat ihm gestern Pfeffer in die Dose geschüttet.

— Wie er darnach geniest hat! rief Lenotschka aus — und abermals erschallte ein herzliches Lachen.

— Von Lisa haben wir vor Kurzem Nachricht erhalten, sagte der junge Kalitin — und wieder verstummten Alle: — sie fühlt sich wohl, mit ihrer Gesundheit geht es jetzt allmählich besser.

— Ist sie immer noch in demselben Kloster? fragte Lawretzky nicht ohne Anstrengung.

— Ja, in demselben.

— Schreibt sie Ihnen oft?

— Nein, niemals; Nachrichten von ihr kommen uns durch Andere zu. Alles verfiel plötzlich in tiefes Schweigen; „ein Engel zieht still vorüber," dachte Jeder.

— Wünschen Sie nicht in den Garten zu gehen? fragte Kalitin Lawretzky: — er ist jetzt recht hübsch, ob= gleich wir ihn etwas vernachlässigt haben.

Lawretzky begab sich dahin und das Erste, was ihm in die Augen fiel — war jenes Bänkchen, auf welchem er einst mit Lisa einige glückliche, nie wiederkehrende Augenblicke verbracht hatte; es war schwarz und schief geworden; er erkannte es aber, und seiner Seele bemächtigte sich jenes Gefühl, dem Nichts, weder in Freude noch im Leid, gleich kommt — das Gefühl lebhafter Trauer über verschwundene Jugend, und einst besessenes Glück. Mit den jungen Leuten wandelte er durch die Alleen: die Linden waren in den letzten acht Jahren etwas älter und stärker, ihr Laubwerk dichter geworden; alle Büsche ringsum waren in die Höhe geschossen, die Himbeersträucher hatten ihr volles Wachsthum erreicht, die Haselbüsche waren gänzlich verwildert und überall duftete es von Ginster, Laub, Gras und Flieder.

— Hier ließe sich's gut „Winkel" spielen — rief Lenotschka plötzlich aus, indem sie auf einen kleinen, von Lindenbäumen umgebenen Rasenplatz trat: — wir sind gerade unserer Fünf.

— Und Fedor Iwanitsch, hast Du ihn übersehen? bemerkte der Bruder . . . Oder vielleicht zählst Du Dich nicht mit?

Lenotschka erröthete leicht.

— Kann denn aber Fedor Iwanitsch, in seinen Jahren . . . entgegnete sie.

— Ich bitte Sie, spielen Sie, warf Lawretzky schnell dazwischen: — geben Sie nicht Acht auf mich. Mir selbst wird es angenehmer sein, wenn ich weiß, daß ich Ihnen nicht hinderlich bin. Sie brauchen mich nicht zu unterhalten; wir Alten haben einen Zeitvertreib, den Sie noch nicht kennen, und dem kein anderer gleichkommt: die Erinnerung.

Die jungen Leute hörten Lawretzky mit freundlicher, wenngleich etwas spöttischer Ehrerbietigkeit an — ganz, als hätte ein Lehrer ihnen eine Vorlesung gehalten — und stoben dann Alle auseinander dem Rasenplatze zu; es stellten sich ihrer Viere an die Bäume, Einer faßte in der Mitte Posto — und das Treiben begann.

Lawretzky kehrte unterdessen in das Haus zurück, trat in den Speisesaal, näherte sich dem Clavier und berührte eine der Tasten: ein schwacher, doch reiner Ton erklang und hallte still in seinem Herzen nach; das war die erste Note jener begeisterungsvollen Melodie, durch welche vor langen Jahren Lemm, der verstorbene Lemm, ihn in jener glücklichen Nacht in so großes Entzücken versetzt hatte. Dann begab sich Lawretzky in das Gastzimmer, und blieb lange in demselben: in diesem Zimmer, wo er Lisa so oft gesehen hatte, trat ihr Bild lebhafter vor seine Seele; ihm däuchte, er spüre rings umher die Spuren ihrer Gegenwart; die Trauer um sie war aber peinigend und schwer: es fehlte ihr die Ruhe, die das Andenken an Verstorbene hinterläßt. Lisa war noch am Leben, aber sie weilte fern, an einem unbekannten Orte;

er gedachte ihrer, wie einer Lebenden und konnte das junge Mädchen, das er einstmals geliebt hatte, nicht wiedererkennen in jenem undeutlichen Nebelgebilde im Nonnengewand, von Weihrauchswolken umhüllt. Lawretzky würde sich selbst nicht erkannt haben, wenn er sich so hätte sehen können, wie er in Gedanken Lisa sah. Im Laufe dieser acht Jahre war in seinem Leben ein Wendepunkt eingetreten, jener Wendepunkt, den Viele nicht erleben, aber ohne welchen es unmöglich ist, bis an's Ende als rechtschaffener Mensch auszuharren: er hatte in der That aufgehört, auf seine persönliche Wohlfahrt bedacht zu sein, eigennützige Zwecke im Auge zu haben. Er hatte Frieden mit sich selbst geschlossen, und — warum sollten wir es nicht bekennen? — er war nicht bloß an Gesicht und Körper, auch an der Seele war er älter geworden; bis in's Alter hinein ein jugendliches Herz bewahren, wie Manche zu sagen pflegen, ist schwer und fast lächerlich; schon glücklich schätzen kann sich der, welcher den Glauben an das Gute, die Kraft des Willens und die Lust an Thätigkeit nicht eingebüßt hat. Lawretzky hatte ein Recht, zufrieden zu sein: aus ihm war in der That ein tüchtiger Landwirth geworden, der den Acker zu pflügen verstand und seine Kräfte nicht für sich allein nützte; so viel es in seiner Macht stand, sicherte und festigte er die Lage seiner Bauern.

Lawretzky trat aus dem Hause in den Garten, setzte

sich auf das ihm bekannte Bänkchen — und von diesem theuern Plätzchen aus, Angesichts jenes Hauses, wo er zum letzten Male vergebens die Arme nach dem geweihten Becher, in welchem der goldige Wein der Lust perlte und schäumte, ausgestreckt hatte — schauete er, der einsame und obdachlose Wanderer, beim fröhlichen Jauchzen eines jüngeren Geschlechtes — auf sein vergangenes Leben zurück. Trauer erfüllte sein Herz, es war aber frei von Angst und Reue: es gab Etwas, worüber er Trauer empfinden durfte — Nichts, worüber er zu erröthen gehabt hätte. „Spielet, seid fröhlich, wachset auf, Ihr junges Volk," dachte er, und nichts Bitteres lag in seinen Gedanken: — „das Leben beginnt erst für Euch, und es wird euch leichter fallen, als uns; Ihr werdet nicht, wie wir, Euch eine Bahn zu brechen haben, kämpfen, stürzen, wieder aufstehen müssen, mitten im Dunkel; unsere Sorge war es, daß wir nicht zu Grunde gerichtet würden — und wie Viele der Unsrigen sind zu Grunde gegangen! — Ihr aber müßt an's Werk gehen, müßt arbeiten — und unsere, Eurer Vorläufer, Segenswünsche sollen Euch begleiten. Mir aber bleibt nach dem heutigen Tage, nach all diesen Eindrücken nur, Euch meinen letzten Gruß zu entbieten — und wenn auch mit Trauer, so doch ohne Neid im Herzen, ohne mißgünstigen Rückhalt, im Angesichte des Endes, im Angesichte des mich erwartenden Gottes, auszurufen:

„Willkommen, einsames Alter! Rinne dem Ende zu, nutzloses Leben!"

Lawretzky erhob sich still und entfernte sich still; es hatte ihn Niemand bemerkt, Niemand ihn aufgehalten; noch lauter erschallte hinter der dichten Wand hoher Lindenbäume das lustige Jauchzen. Er stieg in den Tarantaß und befahl dem Kutscher, nach Hause zu fahren, ohne die Pferde anzutreiben.

———

„Und das Ende?" wird vielleicht der unbefriedigte Leser fragen. „Was ist später aus Lawretzky, was aus Lisa geworden?" Was soll man aber von Menschen berichten, die, wenn auch noch am Leben, doch bereits den Schauplatz der Welt verlassen haben? warum zu ihnen zurückkehren? Lawretzky soll, wie man erzählt, jenes, entlegene Kloster, in welches sich Lisa zurückgezogen hat, besucht — und sie gesehen haben. Auf dem Wege von einem der Chöre zum andern, war sie hart an ihm vorbeigegangen, dahinschreitend mit dem gleichmäßigen, hastig-demüthigen Schritt der Nonne — und hatte ihn nicht angesehen; nur ein leichtes Zittern hatte die Wimper des nach seiner Seite gekehrten Auges bewegt, nur noch tiefer hatte sich ihr hageres Gesicht gesenkt — und nur noch feſter hatten ſich die, vom Roſenkranze umſchlungenen Finger der gefalteten Hände aneinandergepreßt. Was mögen ſie Beide gedacht, was empfunden haben? Wer kann es wiſſen? Wer es ſagen? Es giebt im Leben Augenblicke, es giebt Gefühle . . . auf die man nur einen Blick werfen darf, ohne bei ihnen verweilen zu können.

Drei Portraits.

(1 8 4 6.)

„Nachbarschaft," darin besteht eine der hauptsächlichsten Unannehmlichkeiten des Lebens auf dem Lande. Ich habe einen Gutsbesitzer aus dem Wologda'schen Gouvernement gekannt, der bei jeder passenden Gelegenheit auszurufen pflegte: „Gott sei gedankt, ich habe keine Nachbarn" — und ich gestehe, ich mußte diesen glücklichen Erdensohn beneiden. Mein Landgütchen lag in einem der volkreichsten Gouvernements Rußlands. Das liebe Volk von Nachbarn umgab mich in zahlreicher Menge, von biedern und ehrenwerthen Gutsbesitzern, in weiten Fracks und weiten Westen an — bis auf lockere Zeisige in Schnurröcken mit langen Aermeln und Bordenquasten auf dem Rücken. Unter allen diesen Landedelleuten entdeckte ich jedoch durch Zufall einen überaus liebenswürdigen Jungen: er hatte früher im Militär gedient, nachher seinen Abschied genommen und sich für immer auf dem Lande niedergelassen. Wie er sagte, hatte er zwei Jahre im P.-schen Regimente gedient; ich aber begreife durchaus nicht, wie dieser

Mensch auch nur zwei Tage hintereinander, geschweige denn zwei Jahre lang irgend ein Amt hat verwalten können. Er war für „ruhiges Leben, für ländliche Stille" geschaffen, das heißt für träges, sorgloses Vegetiren, das, beiläufig gesagt, auch große und unerschöpfliche Reize zu bieten im Stande ist. Er besaß ein recht hübsches Vermögen: ohne sich die Bewirthschaftung seines Gutes sehr angelegen sein zu lassen, verlebte er jährlich gegen zehn tausend Rubel; er hielt einen vorzüglichen Koch (mein Bekannter war ein Freund guter Küche), und ließ sich außerdem aus Moskau die neuesten französischen Bücher und Zeitschriften kommen. In russischer Sprache las er nur die Berichte seines Verwalters und selbst das machte ihm große Mühe. Vom Morgen an (wenn er nicht gerade auf die Jagd ritt) bis zum Mittage und auch bei Tafel, kam er nicht aus dem Schlafrock heraus; entweder vertrieb er sich die Zeit, indem er unter landwirthschaftlichen Entwürfen umherstöberte, oder er ging in den Stall und auf die Tenne und lachte und scherzte mit den Weibern, die dann in seinem Beisein sich beim Schwingen der Dreschflegel nicht allzusehr anzugreifen pflegten. Nach dem Essen pflegte mein Freund vor dem Spiegel sorgfältig Toilette zu machen und fuhr dann zu irgend einem Nachbarn, der mit einem Paar hübschen Töchtern gesegnet war; sorglos und friedlich machte er bald der einen, bald der andern den Hof, spielte mit ihnen Blindekuh, kehrte ziemlich spät nach Hause zurück und verfiel sofort in tiefen Schlaf. Sich langweilen konnte er nicht, denn er war niemals ganz unbeschäftigt; in der Auswahl eines Zeitvertreibes war er niemals wählerisch, und die geringste Kleinigkeit konnte ihn wie ein Kind unterhalten. Andererseits machte er sich nicht viel aus seinem Leben, und wenn es darauf ankam, einen Wolf oder Fuchs zu „überrennen" — so setzte er in gestrecktem Galopp über so breite Gräben, daß mir's bis heute unbegreiflich ist, wie er sich nicht hundert Mal das Genick gebrochen hat. Das war eben einer von jenen Menschen, bei deren Anblick in Einem der Gedanke aufsteigt, sie seien sich ihres eigenen Werthes nicht bewußt, es schlummern unter äußerer Gleichgiltigkeit große und heftige Leidenschaften; er würde Einem aber in's Gesicht gelacht haben, hätte er eine Ahnung davon gehabt, daß man solche Ansicht über ihn hegen könne; und die Wahrheit zu sagen, ich selbst bin der Meinung, daß, wenn auch mein Bekannter in jüngeren Jahren etwa ein unbestimmtes, jedoch heftiges Streben nach Dem empfunden haben sollte, was man recht bezeichnend mit „Etwas Höheres" benannt hat, so hatte sich dies Streben bei ihm doch schon längst verloren. Er war ziemlich wohl beleibt und erfreute sich einer vortrefflichen Gesundheit. Heut zu Tage können wir Leute, die sich nur wenig mit sich selbst beschäftigen, nicht genug in Ehren halten, denn

dergleichen trifft man äußerst selten . . . und mein Be=
kannter wäre im Stande gewesen, sein eigenes Ich ganz
zu vergessen. Doch genug von ihm, um so mehr, weil
er nicht der Held meiner Erzählung ist. Ich will nur noch
erwähnen, daß er Peter Fedorowitsch Lutschinow hieß.

An einem Herbsttage waren wir unser fünf Jäger
bei Peter Fedorowitsch zusammengekommen. Den ganzen
Morgen hatten wir auf dem Felde zugebracht, zwei Wölfe
und eine Menge Hasen zu Tode gehetzt und waren in
jener freudig=erregten Stimmung zurückgekehrt, die jeden
echten Waidmann nach einer glücklichen Jagd überkommt.
Es begann zu dunkeln. Draußen strich der Wind über
die Felder und neigte geräuschvoll die entblätterten Wipfel
der Birken und Linden, die Lutschinow's Haus umstanden.
Wir waren angekommen und stiegen von den Pferden . . .
am Eingange blieb ich stehen und warf einen Blick zu=
rück: langgestreckte Wolken zogen am grauen Himmel hin;
die dunkelbraunen Hecken ächzten kläglich, vom Winde ge=
peischt; das welke Gras schmiegte sich widerstandslos
und traurig der Länge nach an den Boden; Schwärme
von Drosseln zogen über die von Büscheln hochrother
Beeren bedeckten Ebereschen; pfeifend hüpften Kohlmeisen
auf den dünnen und zerbrechlichen Zweigen der Birken=
bäume umher; aus dem Dorfe tönte heiseres Hundegebell
herüber. Schwermuth wandelte mich an . . . und mit
wahrer Wonne trat ich in den Speisesaal. Die Fenster=

laden waren geschlossen, auf dem runden, mit schneeweißem Tischtuche bedeckten Speisetische, mitten unter geschliffenen Flaschen voll rothen Weines, brannten acht Kerzen in silbernen Leuchtern; im Camine flammte lustig ein Feuer — und ein alter, höchst anständiger Haushofmeister mit breiter Glatze, nach englischer Art gekleidet, stand ehrerbietig regungslos vor einem anderen Tische, auf welchem bereits, in leichten duftigen Dampf gehüllt, eine große Suppenschüssel prangte. Auf der Hausflur waren wir an einem anderen ältlichen Diener vorbeigekommen, der mit Gefrierenmachen des Champagners — „nach allen Regeln der Kunst" — beschäftigt war. — Das Diner war, wie es in ähnlichen Fällen zu sein pflegt, überaus heiter; wir lachten, gaben Jagdabenteuer zum Besten und gedachten mit Entzücken zweier berühmter „Treiben." Nach dem Essen setzten wir uns in breiten Sesseln um das Camin herum; auf dem Tische erschien eine geräumige silberne Bowle und einige Minuten darauf verkündete uns die flackernde Flamme des angezündeten Rums die glückliche Idee unseres Wirthes: „einen Glühwein herzustellen."
— Peter Fedorowitsch war ein Mensch, dem es an Geschick nicht fehlte; so zum Beispiel wußte er, daß nichts auf die Einbildungskraft so ertödtend wirkt, wie der gleichmäßige, kalte und pedantische Schein einer Lampe — und er befahl daher, nur zwei Kerzen im Zimmer brennen zu lassen. Eigenthümliche Schattenbilder, vom unstäten

Flackern der Flammen im Camine und in der Punsch=
bowle erzeugt, zitterten an den Wänden hin und her . . .
eine ruhige, äußerst wohlthuende Behaglichkeit war in
unserem Innern an die Stelle der lärmenden Heiterkeit
während der Tafel getreten.

Unterhaltungen haben — gleich Büchern (dem latei=
nischen Spruche zufolge) ihre Geschicke, wie Alles in der
Welt. Unsere Unterhaltung war an diesem Abende ganz
besonders mannigfaltig und belebt. Von Einzelheiten
verstieg sich dieselbe bis zu wichtigen Fragen von all=
gemeiner Bedeutung und kehrte leicht und ungezwungen
zu den Interessen des alltäglichen Lebens zurück . . .
Nachdem wir ziemlich lange geschwatzt hatten, verstummten
wir plötzlich Alle. In solchen Minuten heißt es, zieht
ein Engel still vorüber.

Ich weiß nicht, was der Grund des Schweigens
meiner Gefährten gewesen sein mag; ich wurde still, als
mein Blick unerwartet auf drei bestaubte Portraits fiel,
die in schwarzen, hölzernen Rahmen an der Wand hingen.
Die Farben waren verblichen und hin und wieder abge=
sprungen, die Gesichter aber konnte man noch unterscheiden.
Das mittlere Bild stellte eine noch junge Frau vor in
weißem, mit Spitzen besetztem Kleide und hohem Kopf=
putz aus den achtziger Jahren. Rechts, auf völlig schwar=
zem Hintergrunde, war das runde, volle Gesicht eines
biederen russischen Gutsbesitzers von ungefähr fünf und

zwanzig Jahren, mit niedriger, breiter Stirn, stumpfer Nase und treuherzigem Lächeln, abgebildet. Die französische, gepuderte Frisur paßte durchaus nicht zu den slavischen Gesichtszügen. Der Maler hatte ihn in einem hellrothen Rocke mit großen Glasknöpfen und mit einer Phantasie-Blume in der Hand dargestellt. Das dritte, von einer anderen, geübteren Hand gemalte Bildniß, stellte einen Mann von dreißig Jahren vor in grüner Uniform aus Kaiserin Katharina's Zeit, mit rothen Aufschlägen, weißer Weste und feinem, battistenem Halstuche. Die eine Hand ruhte auf einem Rohr mit goldenem Knauf, die andere war in die Weste gesteckt. Das braune, etwas magere Gesicht verrieth frechen Hochmuth. Die schmalen, langgezogenen Brauen stießen über den pechschwarzen Augen fast an einander; um die bleichen, kaum bemerkbaren Lippen spielte kein gutes Lächeln.

— Ah! Sie betrachten meine Portraits! sagte Peter Fedorowitsch.

— Ja, ich sehe sie mir an, entgegnete ich mit einem Blicke auf ihn.

— Wollen Sie eine ganze Geschichte von jenen drei Personen hören?

— Mit Vergnügen, gaben wir Alle einstimmig zur Antwort.

Peter Fedorowitsch erhob sich von seinem Platze, nahm ein Licht, näherte es den Bildern und begann mit dem

Tone eines Menschen, der wilde Thiere sehen läßt:
„Meine Herren! Diese Dame ist eine Pflegetochter meines
leiblichen Urgroßvaters, Olga Iwanowna N. N., Lutschi=
now benannt, und ist vor vierzig Jahren unverheirathet
verstorben. Dieser Herr — er wies auf den Mann in
Uniform — ist ein Gardesergeant, Wassili Iwanowitsch,
gleichfalls Lutschinow, im Jahre eintausend siebenhundert
und neunzig in Gott entschlafen; und dieser Herr, mit
dem ich nicht die Ehre habe, durch Verwandtschaft ver=
bunden zu sein, ist ein gewisser Pawel Afanassewitsch
Rogatschew, der, soviel mir bekannt ist, nie gedient hat.
Bemerken Sie, ich bitte, das Loch, das er auf der Brust,
gerade auf der Stelle des Herzens, hat. Dieses Loch,
wie Sie sehen, genau von der Form eines Dreiecks,
kann, aller Wahrscheinlichkeit nach, nicht durch Zufall ent=
standen sein . . . Jetzt, fuhr er in seinem gewöhnlichen
Tone fort, — haben Sie die Gefälligkeit Platz zu nehmen,
sich mit Geduld zu rüsten und aufzuhorchen.

— Meine Herren! begann er, — ich stamme aus
einem ziemlich alten Geschlechte. Ich bin auf meine Ab=
stammung nicht stolz, weil meine Vorfahren alle unge=
heure Verschwender gewesen sind. Dieser Vorwurf trifft
jedoch nicht meinen Urgroßvater, Iwan Andreewitsch
Lutschinow, — im Gegentheil: er stand in dem Rufe
eines überaus sparsamen, ja sogar geizigen Menschen —
vorzüglich in seinen letzten Lebensjahren. Seine Jugend=

zeit verbrachte er in Petersburg, als Elisabeth den Thron inne hatte. Dort heirathete er, und seine Gattin, meine Urgroßmutter also, schenkte ihm vier Kinder — drei Söhne, Wassili, Iwan und Pawel (meinen leiblichen Großvater), und eine Tochter, Natalia. Außerdem hatte Iwan Andreewitsch eine vater- und mutterlose, verlassene Waise, die Tochter eines entfernten Verwandten, als Pflegekind in seine Familie aufgenommen — jene Olga Iwanowna, von der ich soeben sprach. Den Leibeigenen meines Großvaters war dessen Existenz zwar bekannt, denn sie ließen ihm, wenn kein Unfall dazwischen kam, den unbeträchtlichen Zins zukommen — gesehen aber hatte ihn noch Keiner von ihnen. Das Gütchen Lutschinowka, der Anwesenheit seines Gebieters beraubt, blühte auf und gedieh — als ganz unerwartet an einem schönen Morgen eine schwerfällige, altmodische Kutsche in's Dorf fuhr und vor dem Häuschen des Schulzen hielt. Die Bauern, von einem solch unerhörten Ereigniß aufgeschreckt, liefen zusammen und konnten nun ihren Gebieter, ihre Edelfrau und die ganze Familie, den ältesten Sohn, Wassili, aus= genommen, der in Petersburg geblieben war, in Augen= schein nehmen. Seit jenem denkwürdigen Tage bis an sein seliges Ende hat Iwan Andreewitsch nicht mehr Lutschinowka verlassen. Er baute sich ein Haus, dasselbe, in welchem ich jetzt das Vergnügen habe, mich mit Ihnen zu unterhalten; auch die Kirche erbaute er und begann nun sein Leben als Gutsbesitzer. Iwan Andreewitsch war ein Mann von ungewöhnlich hohem Wuchse, mager, schweigsam und in allen seinen Bewegungen äußerst langsam! niemand, sein Kammerdiener ausgenommen, sah ihn je im Schlafrock und ungepudert. Iwan Andreewitsch pflegte beim Gehen die Hände auf dem Rücken zu halten und bei jedem Schritte langsam den Kopf zu drehen. Tagtäglich spazierte er in der langen Lindenallee, die er eigenhändig gepflanzt hatte — und noch vor seinem Ende ist ihm das Vergnügen zu Theil geworden, sich des Schattens jener Linden zu erfreuen. Iwan Andreewitsch war außerordentlich wortkarg; als Beweis seiner Schweigsamkeit mag der bemerkenswerthe Umstand dienen, daß er im Verlaufe von zwanzig Jahren nicht ein einziges Wort mit seiner Gattin, Anna Pawlowna, gesprochen hatte. Ueberhaupt waren seine Beziehungen zu ihr ganz eigener Art. — Sie führte die ganze Wirthschaft, bei Tische saß sie jedesmal neben ihrem Manne — er würde ohne Barmherzigkeit den Diener, der sich erdreistet hätte, ihr nur mit einem Worte unehrerbietig zu begegnen, bestraft haben — und dennoch sprach er nie mit ihr, nahm er sie nie bei der Hand. Anna Pawlowna war eine schüchterne, bleiche, niedergebeugte Frau: jeden Tag verrichtete sie auf den Knieen in der Kirche ihr Gebet und lächelte niemals. Man erzählte sich, sie hätten früher, d. h. vor ihrer Ankunft auf dem Gute, sehr einig gelebt, dann aber, sagte man, sei Anna Pawlowna ihren ehelichen Pflichten untreu und der Mann von ihrem Fehltritte unterrichtet worden... Wie dem nun sei — Iwan Andreewitsch versöhnte sich mit seiner Frau nicht einmal auf dem Sterbebette. Während dessen letzter Krankheit wich sie nicht von seiner Seite; er aber schien sie nicht zu bemerken. Einmal saß Anna Pawlowna Nachts im Schlafzimmer Iwan Andreewitsch's; er litt an Schlaflosigkeit — eine Lampe brannte vor dem Heiligenbilde; Juditsch, der Diener meines Großvaters, auf den ich später zurückkommen werde, war hinausgegangen. Anna Pawlowna stand von ihrem Platze auf, schritt durch das Zimmer bis an's Bett ihres Gatten und fiel vor demselben schluchzend auf die Kniee, sie wollte etwas vorbringen — streckte die Arme aus... Iwan Andreewitsch warf einen Blick auf sie und — rief mit schwacher, jedoch fester Stimme: „Juditsch!" Der Diener trat ein, Anna Pawlowna erhob sich rasch und wankte ihrem Platze zu.

Iwan Andreewitsch's Kinder hatten große Furcht vor ihrem Vater. Sie waren auf dem Gute aufgewachsen und Zeugen des sonderbaren Betragens Iwan Andreewitsch's gegen seine Frau. Sie hatten Alle Anna Pawlowna außerordentlich lieb, durften jedoch nicht ihre Liebe zu ihr blicken lassen. Sie selbst schien gewissermaßen Scheu vor ihnen zu haben... Sie erinnern sich noch meines Großvaters, meine Herren! Bis an sein Ende pflegte er auf

den Zehen einherzugehen und flüsternd zu sprechen . . .
was doch Gewohnheit macht! Er und sein Bruder, Iwan
Iwanowitsch, waren einfache Leute, gute, ruhige und ge-
müthliche Menschen; meine grand tante Natalia hatte
einen rohen und dummen Menschen geheirathet und
bewahrte ihm bis an's Ende eine stille, knechtische
Liebe. — Ein anderer Charakter war der Bruder
Wassili. Ich erzählte Ihnen, wenn ich nicht irre, daß
Iwan Andreewitsch ihn in Petersburg gelassen hatte. Damals war er zwölf Jahre alt. Der Vater hatte ihn der
Obhut eines entfernten Verwandten, der nicht mehr jung,
unverheirathet und eingefleischter Voltairianer war, anvertraut. Wassili wuchs heran und trat in den Dienst. Er
war nicht hoch von Wuchse, aber gut gebaut und ungewöhnlich gewandt; er sprach vortrefflich französisch und
stand in dem Rufe eines geschickten Fechters. Er galt für
einen der elegantesten jungen Männer im Anfange der
Regierung Katharina's. Mein Vater erzählte mir oft,
er habe mehr als eine alte Dame getroffen, die nicht ohne
herzliche Rührung an Wassili Iwanowitsch Lutschinow zu
denken vermochte. Stellen Sie sich einen Menschen vor,
mit ungewöhnlicher Kraft des Willens begabt, leidenschaftlich und berechnend, ausdauernd und kühn, verschlossen bis
auf's Aeußerste und — nach Aussage Aller, die ihn gekannt haben — von bezaubernder, verführerischer Liebenswürdigkeit. Gewissenhaftigkeit, Gutherzigkeit, Rechtsgefühl

gingen ihm gänzlich ab und doch hätte Niemand ihn einen durchaus bösen Menschen nennen können. Er war ehrgeizig — verstand aber seinen Ehrgeiz zu bemänteln und liebte Unabhängigkeit über Alles. Wenn Wassili Iwanowitsch gelegentlich ein Lächeln zeigte, freundlich die schwarzen Augen zusammendrückte, Jemand „um den Finger wickeln" wollte, war es, wie man sagt, unmöglich, ihm zu widerstehen — und selbst Leute, die von seiner Herzlosigkeit und Kälte überzeugt waren, ließen sich oft von der Wunderkraft seines Einflusses hinreißen. Er war eifrig auf seinen Vortheil bedacht und zwang Andere, demselben dienstbar zu werden; es glückte ihm in Allem, weil er niemals den Kopf verlor, vor Schmeichelei keinen Abscheu fühlte, wenn ihm dieselbe als Mittel dienen konnte und sich auf das Schmeicheln „verstand".

Zehn Jahre nach Iwan Andreewitsch's Uebersiedelung auf's Land kam er auf vier Monate als brillanter Gardeoffizier nach Lutschinoka — und es gelang ihm in dieser Zeit sogar seinen Vater, diesen finstern Alten, zu bezaubern! Sonderbar! Der herbe, trockene Iwan Andreewitsch hörte mit einer Art schadenfrohen Entzückens die Erzählungen seines Sohnes von dessen Eroberungen an. Die Brüder mußten den Mund aufreißen und ihn anstaunen wie ein höheres Wesen. Und selbst Anna Pawlowna schien ihn mehr als die anderen Kinder, die ihr doch so sehr zugethan waren, zu lieben . . .

Waffili Iwanowitsch war aufs Land gekommen, einmal, um seine Familie zu besuchen, vor Allem aber, sich soviel Geld wie möglich von seinem Vater zu verschaffen. In Petersburg hatte er verschwenderisch und flott gelebt und beträchtliche Schulden hinterlassen. Bei dem Geize des Vaters hatte er kein leichtes Spiel und obgleich Iwan Andreewitsch dem Sohne bei dessen einmaligem Besuche, aller Wahrscheinlichkeit nach, weit mehr Geld gegeben hatte, als allen übrigen Kindern im Verlaufe der zwanzig Jahre, die sie im älterlichen Hause verbracht hatten, so hielt sich Waffili doch an den bekannten russischen Grundsatz: „nimmt man, so nehme man mit vollen Händen!" Iwan Andreewitsch hatte einen Diener, Namens Juditsch, einen ebenso langen, mageren und schweigsamen Menschen, wie er selbst einer war. Man sagt, dieser Juditsch habe zum Theil Veranlassung zu dem sonderbaren Benehmen Iwan Andreewitsch's gegen seine Frau gegeben: er soll nämlich die verbrecherische Verbindung meiner Urgroßmutter mit einem der intimsten Freunde meines Urgroßvaters entdeckt haben. Wahrscheinlich wird Juditsch seinen voreiligen Eifer tief bereut haben, denn es wäre schwer gewesen, einen Menschen von besserem Gemüth zu finden als ihn. Noch heute ist sein Andenken meinen Hofsleuten theuer. Juditsch besaß das unbegrenzte Vertrauen meines Urgroßvaters. Zu damaliger Zeit hatten die Gutsbesitzer Geld, sie legten dasselbe jedoch nicht in Sparcassen und

Leihbanken an, sondern bewahrten es bei sich in Kisten und in Räumen unter den Fußböden und anderen Orten auf. Iwan Andreewitsch verwahrte all sein Geld in einem großen, eisenbeschlagenen Kasten, der am Kopfende seines Bettes stand. Der Schlüssel zu diesem Kasten war Juditsch eingehändigt worden. Jeden Abend vor dem Schlafengehen ließ Iwan Andreewitsch in seiner Gegenwart diesen Kasten öffnen, schlug mit seinem Stocke der Reihe nach an alle vollgestopften Säcke und jeden Sonnabend schnürte er mit Juditsch die Säcke eigenhändig auf und zählte sorgfältig das Geld nach. Wassili hatte von diesem geheimen Treiben Wind bekommen und war von Verlangen entbrannt, die Ruhe des verbotenen Kastens zu stören. In fünf bis sechs Tagen hatte er Juditsch kirre gemacht, das heißt, es dahin gebracht, daß der arme Alte ganz von ihm eingenommen wurde. Nachdem nun Wassili ihn gebührenderweise vorbereitet hatte, stellte er sich besorgt und düster, wollte auf Juditsch's Fragen lange keine Antwort geben und erklärte ihm endlich, er habe all sein Geld verspielt und werde — falls er nicht irgendwo das nöthige auftreibe, Hand an sich legen. Juditsch brach in Thränen aus, warf sich vor ihm auf die Kniee nieder, bat ihn, er möge Gottes eingedenk sein und seine Seele nicht zu Grunde richten. Wassili, ohne ein Wort zu sagen, verschloß sich auf seinem Zimmer. Einige Minuten später hörte er, daß Jemand leise an seine Thür klopfte, er öffnete und erblickte an der Schwelle Juditsch, bleich, zitternd, mit einem Schlüssel in der Hand. In einem Augenblicke hatte Wassili Alles begriffen. Er wollte anfangs lang nicht einwilligen. Juditsch wiederholte unter Thränen: „nehmen Sie ihn, gnädiger Herr, nehmen Sie ihn" . . . Endlich willigte Wassili ein. Es war an einem Montage. Wassili verfiel auf den Gedanken, das herausgenommene Geld durch zerschlagene Scherben zu ersetzen. Er rechnete darauf, daß Iwan Andreewitsch beim Anklopfen der Säcke mit dem Stocke, der kaum merkbare Unterschied des Klanges nicht auffallen werde — und bis zum Sonnabend hoffte er Geld aufzutreiben und es in den Kasten zurückzulegen. Gedacht — gethan. Der Vater wurde allerdings nichts gewahr. Doch der Sonnabend war nahe und Wassili hatte kein Geld; mit der entwendeten Summe hatte er gehofft, einem reichen Nachbarn ein Erkleckliches im Spiel abzugewinnen — hatte aber selbst Alles verspielt. Unterdessen war der Sonnabend gekommen; es kamen die mit Scherben gefüllten Säcke an die Reihe. Stellen Sie sich nun, meine Herren, das Erstaunen und den Unwillen Iwan Andreewitsch's vor!

— Was ist denn das? platzte er heraus.

Juditsch schwieg.

— Du hast das Geld gestohlen?

— Nein, das habe ich nicht.

Drei Portraits.

— Dann hat Jemand den Schlüssel von Dir bekommen?

— Ich habe Niemandem den Schlüssel gegeben.

— Niemandem? Hast Du ihn Niemandem gegeben — so bist Du der Dieb. Gestehe!

— Ich bin kein Dieb, Iwan Andreewitsch.

— Wo, zum Teufel, sind denn die Scherben hergekommen? So also betrügst Du mich? Zum letzten Male sage ich Dir's — gestehe!

Juditsch senkte den Kopf und kreuzte die Hände auf dem Rücken.

— Heda, Leute her! schrie Iwan Andreewitsch mit wüthender Stimme. — Ruthen her!

— Wie? mich wollen Sie bestrafen lassen? stammelte Juditsch.

— Seht mir den an! glaubst Du Dich besser als die Andern? Du bist ein Dieb! Nein, Juditsch! von Dir hätte ich ein solches Bubenstück nicht erwartet.

— Ich bin in Ihrem Dienste grau geworden, Iwan Andreewitsch, brachte Juditsch mit Mühe heraus.

— Was scheert mich Dein graues Haar! Hole Dich der Teufel sammt Deinem Dienst!

Das Hausgesinde trat in's Zimmer.

— Nehmt ihn, und gebt ihm tüchtig!

Iwan Andreewitsch's Lippen wurden bleich und zuckten.

Er ging im Zimmer auf und ab, wie ein wildes Thier in einem engen Käfig.

Die Leute wagten es nicht, den Befehl zu vollstrecken.

— Was steht Ihr da, Hallunken? Wollt Ihr etwa, daß ich selbst Hand an ihn lege, wie?

Juditsch legte sich schweigend auf die Diele, und erwartete die Strafvollstreckung.

— Halt! rief Iwan Andreewitsch. — Juditsch, zum allerletzten Male sage ich Dir, bitte ich Dich, Juditsch, gestehe!

— Ich kann nicht! stöhnte Juditsch.

— So packt ihn, den alten Heuchler! . . . Schlagt ihn todt! Ich nehme es auf mich! donnerte der wüthende Alte. Die Strafe begann . . .

Plötzlich ging die Thür auf und Waffili trat herein. Er war fast noch bleicher als sein Vater, seine Hände zitterten, die Oberlippe war hinaufgezogen und ließ eine Reihe weißer und regelmäßiger Zähne sehen.

— Ich bin der Schuldige, sagte er mit dumpfer aber fester Stimme. — Ich habe das Geld genommen.

Die Leute hielten inne.

— Du! wie? Du, Waßka! ohne Juditsch's Einwilligung?

— Nein! sagte Juditsch: — mit meiner Einwilligung. Ich selbst habe Waffili Iwanowitsch den Schlüssel gegeben.

Ach, Wassili Iwanowitsch, mein gnädiger, junger Herr, warum sind Sie dazwischen gekommen?

— Der ist also der Dieb! schrie Iwan Andreewitsch. — Danke Dir, Wassili, danke Dir! Dir aber, Juditsch, schenke ich es doch nicht. Warum hast Du mir nicht sogleich Alles gestanden? Heda, Ihr! was steht Ihr da? oder wollt auch Ihr meine Macht nicht anerkennen? Mit Dir aber, Freundchen, werde ich noch sprechen! setzte er zu Wassili gewendet hinzu.

Die Leuten wollten Juditsch wieder ergreifen.

— Rührt ihn nicht an! sagte Wassili durch die Zähne. — Das Gesinde gab nicht darauf Acht. — Zurück! schrie er und stürzte auf sie los . . . Sie wichen zurück.

— Ha! Aufruhr! ächzte Iwan Andreewitsch und schritt mit erhobenem Stock auf seinen Sohn los.

Wassili that einen Schritt zurück, faßte den Griff seines Degens und entblößte ihn zur Hälfte. Alle erbebten. Anna Pawlowna, durch den Lärm herbeigerufen, erschien erschreckt und bleich an der Thür.

Furchtbar veränderte sich Iwan Andreewitsch's Gesicht. Er schwankte, der Stock entglitt seiner Hand, er sank schwer auf einen Sessel nieder und bedeckte mit beiden Händen die Augen. Niemand rührte sich, Alle standen wie versteinert, Wassili nicht ausgenommen. Krampfhaft hielt er den stählernen Griff seines Degens umklammert, seine Augen sprüheten düstere, boshafte Blitze . . .

— Geht Alle . . . Alle hinaus, sagte Iwan Andree=
witsch mit leiser Stimme, ohne die Hände vom Gesichte zu nehmen.

Alle entfernten sich. Wassili blieb an der Schwelle stehen, schüttelte dann den Kopf, umarmte Juditsch, küßte seiner Mutter die Hand . . . und zwei Stunden später war er nicht mehr auf dem Gute. Er war nach Peters=
burg gefahren.

Abends an demselben Tage saß Juditsch auf den Auf=
gangsstufen des Gesindehauses. Die Dienerschaft stand um ihn herum, bezeigte ihm ihr Beileid und überschüttete den Gutsherrn mit Vorwürfen.

— Laßt doch, Kinder, sagte er zu ihnen nach einer Pause: — laßt das . . . scheltet ihn nicht! Der liebe Herr mag seiner großen Heftigkeit auch nicht froh sein...

Die Folge dieses Vorfalles war, daß Wassili seinen Vater nicht wiedersah. Iwan Andreewitsch starb während des Sohnes Abwesenheit, und es wurde ihm vermuthlich das Sterben so schwer, daß Gott einen Jeden von uns vor ähnlichem Hinscheiden bewahren möge. Wassili Iwanowitsch führte unterdessen ein freies, lustiges Leben nach seiner Weise und warf mit Geld um sich. Wie er zu Geld kam, könnte ich mit Bestimmtheit nicht sagen. Er hatte einen Franzosen, einen gewandten und schlauen

Burschen, Namens Bourfier, als Diener angenommen. Dieser Mensch wurde ihm leidenschaftlich zugethan und half ihm bei allen seinen zahlreichen Abenteuern. Es ist nicht meine Absicht, Ihnen die Streiche meines grand oncle ausführlich zu erzählen; er zeichnete sich durch eine so waghalsige Dreistigkeit, eine solch' schlangenartige Gewandtheit, eine so unbegreifliche Kaltblütigkeit, einen so geschmeidigen und scharfen Geist aus, daß ich, die Wahrheit zu sagen, die unumschränkte Macht, welche dieser unmoralische Mensch über Leute von edelster Sinnesart ausübte, begreife . . .

Bald nach dem Tode des Vaters wurde Waffili Iwanowitsch, trotz seiner Vorsicht, von einem beleidigten Ehemanne gefordert. Das Duell fand Statt, er verwundete schwer seinen Gegner und ward gezwungen, die Hauptstadt zu verlassen; es wurde ihm befohlen, sich nicht von seinem Gute zu entfernen. Waffili Iwanowitsch war 30 Jahr alt. Sie können sich leicht einen Begriff machen, meine Herren, mit welchen Gefühlen dieser, an das glänzende Leben der Hauptstadt gewöhnte Mensch, in seine Heimath fuhr. Man sagt, er sei unterwegs oftmals aus der Kibitka gestiegen, habe sich mit dem Gesichte auf den Schnee geworfen und geweint. In Lutschinowka erkannte Niemand den früheren, heiteren, liebenswürdigen Waffili Iwanowitsch wieder. Er sprach mit Niemandem, war vom Morgen bis zum Abend auf der Jagd, ertrug mit sichtbarer Ungedulb die schüchternen Liebkosungen seiner Mutter und spöttelte unbarmherzig über seine Brüder und deren Frauen (sie hatten Beide bereits geheirathet) . . .

Ich habe Ihnen, glaube ich, bis jetzt noch nichts von Olga Iwanowna gesagt. Sie ward schon als Säugling nach Lutschinowka gebracht, und wäre unterwegs beinahe gestorben. Olga Iwanowna war in der Furcht des Herrn und der Eltern, wie man zu sagen pflegt, erzogen worden . . . es muß bemerkt werden, daß Beide, sowohl Iwan Andreewitsch, als auch Anna Pawlowna — sie wie ihre Tochter behandelt haben. Es glimmte in ihr vielleicht ein schwacher Funken jenes Feuers, das so hell in Wassili's Seele flammte. Während die leiblichen Kinder Iwan Andreewitsch's sich keinen Betrachtungen über den Grund des sonderbaren, stummen Zwiespaltes ihrer Aeltern hingaben — beunruhigte und quälte Olga seit frühen Jahren die Stellung Anna Pawlowna's. Gleich Wassili liebte auch sie die Unabhängigkeit, und jeder Zwang empörte sie. Sie war mit ganzer Seele ihrer Wohlthäterin zugethan; den alten Lutschinow haßte sie, und mehr als ein Mal hatte sie bei Tische so finstere Blicke auf ihn geworfen, daß dem Diener, der die Speisen umherreichte, dabei ganz unheimlich zu Muthe geworden war. Iwan Andreewitsch bemerkte diese Blicke nicht, weil er überhaupt seine Familie keiner Beachtung würdigte.

Anfänglich hatte Anna Pawlowna versucht, diesem Hasse entgegen zu arbeiten. — Doch einige eingehendere Fragen, die Olga an sie gerichtet hatte, legten ihr unverbrüchliches Schweigen auf. Iwan Andreewitsch's Kinder liebten Olga über alle Maaßen und auch die alte Dame liebte sie, wenn auch diese Liebe von ziemlich kühler Art war.

Anhaltender Gram hatte bei dieser armen Frau jeden Anflug von Heiterkeit, jedes tiefere Gefühl erstickt; nichts liefert einen glänzenderen Beweis von Wassili's bezaubernder Liebenswürdigkeit, als der Umstand, daß er seiner Mutter die wärmste Liebe einzuflößen gewußt hatte. Aeußerungen kindlicher Zärtlichkeit lagen nicht im Geiste der damaligen Zeit und es darf daher nicht befremden, daß Olga ihrer Zuneigung keinen Ausdruck geben durfte, obgleich sie jeden Abend vor dem Schlafengehen Anna Pawlowna mit besonderer Zärtlichkeit die Hand küßte. Mit dem Lesen und Schreiben war es bei ihr schlecht bestellt. Zwanzig Jahre später blätterten die russischen Fräulein bereits in Romanen in der Art „des englischen Mylords," „der Lolotte und Fanfan," „des Alexis oder der Hütte im Walde" umher; — lernten Klavier spielen und Romanzen singen, in der Art des einst sehr verbreiteten Liedes:

„Gleich Fliegen umschwärmen
„Die Männer uns jetzt u. s. w.

Doch in dem siebziger Jahrzehnt (Olga Iwanowna war 1757 geboren) hatten unsere ländlichen Schönen noch keine Ahnung von allen diesen Neuerungen. Es fällt uns heutzutage schwer, uns ein russisches Fräulein aus jener Zeit vorzustellen; freilich können wir uns, wenn wir an unsere Großmütter denken, einen Begriff von dem Grade der Bildung der Edeldamen aus Katharina's Epoche machen; und dennoch, wie wäre es keine leichte Arbeit, das mit den Jahren allmählich neu Hinzugekommene von dem unterscheiden zu sollen, worin man sie in ihrer frühesten Jugend unterwiesen hatte?

Olga Iwanowna sprach ein wenig französisch — jedoch mit sehr markirtem russischen Accente: zu jener Zeit wußte man von französischen Emigranten noch Nichts. Mit einem Worte, ungeachtet aller guten Eigenschaften, hatte sie noch genug „Waldursprüngliches" an sich — und mag wohl auch in aller Einfalt des Herzens gelegentlich an diesem oder jenem unglücklichen Stubenmädchen eigenhändigst ihr Müthchen gekühlt haben . . .

Kurz vor Wassili Iwanowitsch's Ankunft war Olga Iwanowna einem Nachbar — Pawel Afanasjewitsch Rogatschew — einem herzensguten und rechtlichen Manne versprochen worden. Mutter Natur hatte ihm Galle vorenthalten. Seine eigenen Leute leisteten ihm keinen Gehorsam, sie gingen oft Alle, vom Ersten bis zum Letzten aus dem Hause und ließen den armen Rogatschew ohne

Drei Portraits.

Mittagessen . . . doch Nichts war im Stande, ihn in seinem Gleichmuth zu stören. Von Kindheit an war er dick und unbeholfen gewesen, er hatte niemals gedient, liebte es, die Kirche zu besuchen und auf dem Chore mit zu singen. Betrachten Sie, meine Herren dieses gute, runde Gesicht; dieses stille, harmlose Lächeln . . . nicht wahr, es wird Ihnen dabei selbst wohl um's Herz? Sein Vater besuchte vor Zeiten Lutschinowka und brachte an Festtagen seinen Pawluscha mit, den die kleinen Lutschinow's auf jede Weise zum Besten hatten. Pawluscha war groß geworden und fuhr nun selbst zu Iwan Andreewitsch, er verliebte sich in Olga Iwanowna und trug ihr Herz und Hand an — zwar nicht persönlich ihr selbst, wohl aber durch ihre Pflegeeltern. Diese gaben ihre Einwilligung. Es fiel Niemandem ein, Olga Iwanowna zu fragen, ob Rogatschew ihr auch gefalle? Zu jener Zeit kannte man, wie meine Großmutter sagte, einen solchen „Luxus" nicht. — Olga gewöhnte sich übrigens bald an ihren Bräutigam; es war ganz unmöglich, diesen sanften und gemüthlichen Menschen nicht lieb zu gewinnen. Rogatschew war ganz ohne Bildung; alles, was er vom Französischen wußte, war: „bon schur" — und auch dieses Wort dünkte ihm im Grunde der Seele unanständig. Auch hatte ihm außerdem ein Spaßvogel folgendes, angeblich französische Lied gelehrt: „Schonetschka, Schonetschka! ke wu le wu de moa — ich bete Sie an —

mä sche ne pö pa" . . . Dieses Liedchen summte er halblaut jedes Mal vor sich hin, wenn er gut aufgelegt war. Auch sein Vater war ein Mann von unbeschreiblicher Güte des Herzens; er trug beständig einen langen Nankinrock, und lächelte Allem, was man ihm sagte, beifällig zu. Seit Pawel Afanasjewitsch's Verlobung hatten beide Rogatschew's — Vater und Sohn, vollauf zu thun; das Haus wurde in Stand gesetzt, sie ließen verschiedene „Gallerien" anbauen, unterhielten sich freundschaftlich mit den Arbeitern und tractirten sie mit Branntwein. Zu Anfang des Winters waren noch nicht alle Bauten beendigt — die Hochzeit wurde auf den Sommer verschoben; im Sommer starb Iwan Andreewitsch — und die Hochzeit wurde in noch weitere Ferne gerückt: im Laufe des Winters kam Wassili Iwanowitsch an. Rogatschew wurde ihm vorgestellt: er behandelte ihn kalt und nachlässig und flößte ihm allmählich eine solche Furcht ein, daß der arme Rogatschew bei seinem Erscheinen jedesmal wie Espenlaub zitterte, verstummte und gezwungen lächelte. Ein Mal hätte Wassili ihm beinahe den Garaus gemacht — indem er ihm die Wette vorschlug, er, Rogatschew, sei nicht im Stande, nicht zu lächeln. Dem armen Pawel Afanasjewitsch traten vor Bangigkeit fast die Thränen in die Augen und — richtig! — das dümmste, blödeste Lächeln wollte nicht von seinem schweißbedeckten Gesichte verschwinden! Wassili spielte unterdessen nachlässig mit den Enden seines Halstuches und blickte von Zeit zu Zeit den Anderen doch gar zu verächtlich an. Pawel Afanasjewitsch's Vater erfuhr die Ankunft Wassili's, und stellte sich nun auch einige Tage darauf — „zur Bewillkommnung" — in Lutschinowka ein, um: „dem lieben Gaste, bei Gelegenheit seiner Rückkehr, zum heimathlichen Herde, seine Glückwünsche darzubringen." Afanasy Lukitsch war in der ganzen Nachbarschaft wegen seiner Gewandtheit im Reden berühmt — d. h. er verstand es, ohne Stocken eine ziemlich lange und künstlich verflochtene Rede, mit obligatem Zusatz gewisser Complimentwendungen zu halten. Aber, o weh! dieses Mal machte er seinem Rufe keine Ehre; er wurde noch um Vieles verlegener als sein Sohn Pawel Afanasjewitsch; stotterte Etwas ganz Unverständliches hervor, trank, ganz gegen seine Gewohnheit, ein Gläschen Branntwein, um sich „Courage" zu machen (er hatte Wassili gerade beim Frühstück getroffen) — und versuchte wenigstens mit einiger Selbständigkeit ein Räuspern hören zu lassen, brachte jedoch nicht den geringsten Laut hervor. Auf der Heimfahrt flüsterte Pawel Afanasjewitsch seinem Vater zu: „Nun, Väterchen?" Afanasy Lukitsch entgegnete ärgerlich und gleichfalls flüsternd: „Erinnere mich nicht daran!"

Die Besuche der Rogatschew's in Lutschinowka wurden seltener. Nicht nur diesen Beiden flößte Wassili Furcht ein, auch seine Brüder, deren Frauen, ja selbst Anna

Pawlowna empfanden in seiner Gegenwart unwillkürlich eine gewisse Befangenheit . . . sie suchten ihm so viel wie möglich auszuweichen; dieser Eindruck konnte Wassili nicht entgehen, doch bezeigte Nichts an ihm die Absicht, sein Benehmen zu ändern, als ganz unerwartet im Anfange des Frühjahres er wieder derselbe liebenswürdige, höfliche Mensch wurde, als welchen man ihn früher gekannt hatte . . .

Die erste Aeußerung dieser plötzlichen Umwandlung war Wassili's unerwarteter Besuch bei Rogatschew's. Afanasy Lukitsch insbesondere überkam große Angst beim Anblicke der Kalesche Lutschinow's, seine Furcht verschwand jedoch sehr bald. Noch nie war Wassili so anmuthig und aufgelegt gewesen. Er nahm den jüngeren Rogatschew unter den Arm, um mit ihm die Arbeiten zu besichtigen, sprach mit den Zimmerleuten, ertheilte ihnen Rathschläge, machte mit dem Beile selbst Einschnitte, ließ sich die Zuchtpferde Afanasy Lukitsch's vorführen, trieb sie selbst an der Leine herum — und machte überhaupt durch seine zuvorkommende Freundlichkeit, einen solch' liebenswürdigen Eindruck auf die gutherzigen Landsassen, daß Beide ihn mehr als ein Mal in die Arme schlossen. Auch zu Hause versetzte Wassili in wenigen Tagen Alles in Entzücken wie ehemals; ersann verschiedene komische Spiele, verschaffte sich Musikanten, lud Nachbarn und Nachbarinnen ein, gab den älteren Damen in sehr ergötzlicher Weise Stadt-

Klatschereien zum Besten, machte im Fluge den jüngeren den Hof, ersand Belustigungen ganz unerhörter Art, veranstaltete Feuerwerke und dergl. — mit einem Worte, er brachte Leben in Alle und in Alles. Das traurige, düstere Lutschinow'sche Haus war plötzlich in einen glänzenden, geräuschvollen, zauberreichen Tummelplatz umgewandelt, von welchem die ganze Nachbarschaft zu reden begann. — Diese plötzliche Umwandlung, Vielen ein Gegenstand des Staunens, wurde von Allen freudig begrüßt: man erging sich in den verschiedensten Vermuthungen über deren Veranlassung; Einige wollten wissen, Wassili Iwanowitsch habe unter dem Drucke einer geheimen Sorge gelebt, die Möglichkeit einer Rückkehr in die Hauptstadt stehe in Aussicht . . . Doch den wirklichen Grund der Veränderung, die mit Wassili Iwanowitsch vorgegangen war, hatte Niemand entdeckt.

Olga Iwanowna, meine Herren, war eine hübsche Erscheinung. — Das Schöne an ihr lag mehr in der ungewöhnlichen Zartheit und Frische ihres Gesichts und in der Anmuth ihrer Bewegungen, als in einer strengen Regelmäßigkeit der Formen. Von Natur nicht unselbständig, hatte ihre Erziehung — sie war als Waise aufgewachsen — in ihr Umsicht und eine gewisse Festigkeit entwickelt. Olga gehörte nicht zu den unempfindlichen und trägen Mädchen; ein einziges Gefühl aber hatte sich in ihr mit seiner ganzen Kraft entfaltet: Haß gegen ihren

Wohlthäter. Auch andere, vorzugsweise dem Weibe eigene Leidenschaften mochten sich Olga Iwanowna's Seele mit ungewöhnlicher, krankhafter Heftigkeit bemächtigt haben . . . es fehlte ihr aber jene starke Energie der Seele, jene Kraft, sie zu concentriren, ohne welche jede Leidenschaft nur von kurzer Dauer sein kann. — Die ersten Wallungen solcher halb activen, halb passiven Naturen sind bisweilen ungemein stark; äußern sich jedoch bald in anderer Weise, zumal wenn es sich um rücksichtslose Bethätigung vorgefaßter Ansichten handelt; sie können sich nicht consequent bleiben . . . Und doch, meine Herren, ich muß es offen bekennen: weibliche Charaktere dieser Art machen auf mich den tiefsten Eindruck . . . (Bei diesen Worten leerte der Erzähler ein Glas Wasser. — Unsinn! Unsinn! dachte ich, sein volles Kinn betrachtend: — auf Dich, lieber Freund, macht nichts in der Welt einen „tiefsten Eindruck") . . .

Peter Fedorowitsch fuhr in seiner Erzählung fort: — Meine Herren, ich glaube nicht an das, was man Aristokratie nennt, aber ich glaube an Blut, an Race. In Olga Iwanowna's Adern rollte mehr Blut, als in denen ihrer sogenannten Schwester — Natalia. Worin zeigte sich denn dieses „Blut", werden Sie fragen? — nun, in Allem: in der Form der Hände und Lippen, im Klange der Stimme, im Blicke, im Gange, in der Tracht des Haares, im Faltenwurf des Kleides, in Allem

lag etwas Eigenthümliches; doch muß ich gestehen, daß
jene . . . wie soll ich es nennen? . . . jene distinction,
die Olga Iwanowna besaß, Wassili's Aufmerksamkeit
wahrscheinlich nicht erregt haben würde, wäre er ihr in
Petersburg begegnet. Auf dem Lande jedoch, fern von
der großen Welt, zog sie nicht nur seine Aufmerksamkeit
auf sich — sondern sie wurde sogar die einzige Veran=
lassung zu jener Umwandlung, die ein Gegenstand der
Besprechung für alle Nachbarn war.

Sie werden es begreifen, daß Wassili Iwanowitsch
Genuß vom Leben forderte und daß er in seiner traurigen
Landeinsamkeit Langeweile zu fühlen begann; seine Brüder
waren brave Leute, jedoch von sehr beschränkten Begriffen:
er hatte Nichts mit ihnen gemein; seine Schwester Natalia
hatte im Verlaufe von drei Jahren ihrem Gatten vier
Kinder geschenkt: zwischen ihr und Wassili lag also eine
ganze Kluft . . . Anna Pawlowna besuchte fleißig die
Kirche, betete, fastete und bereitete sich auf den Tod vor.
Es war nur noch Olga da, das frische, schüchterne, hübsche
Mädchen . . . Wassili gab anfänglich nicht auf sie Acht
. . . und wer hält denn auch einen Zögling, eine Waise,
ein angenommenes Kind der Beachtung werth? . . . Ein=
mal, zu Anfang des Frühlings, begab er sich in den
Garten und vertrieb sich die Zeit, indem er mit dem
Stocke die Köpfe der Hundsblumen abschlug, dieser an=
spruchslosen gelben Blümchen, die in so großer Zahl das

22 *

erste Grün der Wiesen schmücken. — Vor dem Hause auf- und abgehend, wurde er, als er plötzlich den Kopf erhob, Olga Iwanowna gewahr. — Sie saß seitwärts am Fenster und streichelte in Gedanken vertieft ein gestreiftes Kätzchen, das spinnend und mit zusammengekniffenen Augen sich's auf ihrem Schooße bequem gemacht hatte und mit großem Behagen das Schnäuzchen den bereits wärmenden Sonnenstrahlen entgegenstreckte. Olga Iwanowna hatte ein weißes Morgenkleid mit kurzen Aermeln an; ihre nackten, hell rosenrothen, nicht ganz entwickelten Schultern und Arme strotzten von Frische und Gesundheit; eine kleine Haube hielt ihre dichten, weichen, seidenartigen Locken zusammen; das Gesicht war leicht geröthet; sie hatte eben erst ihr Lager verlassen. Ihr feiner, schlanker Hals war so lieblich nach vorn gestreckt, in ihrem ganzen Wesen lag so viel Anmuth, so viel Reiz, so viel Verschämtheit, daß Wassili Iwanowitsch, ein großer Kenner in solchen Dingen, unwillkürlich im Betrachten versunken stehen blieb. Es stieg plötzlich in ihm der Gedanke auf, es sei nicht recht, wenn Olga Iwanowna auf ihrer' bisherigen niedrigen Culturstufe stehen bleibe; es könnte aus ihr mit der Zeit eine höchst anziehende, liebenswürdige Dame werden. Er schlich an das Fenster heran, erhob sich auf die Zehen und drückte auf Olga's Arm, etwas unter dem Ellenbogen, schweigend einen Kuß. — Olga that einen Schrei und sprang von ihrem Sitze auf, das

Kätzchen, mit erhobenem Schwanz, war mit einem Satze im Garten. Wassili Iwanowitsch hielt sie lächelnd am Arme zurück . . . Olga ward roth bis an die Ohren; er begann sie über den Schreck, den er ihr eingejagt hatte, aufzuziehen und lud sie ein, mit ihm spazieren zu gehen; plötzlich aber bemerkte Olga Iwanowna die Leichtigkeit ihres Anzuges, und schneller als das gescheuchte Reh floh sie in's andere Zimmer.

Denselben Tag fuhr Wassili zu Rogatschew's. Er erschien auf einmal strahlend von Heiterkeit. Wassili hatte sich nicht in Olga verliebt, nein! — mit dem Worte „lieben" darf man nicht scherzen . . . Er hatte einen Zeitvertreib gefunden, hatte sich ein Ziel gesteckt und freute sich seiner neuen Thätigkeit. Es fiel ihm gar nicht ein, daß sie — das Pflegekind seiner Mutter, die Braut eines Anderen sei; nicht einen Augenblick täuschte er sich über seine Absicht; er wußte recht wohl, daß sie seine Frau nicht werden könne . . . Vielleicht mochte Leidenschaft — freilich keine erhabene, keine edele, aber dennoch eine ziemlich heftige und quälende Leidenschaft, ihm als Entschuldigung dienen. Er hatte sich natürlich nicht gleich einem Knaben verliebt, sich von keinen unbestimmten Regungen hinreißen lassen; er wußte vollkommen, wonach ihn verlangte und wonach er strebte.

Wir wissen bereits, daß Wassili Iwanowitsch in vollem Maße das Talent besaß, in sehr kurzer Zeit sich Jedermann, selbst Menschen, die gegen ihn eingenommen waren oder sich vor ihm scheuten, geneigt zu machen. Olga hörte bald auf, Scheu vor ihm zu empfinden. Wassili Iwanowitsch erschloß vor ihr eine neue Welt. Er ließ ein Klavier für sie kommen, gab ihr Unterricht in der Musik (er selbst blies ganz nett die Flöte), las ihr aus Büchern vor, unterhielt sich lange mit ihr . . . Der Kopf begann dem armen Landfräulein in die Runde zu gehen. Wassili hatte sie gänzlich umstrickt. Er verstand es, mit ihr über Dinge zu reden, die ihr bis dahin unbekannt gewesen waren, und er sprach in einer für sie verständlichen Sprache. Allmählich wurde Olga vertraulicher und theilte ihm ihre Gefühle mit; er half ihr dabei, legte ihr die Worte in den Mund, die sie nicht finden konnte, schüchterte sie nicht ein und übte bald einen besänftigenden, bald einen aufreizenden Einfluß auf ihr Gemüth aus. Wassili hatte ihre Ausbildung nicht aus dem uneigennützigen Triebe, ihre Fähigkeiten zu wecken und zu entwickeln, unternommen; er wollte sie sich einfach etwas näher rücken, und wußte nur zu gut, daß ein unerfahrenes, schüchternes, aber ehrgeiziges junges Mädchen sich leichter durch Verstand als durch Herz erobern läßt. Selbst wenn Olga ein außergewöhnliches Wesen gewesen wäre, so würde Wassili dies doch nicht haben entdecken können, denn er behandelte sie wie ein Kind. Sie wissen aber bereits, meine Herren, daß Olga beson=

ders hervorragende geistige Fähigkeiten nicht besaß. Wassili suchte nach Kräften auf ihre Einbildung einzuwirken, und sie schied oftmals Abends von ihm mit einem solchen Chaos neuer Vorstellungen, Worte und Begriffe im Kopfe, daß sie bis zum Anbruche des Tages nicht einschlafen konnte und mit sehnsuchtsvollem Seufzen beständig die glühenden Wangen in ihre Kissen drückte oder aufstand, an's Fenster trat und angstvoll und forschend den Blick in die dunkele Ferne richtete. Jeder Augenblick ihres Lebens war dem Gedanken an Wassili geweiht, sie konnte an Niemand außer an ihn denken. Bald hörte sie sogar auf, Rogatschew ihre Aufmerksamkeit zu schenken. Wassili, als gewandter und schlauer Kopf, sprach in dessen Gegenwart nicht mit Olga; sondern machte ihn durch Späße herzlich lachen, oder ersann irgend einen lärmenden Zeitvertreib, einen Ausflug zu Pferde, eine nächtliche Bootfahrt auf dem Flusse bei Fackelschein und Musik — mit einem Worte, er ließ Pawel Afanasjewitsch nicht zur Besinnung kommen. Trotz aller Schlauheit von Seiten Wassili Iwanowitsch's, fühlte Rogatschew wohl, daß er, der Bräutigam und künftige Gatte Olga's, derselben einigermaßen entfremdet wurde ... doch, aus grenzenloser Güte des Herzens, fürchtete er, sie durch Vorwürfe zu betrüben, obgleich er sie wirklich liebte und großen Werth auf ihre Gegenliebe legte. War er mit ihr allein, so wußte er nicht, wovon er mit ihr sprechen sollte, und bemühte sich, seine Verlegenheit hinter Gefälligkeiten, die er ihr erwies, zu verbergen.

Es vergingen zwei Monate. Olga hatte zuletzt jede Selbständigkeit und Willenskraft verloren; der schwache und wortkarge Rogatschew konnte ihr keine Stütze sein; ja, sie wollte ihren Sinnenrausch nicht bekämpfen und gab sich bebenden Herzens Wassili ganz hin . . . Ohne Zweifel wurde Olga Iwanowna damals mit den Freuden der Liebe bekannt; das währte jedoch nicht lange. Obgleich Wassili — in Ermangelung eines anderen Zeitvertreibes — ihr nicht bloß nicht entsagt hatte, sondern sich zu ihr hingezogen fühlte und zärtliche Sorge um sie trug, so war doch Olga selbst vom Taumel dermaßen ergriffen, daß sie sogar in der Liebe kein Glück fand — und doch von Wassili nicht lassen konnte. Sie fing an, sich vor Allem zu fürchten, keine Gedanken aufkommen zu lassen, wagte nicht den Mund aufzuthun, ließ sich in keine Gespräche ein und hörte sogar auf zu lesen; Gram zehrte an ihr. Zuweilen gelang es Wassili, sie mit sich fortzureißen und sie dahin zu bringen, daß sie Alles um sich vergaß; doch schon am folgenden Tage fand er sie bleich, verschlossen, mit kalten Händen und sinnlosem Lächeln auf den Lippen . . . Es trat eine ziemlich schwere Zeit für Wassili ein; ihn konnten jedoch keinerlei Schwierigkeiten zurückschrecken. Gleich einem erfahrenen Spieler, war er ganz bei der Sache. Er konnte sich unmöglich auf Olga

Iwanowna verlassen; sie wurde beständig Verrätherin an sich selbst, wurde bald bleich, bald roth, weinte ... die neue Rolle zu übernehmen, besaß sie nicht hinreichende Kraft. Wassili mußte seine Thätigkeit verdoppeln; nur ein feiner Beobachter würde in seiner ungestümen und lärmenden Heiterkeit eine fieberhafte Spannung haben erkennen können; er spielte mit seinen Brüdern, Schwestern, mit Rogatschew's, mit Nachbarn und Nachbarinnen — gleich wie mit Figuren des Schachspiels; er war beständig auf der Lauer, ihm entging kein Blick, keine Bewegung, und dabei schien er der sorgloseste Mensch; jeden Morgen betrat er den Kampfplatz und jeden Abend ging er als Sieger aus dem Kampfe hervor. Eine so außergewöhnliche Thätigkeit ermüdete ihn nicht im Geringsten; er schlief vier Stunden täglich, aß sehr wenig und war gesund, frisch und heiter. Unterdessen rückte der Hochzeitstag heran, es war Wassili gelungen, Pawel Afanasjewitsch zu überzeugen, daß ein Aufschub nothwendig sei; dann schickte er ihn nach Moskau, um Einkäufe zu machen und fertigte selbst Briefe an Petersburger Freunde ab. Er machte sich soviel zu schaffen, nicht sowohl aus Mitleid mit Olga Iwanowna, als aus Gefallen und Liebe an allerhand Händel und Geschäftigkeit ... Und dann — begann er bereits Olga Iwanowna's überdrüssig zu werden, und mehr als ein Mal hatte er sie schon nach Ausbrüchen exaltirter Leidenschaft mit denselben Blicken betrachtet, mit welchen er früher Rogatschew anzusehen pflegte. Lutschinow war von jeher ein Räthsel für Jedermann; unter der starren Eisdecke seiner Seele glaubte man bisweilen Anzeichen eines eigenthümlichen, fast südlichen Feuers zu bemerken, und in dem heftigen Ausbruche der Leidenschaft zeigte sich bei diesem Menschen dennoch eisige Kälte. — In Gegenwart Anderer war sein Benehmen gegen Olga Iwanowna unverändert; unter vier Augen aber spielte er mit ihr wie die Katze mit der Maus, schreckte sie bald durch Sophismen, bald legte er eine drückende und schneidende Verstimmung an den Tag, oder warf sich ihr plötzlich zu Füßen und riß sie mit sich fort, wie der Wirbelwind einen Holzspahn . . . und es war dieses verliebte Spiel in solchen Augenblicken keine Verstellung von seiner Seite . . . er erlag wirklich seinem Gefühlsergusse.

Einmal, ziemlich spät am Abend, saß Wassili allein in seinem Zimmer und las mit Aufmerksamkeit die letzten Briefe, die er aus Petersburg erhalten hatte, nochmals durch — als plötzlich die Thür leise knarrte und Palaschka, Olga Iwanowna's Stubenmädchen, hereintrat.

— Was willst Du? fuhr Wassili sie ziemlich barsch an.

— Das Fräulein läßt Sie zu sich bitten.

— Jetzt kann ich nicht. Geh' . . . Nun, was stehst Du noch dort? fuhr er fort, als er sah, daß Palaschka im Zimmer blieb.

— Das Fräulein läßt sagen, es wäre durchaus nöthig.

— Was ist denn dort vorgefallen?

— Belieben es selbst zu sehen . . .

Wassili erhob sich, warf ärgerlich die Briefe in einen Schubkasten und begab sich zu Olga Iwanowna. Sie saß in einem Winkel, allein — bleich und regungslos.

— Was wünschen Sie? fragte er sie in nicht allzu freundlichem Tone.

Olga warf einen Blick auf ihn und schloß bebend die Augen.

— Was fehlt Ihnen? . . . was fehlt Dir, Olga?

Er faßte ihre Hand . . . sie war kalt wie Eis . . . Sie wollte sprechen . . . die Stimme versagte ihr. Das arme Weib konnte über den Zustand, in welchem es sich befand, nicht mehr in Zweifel schweben.

Wassili wurde etwas verwirrt. Olga Iwanowna's Zimmer lag dicht neben dem Schlafkabinete Anna Pawlowna's. Wassili ließ sich stille neben Olga nieder, küßte und wärmte ihr die Hände und sprach ihr leise Muth zu. Sie hörte ihn schweigend an und zitterte leicht. An der Thür war Palaschka stehen geblieben und wischte sich verstohlen die Augen. Im Nebenzimmer hörte man die trägen und ruhigen Schwingungen des Pendels und das Athemholen einer Schlafenden. Olga Iwanowna's Erstarrung löste sich zuletzt in Thränen und leises Schluchzen auf. Thränen und Gewitter: nach Beiden fühlt sich der

Mensch ruhiger. Als Olga Iwanowna sich etwas beruhigt hatte und nur noch von Zeit zu Zeit, gleich einem Kinde, krampfhaft aufschluchzte, fiel Wassili vor ihr auf die Kniee und beschwichtigte sie durch Liebkosungen und zärtliche Versprechen vollständig, er gab ihr zu trinken, machte ihr's bequem und ging dann fort. Er blieb die ganze Nacht angekleidet, schrieb ein paar Briefe, verbrannte einige Papiere, holte ein goldenes Medaillon mit dem Portrait eines schwarzgelockten und schwarzäugigen Frauenzimmers mit wollüstigem und frechem Gesichte hervor, betrachtete lange die Züge desselben und ging, in Gedanken versunken, im Zimmer auf und ab. Am nächsten Morgen beim Thee wurde er mit tiefem Unwillen die rothgeweinten, geschwollenen Augen und das bleiche, besorgte Gesicht der armen Olga gewahr. Nach dem Frühstück schlug er ihr einen Gang durch den Garten vor. Olga folgte ihm wie ein gehorsames Schäfchen. Als sie aber zwei Stunden später aus dem Garten zurückkam — war ihr Gesicht kaum wieder zu erkennen; sie sagte Anna Pawlowna, ihr sei nicht wohl und legte sich zu Bett. Während des Spazierganges hatte ihr Wassili mit heuchlerischer Reue gestanden, daß er heimlich verheirathet sei — er war ledig wie ich. Olga Iwanowna war nicht in Ohnmacht gefallen — Ohnmachten kommen nur auf der Bühne vor; sie war aber plötzlich wie zu Stein geworden, obgleich sie selbst nicht nur keine Hoffnung gehegt hatte, Wassili Iwanowitsch's Frau zu werden, sondern den Gedanken an eine solche Verbindung ängstlich von sich fern gehalten hatte. Wassili hatte ihr die Nothwendigkeit einer Trennung von ihm und einer ehelichen Verbindung mit Rogatschew auseinanderzusetzen versucht. Olga Iwanowna hatte ihn mit stummem Entsetzen betrachtet. Wassili's Rede war kalt, bündig, entschlossen, er klagte sich selbst an, zeigte Reue — und schloß mit den Worten: „Geschehenes läßt sich nicht ungeschehen machen; jetzt heißt es handeln!" Olga war gänzlich verwirrt und muthlos; das Gefühl von Angst und Scham und Verzweiflung erdrückte sie fast; sie wünschte sich den Tod — und harrte dennoch auf Wassili's Ausspruch.

— Es muß Alles der Mutter eröffnet werden, sagte er zuletzt.

Olga wurde leichenblaß; die Kniee brachen ihr zusammen.

— Sei ohne Furcht, sei ohne Furcht, redete Wassili ihr zu: — verlaß Dich auf mich, ich werde Dich nicht im Stiche lassen ... werde Alles in Ordnung bringen ... hoffe auf mich.

Das arme Weib blickte ihn mit Liebe an ... ja, mit Liebe, mit tiefer, wenn auch nunmehr hoffnungsloser Liebe und Ergebung.

— Alles, Alles, werde ich in Ordnung bringen, hatte ihr Wassili beim Scheiden gesagt . . . und er küßte zum letzten Male ihre Hände . . .

Am nächsten Morgen hatte Olga Iwanowna kaum ihr Lager verlassen — als die Thür ihres Zimmers aufging . . . und Anna Pawlowna an der Schwelle sichtbar wurde. Sie stützte sich auf Wassili's Arm. Ohne ein Wort zu sagen, näherte sie sich einem Sessel und ließ sich schweigend nieder. Wassili blieb neben ihr stehen. Er schien ruhig; seine Brauen waren zusammengezogen und die Lippen etwas geöffnet. Anna Pawlowna, bleich, entrüstet, von Zorn erfüllt, wollte sprechen — doch die Stimme versagte ihr. Olga Iwanowna blickte mit Entsetzen ihre Wohlthäterin — ihren Geliebten an: furchtbar bebte ihr das Herz . . . mit einem Schrei fiel sie mitten im Zimmer auf die Kniee und bedeckte ihr Gesicht mit beiden Händen . . . „Es ist also wahr . . . wahr?" . . . flüsterte Anna Pawlowna und beugte sich zu ihr . . . „So antworte doch!" setzte sie hinzu und faßte Olga unsanft bei der Hand.

— Liebe Mutter! ließ sich Wassili's metallne Stimme hören. — Sie haben mir das Versprechen gegeben, sie nicht unfreundlich zu behandeln.

— Ich fordere . . . so bekenne denn . . . bekenne . . . ist es wahr? wahr?

— Mutter . . . bedenken Sie doch . . . erinnern Sie sich, brachte Wassili langsam hervor.

Dies eine Wort erschütterte heftig Anna Pawlowna. Sie fiel in den Sessel zurück und brach in Thränen aus.

Olga Iwanowna erhob langsam den Kopf und wollte sich der Alten zu Füßen werfen, Wassili jedoch hielt sie zurück, hob sie vom Boden auf und ließ sie auf einen anderen Stuhl niedersitzen. Anna Pawlowna fuhr fort zu weinen und unverständliche Worte vor sich hin zu murmeln . . .

— Hören Sie doch, liebe Mutter, fuhr Wassili fort. Sie nehmen sich's gar zu sehr zu Herzen; das Unglück läßt sich noch gut machen . . . Wenn Rogatschew . . .

Olga Iwanowna fuhr zusammen und richtete sich empor.

— Wenn — fuhr Wassili mit einem bedeutungsvollen Blick auf Olga Iwanowna fort: — wenn Rogatschew glaubt, er könne ungestraft Schande über eine ehrliche Familie bringen . . .

Olga Iwanowna wurde von Schauder ergriffen.

— In meinem Hause! stöhnte Anna Pawlowna.

— Beruhigen Sie sich, liebe Mutter. Er hat ihre Unerfahrenheit, ihre Jugend sich zu Nutzen gemacht . . . Sie wollen Etwas sagen? warf er dazwischen, als er bemerkte, daß Olga sich zu ihm wandte . . .

Olga Iwanowna fiel in ihren Sessel zurück.

— Ich fahre sogleich zu Rogatschew. Ich werde ihn zwingen, heute noch zu heirathen. Seien Sie versichert, ich werde nicht zugeben, daß wir durch ihn zum Gespötte werden . . .

— Aber . . . Wassili Iwanowitsch . . . Sie . . . flüsterte Olga.

Er sah sie lange und kalt an. Sie verstummte abermals.

— Liebe Mutter, geben Sie mir Ihr Wort, daß Sie bis zu meiner Rückkehr sie nicht beunruhigen werden. Werfen Sie einen Blick auf sie — sie ist halbtodt. Und auch Sie bedürfen der Ruhe. Verlassen Sie sich auf mich; ich stehe für Alles: auf jeden Fall warten Sie meine Rückkehr ab. Ich sage es Ihnen noch ein Mal — machen Sie sich nicht, machen Sie ihr nicht das Herz schwer — und vertrauen Sie auf mich.

Er näherte sich der Thür und blieb stehen.

— Mutter, sagte er: — kommen Sie mit mir, lassen Sie sie allein, ich bitte Sie.

Anna Pawlowna stand auf, trat vor das Heiligenbild, that eine Kniebeugung und folgte still ihrem Sohne. Schweigend und regungslos folgte ihr Olga Iwanowna mit dem Blicke. Wassili kehrte rasch um, faßte sie bei der Hand, flüsterte ihr in's Ohr: „hoffen Sie auf mich und verrathen Sie uns nicht," und entfernte sich eilig . . .

— Boursier! rief er, die Treppe behend hinabsteigend. — Boursier!

Eine Viertelstunde darauf saß er bereits mit seinem Diener in der Caleshe.

Der alte Rogatschew war an jenem Tage nicht zu Hause. Er war in die Kreisstadt gefahren, um Stoffe zur Bekleidung seines Hausgesindes einzukaufen. Pawel Afanasjewitsch saß in seinem Cabinete und betrachtete eine Sammlung verschossener Schmetterlinge. Mit hinaufgezogenen Augenbrauen und vorgestreckten Lippen arbeitete er vorsichtig mit einer Stecknadel an den zerbrechlichen Flügeln eines „Nachtfalters," als er plötzlich auf seiner Schulter eine nicht große, aber schwere Hand spürte. Er sah sich um — vor ihm stand Wassili.

— Guten Tag, Wassili Iwanowitsch, sagte er, nicht ohne einiges Befremden.

Wassili blickte ihn an und setzte sich vor ihm auf einen Stuhl.

Pawel Afanasjewitsch wollte lächeln . . . als er jedoch einen Blick auf Wassili warf, verlor er den Muth, blieb mit offenem Munde sitzen und faltete die Hände.

— Sagen Sie doch, Pawel Afanasjewitsch, redete ihn plötzlich Wassili an: — gedenken Sie bald Ihre Hochzeit zu feiern?

— Ich? . . . bald . . . freilich . . . ich, von meiner

Seite ... übrigens, wie Sie und Ihre Schwester ... ich meinerseits bin bereit, schon morgen.

— Vortrefflich, vortrefflich. Sie sind sehr eilig, Pawel Afanassjewitsch.

— Wie das?

— Hören Sie, fuhr Wassili Iwanowitsch sich erhebend fort: — ich weiß Alles; Sie verstehen mich, und ich befehle Ihnen, ohne Verzug Olga zu heirathen.

— Erlauben Sie, erlauben Sie, das ist aber — entgegnete Rogatschew, ohne von seinem Stuhle aufzustehen: — Sie befehlen mir? ich habe selbst um Olga Iwanowna's Hand angehalten, und man braucht mir nichts zu befehlen ... ich gestehe, Wassili Iwanowitsch, ich verstehe Sie nicht recht.

— Du verstehst mich nicht?

— Nein, wahrhaftig, ich verstehe Sie nicht.

— Giebst Du mir Dein Wort, sie morgen zu heirathen?

— Aber ich bitte Sie, Wassili Iwanowitsch ... waren Sie es denn nicht, der schon mehrmals unsere Hochzeit aufgeschoben hat? Ohne Sie hätte die Hochzeit schon längst stattgefunden. Auch jetzt fällt es mir gar nicht ein, mein Wort zurückzunehmen. Was bedeuten also Ihre Drohungen, Ihre bringenden Forderungen?

Pawel Afanassjewitsch wischte sich die Schweißtropfen von der Stirn.

— Giebst Du mir Dein Wort? sprich: ja oder nein? wiederholte Wassili gedehnt.

— Recht gern gebe ich es . . . aber . . .

— Gut. Denke daran . . . Sie hat Alles eingestanden.

— Wer hat eingestanden?

— Olga Iwanowna.

— Was hat sie denn eingestanden?

— Warum wollen Sie sich denn vor mir verstellen, Pawel Afanasjewitsch? Ich bin ja doch kein Fremder für Sie.

— Worin verstelle ich mich denn? ich verstehe Sie nicht, verstehe Sie nicht, verstehe Sie ganz und gar nicht. Was hat denn Olga Iwanowna gestehen können?

— Was? Sie werden mir langweilig! Das wissen Sie schon.

— Gott nehme mir das Leben . . .

— Nein, ich werde es Dir nehmen — wenn Du sie nicht heirathest . . . hast Du verstanden?

— Wie! . . . Pawel Afanasjewitsch sprang auf und blieb vor Wassili stehen. — Olga Iwanowna . . . sagen Sie . . .

— Du hast es hinter den Ohren, mein Bester, das muß ich gestehen; — Wassili klopfte ihm auf die Schulter: — und still wie das Wasser . . .

— Mein Gott, mein Gott! Sie machen mich verrückt ... Was wollen Sie sagen, erklären Sie sich, um des Himmelswillen!

Wassili beugte sich zu ihm und raunte ihm Etwas in's Ohr.

Rogatschew schrie auf: Was? ... ich? ...

Wassili stampfte mit dem Fuße.

— Olga Iwanowna? Olga? ...

— Ja nun ... Ihre Braut ...

— Meine Braut ... Wassili Iwanowitsch ... sie ... sie ... Nichts will ich wissen von ihr, schrie Pawel Afanassjewitsch. — Das fehlte noch! für wen halten Sie mich denn? Mich betrügen — mich betrügen ... Olga Iwanowna ... fürchtet sie denn Gott nicht? schämt sie sich denn nicht? ... (Thränen entströmten seinen Augen). — Danke Ihnen, Wassili Iwanowitsch, danke Ihnen ... Ich aber will nunmehr nichts von ihr wissen! nichts! nichts! und sagen Sie mir kein Wort ... Ach, du lieber Himmel — wie konnte ich so etwas erwarten! ... Gut, oh sehr gut!

— Hören Sie doch auf, Unsinn zu schwatzen, warf Wassili Iwanowitsch kaltblütig ein. — Denken Sie daran, Sie haben mir Ihr Wort gegeben: morgen die Hochzeit.

— Nein, das wird nicht sein! Lassen Sie mich, Wassili Iwanowitsch, ich muß Ihnen nochmals sagen —

für wen halten Sie mich? viel Ehre: unseren unterthänigsten Dank. Nehmen Sie mir's nicht übel.

— Nach Belieben! erwiederte Wassili. — Holen Sie Ihren Degen.

— Wie, meinen Degen . . . warum einen Degen?

— Warum? Da, sehen Sie, warum.

Wassili zog seinen feinen, elastischen, französischen Degen aus der Scheide und bog ihn leicht gegen den Boden.

— Sie wollen sich . . . mit mir . . . schlagen . . .

— Ganz recht.

— Aber, Wassili Iwanowitsch, bedenken Sie doch, versetzen Sie sich in meine Lage. Wie kann ich denn, urtheilen Sie selbst, nach dem, was Sie mir mitgetheilt haben . . . ich bin ein Mann von Ehre, Wassili Iwanowitsch, ich bin Edelmann.

— Sie sind Edelmann, sind Ehrenmann — gut, ich fordere Sie heraus.

— Wassili Iwanowitsch!

— Sie haben Furcht, wie mir däucht, Herr Rogatschew?

— Ich habe keine Furcht, Wassili Iwanowitsch, Sie glaubten mich einzuschüchtern, Wassili Iwanowitsch. Na, ich will ihm die Hölle heiß machen, dachten Sie, dann bekommt er gleich Angst und geht auf Alles ein . . . Nein, Wassili Iwanowitsch, ich bin Edelmann, wie Sie, obgleich ich nicht in einer Hauptstadt erzogen worden bin, das ist wahr, und es wird Ihnen nicht gelingen, mir Furcht einzujagen, nehmen Sie mir's nicht übel.

— Sehr wohl, entgegnete Wassili, wo ist denn Ihr Degen?

— Jeroschka! rief Pawel Afanasjewitsch.

Ein Diener trat ein.

— Hol' meinen Degen — er liegt dort — Du weißt, unter dem Dache ... schnell ...

Jeroschka ging hinaus. Pawel Afanasjewitsch wurde plötzlich sehr bleich, warf seinen Schlafrock ab, zog einen Rock von bräunlich-rother Farbe mit großen Glasknöpfen an, und band ein Halstuch um ... Wassili sah ihm zu und knackte mit den Fingern der rechten Hand.

— Nun, wie steht's? schlagen wir uns, Pawel Afanasjewitsch?

— Soll es sein, so mag es sein, entgegnete Rogat= schew und knöpfte seine Weste eilig zu.

— He, Pawel Afanasjewitsch, folge meinem Rathe: heirathe ... heirathe ... was schiert Dich ... Ich, glaube mir's, ich ...

— Nein, Wassili Iwanowitsch, fiel Rogatschew ihm in's Wort. — Ich weiß, entweder stoßen sie mich nieder, oder Sie machen mich zum Krüppel; meine Ehre soll aber unangetastet bleiben, lieber todt!

Jeroschka trat herein und überreichte Rogatschew zitternd einen alten, elenden Degen in einer ganz schadhaften, ledernen Scheide. Zu jener Zeit trugen alle Edelleute, wenn sie gepudert waren, den Degen; Landedelleute puderten sich aber höchstens ein paar Male im Jahre. Jeroschka zog sich nach der Thür zurück und begann zu weinen. Pawel Afanasjewitsch stieß ihn zum Zimmer hinaus.

— Es ist nun Alles gut, Wassili Iwanowitsch, bemerkte Rogatschew mit einiger Verwirrung: — ich kann mich aber nicht auf der Stelle mit Ihnen schlagen; erlauben Sie, unser Duell auf morgen zu verschieben; mein Vater ist nicht zu Hause, und auf alle Fälle könnte es nicht schaden, wenn ich meine Angelegenheiten vorher in Ordnung brächte.

— Sie riechen wieder Lunten, wie ich bemerke, mein lieber Herr.

— Oh nein, nein, Wassili Iwanowitsch; urtheilen Sie aber selbst . . .

— Hören Sie, schrie Lutschinow ihn an: — Sie bringen mich um die Geduld . . . Entweder geben Sie mir Ihr Wort, daß Sie auf der Stelle heirathen, oder wir schlagen uns . . . oder ich walke Sie, wie eine feige Memme, mit dem Stocke durch, verstanden?

— Kommen Sie in den Garten, murmelte Rogatschew.

Plötzlich flog die Thür auf und Jefimowna, die alte Amme, stürzte verstört in's Zimmer, fiel Rogatschew zu Füßen und umfaßte mit beiden Armen seine Kniee . . .

— Ach Du mein Väterchen! jammerte sie: — Du mein Herzblut . . . was hast Du da vor? richte uns armes Volk nicht zu Grunde, mein Väterchen! Er macht Dich gewiß mausetodt, meine Seele! Befiehl Du nur, wir wollen mit dem Raufbold schon fertig werden . . . Pawel Afanassjewitsch, Du mein Herzblatt, denke doch an den lieben Gott!

An der Schwelle zeigte sich ein Haufen bleicher und besorgter Gesichter . . . auch der rothe Bart des Dorfältesten wurde sichtbar . . .

— Laß mich, Jefimowna, laß mich, stöhnte Rogatschew.

— Ich lasse Dich nicht, mein Herzchen, ich lasse Dich nicht. Woran denkst Du, mein Väterchen, woran denkst Du? Und was würde Afanasy Lukitsch dazu sagen? Er würde uns Allen den Garaus machen . . . Was steht Ihr denn, Ihr da? Packt den ungebetenen Gast und werft ihn zum Hause hinaus, daß keine Spur von ihm hier bleibt . . .

— Rogatschew! schrie Wassili Iwanowitsch drohend.

— Du bist von Sinnen, Jefimowna, Du thust mir Schimpf an, bedenke doch . . . sagte Pawel Afanassjewitsch.

— Geh nur, geh mit Gott, und Ihr, geht auch fort, habt Ihr gehört?

Wassili Iwanowitsch trat rasch an das geöffnete Fenster, zog eine kleine silberne Pfeife hervor, und that einen schwachen Pfiff . . . Boursier erwiederte denselben in der Nähe. Dann wandte sich Lutschinow zu Pawel Afanasje= witsch mit den Worten: — Was soll denn das Ende dieser Comödie sein?

— Wassili Iwanowitsch, ich werde mich morgen bei Ihnen einfinden — was soll ich mit diesem verrückten Weibe jetzt anfangen . . .

— Ha! ich sehe, mit Ihnen muß man es anders machen, sagte Wassili und erhob rasch den Stock . . .

Pawel Afanasjewitsch riß sich los, stieß Jesimowna von sich, ergriff den Degen und schoß durch eine andere Thür in den Garten hinaus. Wassili lief ihm nach. Beide richteten ihren Lauf nach einem, in chinesischem Geschmacke gemalten Gartenhäuschen, verschlossen sich in demselben und zogen die Degen. Rogatschew hatte vor Zeiten Unterricht im Fechten genommen; jetzt aber konnte er kaum noch die Auslage. Es kreuzten sich die Klingen. Offenbar trieb Wassili sein Spiel mit Rogatschews Degen. Pawel Afanasjewitsch keuchte; troff vor Schweiß und blickte Lutschinow bestürzt in's Gesicht. Inzwischen ließ sich Geschrei im Garten hören; ein Haufen Volkes rannte auf das Gartenhäuschen zu. Plötzlich glaubte Rogatschew das herzzerreißende Jammern einer ältlichen Stimme zu vernehmen ... er erkannte die, seines Vaters. Afanasy Lukitsch lief den Anderen voran, ohne Mütze, mit flatterndem Haare und machte verzweifelte Zeichen mit den Händen ...

Mit einer kräftigen und unerwarteten Schwenkung der Klinge entwand Wassili den Degen Pawel Afanassjewitsch's Hand.

— Heirathe Freund, sagte er zu ihm: — sei kein Narr.

— Ich werde nicht heirathen, flüsterte Rogatschew, schloß die Augen und schauerte an allen Gliedern.

Afanasy Lukitsch begann heftig an der Thür des Gartenhauses zu rütteln.

— Du willst nicht? schrie Wassili.

Rogatschew machte ein verneinendes Zeichen mit dem Kopfe.

— Nun, dann fahre zum Teufel!

Der arme Pawel Afanassjewitsch sank todt zu Boden: Lutschinow's Degen war ihm durch das Herz gegangen ... Die Thür krachte, der alte Rogatschew stürzte in's Gartenhaus, Wassili jedoch war es bereits gelungen, durch ein Fenster zu entspringen ...

Zwei Stunden darauf trat er in Olga Iwanowna's Zimmer ... Mit Entsetzen stürzte sie ihm entgegen ... Er grüßte sie schweigend, zog den Degen und durchstach Pawel Afanassjewitsch's Bildniß an der Stelle des Herzens.

Olga stieß einen Schrei aus und sank bewußtlos zu Boden . . . Wassili begab sich zu Anna Pawlowna. Er traf sie in der Betkammer.

— Mutter, sagte er: — wir sind gerächt. — Die arme Alte erbebte und fuhr in ihrem Gebete fort.

Eine Woche später reiste Wassili nach Petersburg — und kehrte zwei Jahre darauf, vom Schlage gelähmt und sprachlos auf sein Gut zurück. Er traf weder Anna Pawlowna noch Olga mehr am Leben — und starb selbst bald darauf in den Armen Juditsch's, der ihn wie ein Kind fütterte und der Einzige war, welcher sein Lallen verstand.